人類史と国際社会

国際法・国際人権法
芹田健太郎著作集　第１巻

国際法・国際人権法

芹田健太郎著作集 第1巻

人類史と国際社会

信山社

著作集　はしがき

著作者には、人生も終わりが近くになると、何とかまとめをしておきたい、という欲求は強まる。幸いなことに、人権法の分野では、人権の基礎としての「人間の尊厳」から始める『国際人権法』を、皆さまの励ましにより公刊できた。続いて、これまでの人権関連全著作の出版を勧められ、目次をまとめ上げたところで、環境や公害のほか、海洋関連も含めること、更には、その他の国際法関連著作もまとめることを勧められ、結局、別巻も置くことにより、随筆や社会時評など、書いたもののほとんどすべてを網羅することとなった。有難いことである。

研究者としての第一の主張は、抽象的人間観、抽象的国家観を脱し、ひとりひとりの具体的人間、ひとつひとつの具体的国家を見ることから出発する具体的人間観、具体的国家観をとることであり、それぞれが置かれている「とき」と「ところ」を背景にして「人」と「国」を見ること、歴史や先例を重視することである。

なぜなら、国内法が立法議会による立法によって定立され、新たな意思に基づき新たな立法も行なわれるのに対し、国際法は、国家の合意によって結ばれる国際約束のほか、合意原則（合意拘束または合意遵守原則 Pacta sunt servanda）からは根拠付けられない国家平等原則とか、合意原則それ自体など、黙示的に承認された慣習法となって沈殿してきた、いわば超国家的な、人類の共同意思によって支持されて存在しているからである。合意によって成立した条文解釈についても、合意内容を明らかにすべく、徹底して成立の経緯を執拗に追った。

第二に、しかしながら、国際社会が、曲がりなりにも、主権国家の合意によって、支えられている以上、その合意内容を国際的に明確にすることも大切であるが、その合意を前提とする各主権国家内において、その合意がどのように機能し、活かされているか、また、国際面で日本がどのように主張し実行しているかを、日本の研究者として日本の問題として、突き詰めようとした。

第三に、一組の男と女から地球全域に広がった、生物学的分類のヒト科ヒトの、抽象的人類共同体が可視化され、具現化していく道筋を知りたく、歴史のほか、各分野の人間の知的営為をできるだけ取り入れようとした。

著作集の構成は次のようにした。

第1巻　人類史と国際社会
第2巻　地球社会の人権論
第3巻　永住者の権利
第4巻　犯人引渡と庇護権の展開
第5巻　欧米の揺籃期国際人権保障

第6巻　開発援助と緊急援助
第7巻　環境法・公害法と海洋法
第8巻　島の領有と大陸棚・排他的経済水域
第9巻　日本の領土
第10巻　紛争処理・条約締結・租税免除・戦後処理
第11巻　新国家と国際社会
第12巻　別巻Ⅰ　憲法と国際環境
第13巻　別巻Ⅱ　随想・社会時評・講演録

（二〇一九年九月二三日秋分の日、神戸にて　Deo Gratias）

芹田健太郎

目次

人類史と国際社会

第一章　世界の一体化と欧州「文明」優位の清算

はじめに

一体的とも言える現在の国際社会がヨーロッパによる世界支配の結果生まれたものであることは疑いない。この観点から歴史を眺めれば、転換点は一四五三年のコンスタンチノープルの陥落であり、一四九二年のいわゆる新大陸の「発見」である。本章は、このヨーロッパの支配を簡単に跡づけ、非植民地化がほぼ完了した現時点において、現在の国際社会の基本的性格を探り、何らかの展望を見つけ出そうとする一つの試みである。

一　孤立的文明の世界

人類の歴史は、さかのぼれば、百万年くらいにもなるにしても、その大部分は旧石器時代であり、新石器時代文化が生み出されてからわずか一万年、そして、国家らしきものの成立がみられるようになる金属器時代がようやく紀元前四〇〇〇—前三〇〇〇年頃に始まる。このような国家の成立と文明の発生は、周知のとおり、土地が広大で肥沃であり灌漑農耕に適した、しかも、水陸交通の要地ともなった大河の流域にみられ、世界最古の四大文明は、ナイル川流域のエジプト、チグリス川・ユーフラテス川流域のメソポタミア、インダス川流域のインド、黄河流域の中国に生まれたのである。

メソポタミアは、ほぼ現在のバグダッドを境として北のアッシリアと南のバビロニアに分かれ、後者はさらに北のアッカドと南のシュメールに分かれる。紀元前四〇〇〇年頃からシュメール地方に定着するようになったシュメール人は前三〇〇〇年頃には、ウル（Ur）、ラガシュ（Lagash）、ウンマ（Umma）など多くの都市国家を建設した。ヌスバウムや田畑茂二郎などによって記録に残る最古の条約として引かれるのは、前三一〇〇年頃のラガシュとウンマとの間の約束で、今世紀初頭に発見された石碑のなかで、国境を画する濠と石を侵してはならないことが宣言されている。(1) また、エジプトや、小アジアに興ったヒッタイトなどでも多くの条約が結ばれたと言われ、なかでも、シリア争奪戦を展開したヒッタイトのハットゥシリシュ（Hattushilish）三世と、エジプトのラムセス（Rameses）二世との前一二七九年の条約は、国境不可侵のほか犯罪人引渡も約束していた。(2)

エジプトからパレスチナ、シリアの海岸平野を経てメソポタミアに至る約三〇〇〇キロメートルの三日月形の地帯は、「肥沃な三日月形」と呼ばれ、古代オリエント史の重要な舞台であり、後に近代ヨーロッパ人が範とした古代ギリシア・ローマの、いわゆる古典古代の世界は、地中海をはさみライン・ドナウ以西のヨーロッパ大陸とオリエント全域に広がっていたのである。

さて、インドや中国の古代にも国際法的な規範が認められるという主張もある。(3) なかでも、前一二―前一一世紀に成立した周の封建秩序が徐々に解体し、前七七〇年の周室の東遷から前五世紀中頃までの春秋時代における諸侯の関係が論じられる。(4) しかし、これらはあまりに古く、また、オリエント、インド、中国の各文明相互間には、みるべきほどの交流は、シルク・ロードが語られるとはいえ、ほとんどない。

ところで、ヨーロッパ文明のいわば源流であるギリシア・ローマの時代であるが、地中海沿岸には前一二世紀から前六世紀にかけてギリシア人、ローマ人、フェニキア人による無数のポリス（都市国家）の植民が行われ、個人主義的文化をつくり出したが、ギリシアのポリスは前四世紀から衰え、アレキサンダーに屈した。しかし、ローマは前三世紀以降残存したギリシア人、フェニキア人のポリスを打倒し、前三〇年には敗れたエジプト女王クレオパトラ七世が自殺し、ヘレニズム時代が終り、全地中海世界を統一して、前二七年ローマ帝国が成立した。ローマ帝国は、オリエントとギリシアの文化を総合したが、三三〇年にはコンスタンチノープルに遷都し、やがてヨーロッパは中世に入った。

わが国の国際法の歴史研究のなかで、石本泰雄(5)は、「古代において国際法の観念はなかったから、法律制度としての中立制度は存在しなかったということができる」というオッペンハイムの見解を結局は支持しながらも、その中立制度の研究をギリシア・ローマから始め、また、領海制度の研究の高林秀雄(6)は、ヨーロッパ中世にも目を配ることによって、国際法の歴史的本質に迫ろうとしている。伊藤不二男の歴史研究のうち、たとえば領事制度の研究(7)には、さらに、異文明間接触への目配りも見られる。周知のように、国を代表する機能や自国民に対する裁判権も有していた中世の領事の地位は、近世に入ると著しく低下したが、それは、この時代になって国際通商が地中海を中心とするものから新大陸・新航路の発見により世界を舞台とするものへ発展したことの反映でもあり、伊藤不二男はそのことを的確に指摘する(8)。

ところが、ヨーロッパ中世の時代の他の世界に目を向けると、イスラム文明が西アジアを中心に八世紀頃から目ざましく発展した。アラブ人は七一一年にはジブラルタルに侵入し、やがてピレネー山脈を越えてフランク王国と戦った。最終的にヨーロッパから退くのは一四九二年のことである。トルコ人は北アジアから出て、一一―一二世紀のセルジュク朝の西方への発展で小アジアが次第にトルコ化され、一二九九年にオスマン帝国が成立するや、ビザンチン帝国領の征服にかかり、一三九六年にはバルカン半島の大部分をも掌中に収めた。そして、コンスタンチノープルは一四五三年に陥落する。一七世紀後半のオスマン帝国の最大版図は、バルカン半島、黒海沿岸からオリエント、エジプト、北アフリカはアルジェリアまでの広がりをもっていたのである。

さて、インドにも、一一世紀の初め頃からイスラム勢力が侵入し、一三世紀になりデリーを本拠にイスラム系諸王朝が興亡した。一五二六年には、一八五七年のセポイの乱を契機に名実ともにイギリスによって命脈を絶たれたムガール帝国が成立した。しかし、北インドのデリー諸王朝やムガール王朝の時代にも、南インドがその支配下に入ったのは比較的短期間で、そこでは多数のヒンズー系、イスラム系の勢力が割拠していた。

また、中国では、ヨーロッパに民族移動が始まった頃、五胡一六国時代に入っており、のち、南北朝を経て、六世紀末に隋、マホメットがメッカからメジナに移った六二二年には唐の時代が始まったところであった。東ローマ帝国が滅亡した一四五三年頃は明の全盛期であろうか。明の南海進出への大きな契機となった鄭和の七回にわたる遠征（一四〇五―一四三三）は、東南アジアからインドのカリカット、さらにアデン、メッカ、東アフリカ諸港にも及ぶものであり、一四九八年にヴァスコ＝ダ＝ガマがカリカットに到着しヨーロッパ人が来航する前の南方アジア最大の事件であった。いずれにしろ秦漢以来二〇〇〇年にわたって興亡を繰り返した中国の王朝体制は明清によって終るのである。

こうした世界の各地の文明は、それぞれに興り、絶頂に達し、そして衰亡して行った。時に征服者が現れたが、各地の文明は孤立して発展し、大きな交流もなく、いずれかの文明が優位して、世界に君臨することもなかった。いわゆる新世界発見までの世界は、こうした各文明が孤立し並存していた世界であったのである。

（1）A. Nussbaum, *A concise history of the law of nations*, New York, MacMillan, 1950, pp. 8-9. 田畑茂二郎『国際法講義 上〔新版〕』（有信堂、一九八二）五頁。
（2）I. A. Shearer, *Extradition in International Law*, Manchester, Manchester U. P., 1971, p. 6.
（3）A. Nussbaum, *op. cit.*, p. 10 & *see* note 5 in p. 300.
（4）入江啓四郎『中国古典と国際法』（成文堂、一九六六）参照。
（5）石本泰雄『中立制度の史的研究』（有斐閣、一九五八）三七頁。
（6）高林秀雄『領海制度の研究』（有信堂、一九六五）参照。
（7）伊藤不二男「中世の領事制度」『法政研究』二一巻一号、同「中世の領事制度の特色」同二一巻三・四号、同「近世における領事の地位」同二三巻一号参照。

（8）一七、八世紀に領事制度が一般にヨーロッパ諸国家の注目を引かなくなったのは、結局、その時代の政治関係の重要性が、領事制度よりもむしろ外交使節の制度に重大な役割を担わせたからであることは疑いないが、一五世紀の新大陸・新航路の発見を通じて、一七、八世紀になるといよいよヨーロッパ諸国家が新しい領土の獲得に覇を競うこととなり、こうして獲られた新領土は当該征服国の独占的支配の下に置かれたため、それらの地域に他の国家が領事を派遣することなどは実際に問題とならなかった。また、こうした事情の下では、それまでヨーロッパの国際通商の舞台であった地中海が重要性を失い、勢い、地中海沿岸諸国に設けられた領事館も、その地域における商業の衰微とともに、重要性を失うこととなったのである。伊藤・前掲二三巻一号一一―一二頁参照。

二　ヨーロッパの船出――新大陸の発見と征服

ヨーロッパは、民族大移動によって疲弊し、ローマ社会から継承した貨幣経済・商業は、八―九世紀には見る影もなかったが、一〇―一一世紀には、封建社会体制が確立し、「商業の復活」がみられ、一三―一四世紀には繁栄期を迎えた。その中心は地中海沿岸のイタリア諸都市、とりわけヴェネツィアとジェノヴァであった。これは、前述の中世の領事制度を支えた背景であった。ところが、一四世紀には両国間に黒海やコンスタンチノープルにおける貿易をめぐって対立が生じ、一三八〇年、ヴェネツィアはキオッジアの海戦によって劇的な勝利を収め、東地中海における通商権を手にした。これによってヴェネツィア―アレクサンドリア間の交易は定期的になり、胡椒を中心とする東インド貿易は、ヴァスコ＝ダ＝ガマの東インド新航路開拓に至るまでほぼヴェネツィア人が独占した(1)。

ジェノヴァは、ヴェネツィアに敗れ、必然的に目を西に転じ、ポルトガルのリスボンには航海者、金融業者などがジェノヴァやフィレンツェから移住してきた。ポルトガルはこうして西アフリカ航路を開拓することになる。ジェノヴァ出身のコロンブスもポルトガル王に大西洋航海の許可と援助を求めて断られ、やむなくスペインに移りカスチリヤのイサベル女王に懇請し、スペインにおけるアラブの最後の拠点グラナダ陥落の直後に女王の同意を得て、一四九二年八月三日にパロス港を発ったのである(2)。

コロンブスは、同年一〇月一二日、今日のバハマ諸島グヮナハニ島に到着、ついでエスパニョーラ島に根拠地をつくった。ここに、いわゆる新大陸の発見がなされたのである。そしてコロンブスの第一回航海から続いた発見者の時代は、一五一〇年前後から、征服者《コンキスタドール》の時代へと移った。それまでエスパニョーラ島（後にフランス領サント・ドミンゴ島となる。現在のハイチおよびドミニカ）に根拠を置いてあまり動きをみせなかったスペイン人たちが、新しい国土と宝を求めて、カリブ海、メキシコ湾の諸地方に、探険と征服の旅に乗り出したからである。コルテスのメキシコ（一五一九―一五二一）、ダビラのニカラグア（一五二三）、アルバラドのグアテマラ（一五二四）、モンテホのユカタン（一五二六）、ピサロのペルー（一五三二―一五三三）の各征服というように、次第に規模と範囲が広がった。それとともに、新大陸になだれ込んだ多くの征服者たちは、現在のインディオを理由もなく殺したり、その財や土地を取り上げるなど、残虐のかぎりをつくした。こうした非道ぶりは一五一一―一二年頃からドミニコ会士によって指摘され、インディオ保護の必要が論じられた。[3] 我々が今日容易に手にすることのできるラス・カサスの『インディアスの破壊についての簡潔な報告』（一五五二年公刊）は、インディオの蒙っている悲惨な状況を訴え、インディアスの状況改善の必要を説き、要するに、征服の即時中止を求めたものであった。

　こうした背景の中で、国際法の創始者たちの最初に挙げられるドミニコ会の神学者ヴィトリアの『神学特別講義』が行われた。国際法学上注目される「最近発見されたインディオについての第一の講義」および「インディオについての第二の講義、すなわち、野蛮人に対するスペイン人の戦争の法について」が一五三九年一月、六月にそれぞれサラマンカ大学で行われた。[4] ヴィトリアの国際法に関係する基礎理論は彼の万民法の理論であり、ヴィトリアはこの万民法を「全体世界」の観念によって基礎づけている。ヴィトリアの「全体世界」は、もっぱらキリスト教徒によってのみ構成されるものではなく、アメリカのインディオのような異教徒を含めて、すべての人間が宗教や文化や人種の別なく、ただ人間としての価値の同一を根拠として、平等の立場ですべての人間に共通の自然法の規律を受ける、そうした性質の普遍的人類社会である。

　ヴィトリアは、我々の本章の関心である発見の権原について次のように述べる。「野蛮人たちの土地は支配者のないものではなかったので、それらはこの権原の適用をうけない。かくして、その権原は、他の権原と結びつくときになんらかの効力を有しうるけれども、しかしながら、それだけでは、それらの野蛮人たちのものを自己の所有とすることを理由づけるのに、なんらの役にもたたないものである。それは、かれらがわれわれを発見した場合とすこしも異なることはない」(De indis, 31)[5]。ヴィトリアは、インディオの土地が無主の地ではないこと、しかも、〝発見〟に論理上相互性のあることを主張している。この指摘は極めて正当なものである。しかし、その後の歴史からは、発見には相互性がないこと、つまり、ヴィトリアにおける非歴史性が指摘されねばならない。このことを喝破したのはカール・シュミットである[6]。

「ヴィトリアの論証の示すところでは、スコラ哲学はまさにこれらの特別に歴史的な概念に対して無理解であった。ヴィトリアにとっては、ヨーロッパ人がインディオの土地を見つけるかインディオがヨーロッパの地を見つけるかは同じことなのである。これは彼にとって相互的で可逆的な出来事であり、そして、彼はこれらの相関性と可逆性によって『発見』という概念の歴史的および国際法的意味をあっさりと破棄したのである。なぜなら、『発見』の権原の意味は、被発見者に対する発見者の歴史的により高い地位、すなわち、アメリカの住民に対しては、古くから知られた非キリスト教諸民族、アラブ人、トルコ人およびユダヤ人――たとえ彼らが永遠の敵とみなされていようといまいと――に対するのとは別のものである地位、を援用することにあるからである。被発見者の観点からはそうしたものとしての発見は決して合法的ではない。」

ここには明確にヨーロッパ優位の「発見」史観がある。シュミットは続ける。「精神的優越は全くヨーロッパの側にあったのであり、しかも非常に強力であったので、アジアおよびイスラム・アフリカの非キリスト教の古い世界においては領事裁判と治外法権の制度のみが発展したのに対し、新世界はあっさりと『取得』されえたのである」[7]。なるほどヴィトリアは正しい。しかし、歴史はヨーロッパ優位に回転し始める。ヨーロッパ人による一五、六世紀の新世界の発見は単なる偶然ではなく、また、世界史における多くの幸運な征服遠征の一つでもなかったのである。

（1）大塚久雄『大塚久雄著作集第二巻近代欧洲経済史序説』（岩波書店、一九六六）三七四頁以下。なお、ヴェネツィア盛衰史につき、塩野七生『海の都の物語』『続海の都の物語』（中央公論社、一九八〇、八一）参照。

（2）増田義郎『大航海時代』（講談社、一九八四）参照。

（3）増田義郎「インディオの人権問題とラス・カサス」『思想』五六七号一一九三頁以下参照。なお、ラス・カサスのわが国の最近の研究に次のものがある。松尾佳枝「スペインによるインディアス支配とバルトロメ・デ・ラス・カサス」、同「ラス・カサスの戦争論」『亜細亜法学』一七巻二号および一八巻二号。なお一般的に、芹田健太郎「国際法における人間」岩波講座『基本法学５』（岩波書店、一九八四）（一九八五年第二次発行以降第一巻）所収参照（本書第二章）。

（4）伊藤不二男『ビトリアの国際法理論』（有斐閣、一九六五）参照。

（5）同書、二四四頁。

（6）Carl Schmitt, *Der Nomos der Erde im Völkerrecht des Jus Publicum Europaeum*, Köln, Greven, 1950, S. 102. 新田邦夫訳『大地のノモス上・下』（福村出版、一九七六）一五四頁。なお、本章では拙訳である。

（7）*Ibid.*, S. 103. 新田訳一五六頁。

三　西半球の独立とヨーロッパ文明の外延拡大

新大陸の発見・征服そしてその貿易を通してヨーロッパには大量の銀が持ち込まれ、ここにヨーロッパの「商業革命」が現出した。(1) 新大陸との貿易はヨーロッパに大きな利益をもたらした。他方、発見・征服時代から、一六世紀中葉には植民地時代に入ったスペイン領アメリカには、副王とアウディエンシア（audiencia）が置かれた。一六、七世紀には、メキシコ・シティーを首都とするヌエバ・エスパーニャ副王領とリマを首都とするペルー副王領があったが、一八世紀にはボゴターを首都とするヌエバ・グラナダ副王領、ブエノスアイレスを首都とするラ・プラタ副王領が新設された。言語は、スペイン語が新世界に移植されたが、いくつかのインディオの言語が共通語として使用されており、インディオ言語の全面的禁止が布告されたのは一七八二年のことであった。(2)

スペイン領アメリカの独立運動はナポレオンによるスペイン侵入が直接的誘因であった。カルロス四世とその子フェルナンド七世がナポレオンに強制されてスペイン王位を放棄させられた後、フェルナンド七世を支持し、ナポレオンに反対する抗議運動の形で初期の反乱は起きた。(3) 初期の目的は、このように、独立ではなかったが、スペイン国王や国王支持者たちへの幻滅、本国生れのスペイン人（ペニンスラール）に対する植民地生れのスペイン人（クリオーリョ）の敵意、ヨーロッパの啓蒙運動などから、独立へと向った。革命はスペインの圧政に対する自然発生的な民衆の反乱ではなかったのである。

メキシコの一八二一年の独立は、独立運動を弾圧してきた保守派の支持を得たクリオーリョの軍人イトゥルビデによって達成された。グアテマラ総監領と呼ばれた現在の中米五カ国一帯ではクリオーリョ支配層が自らの権益を守るために一八二一年九月独立を宣言し、メキシコ帝国と合併したものの、一八二三年に中米連合（のち連邦と改称）として独立した。

南アメリカの独立運動は主として北部と南部を中心に起った。北部はベネズエラ生れのクリオーリョのボリバールが解放闘争を率い、南部ではアルゼンチン生れのサン・マルチンが解放軍を率いた。ベネズエラを制したボリバールは、一八一九年八月、ヌエバ・グラナダ（現コロンビア）の副王軍を破り、コロンビア共和国が成立した。後にエクアドルの独立が確保されると、これを加えて、グラン・コロンビアが一八二一年に成立した。

現在のアルゼンチン、ウルグアイ、パラグアイの三国からなるラ・プラタ地域では、ブエノス・アイレスに設置された自治政府に反対して、一八一一年五月にパラグアイが独立し、ブエノス・アイレス州を中心とする副王領内の諸州は一八一六年七月にラ・プラタ諸州連合として独立した。サン・マルチンは、一八一七年にチリに軍を進め、チリは一八一八年一月に独立、さらにペルーに入り、ペルーは一八二一年六月に独立した。しかし、アルト・ペルーの解放には至らず、ボリバールにここを託し、アルト・ペルー地方がボリビアとして独立するのは一八二五年八月のことである。

他方、ブラジルは、ナポレオン軍の侵入を逃れてポルトガル王室が移転して来て後、一八一五年にはポルトガルと同格の連合王国となった。その後一八二一年には国王が帰国し、ブラジルがポルトガルの一地方に格下げされることとなったため、一八二二年九月、再植民地化を阻止するため、ポルトガル王室の皇太子を皇帝とする帝国として独立した。

これら諸国のアメリカ合衆国による承認は、コロンビア一八二二年六月一七日、ラ・プラタ諸州連合、メキシコ、チリ一八二三年一月二七日、中米連邦一八二四年八月四日、ブラジル同年五月二六日、ペルー一八二六年五月二日であり、また、英国は、一八二五年初めにメキシコ、コロンビア、ラ・プラタ諸州連合を承認した。[4] 一足先の一七七六年に独立していたアメリカ合衆国は、一八二三年一二月旧大陸からの干渉をきらってモンロー宣言を発したが、この後、カリブ海地域を中心にラテン・アメリカに一層大きな影響力を行使することになる。

こうして登場した西半球は、アメリカ合衆国が当初から自らをヨーロッパ文明およびヨーロッパ国際法の担い手であると思い、ヴァッテルの国際法が大きな影響を与えたと同じように、[5] ラテン・アメリカ諸国もまた、自らをヨーロッパ諸国民およびその国際法共同体の一員と数えていた。一八四五年のホイートンの著書『ヨーロッパおよびアメリカにおける国際法の歴史』や一八六八年のカルボーの著書『ヨーロッパおよびアメリカ国際法の学説と慣行』などはこうした事情を物語っている。[6]「文明」という言葉もまた一九世紀初頭に由来しているのである。[7]

（1）大塚・前掲書二二頁以下参照。

（2）植民地時代については、Charles Gibson, *Spain in America*, New York, Harper & Row Publishers,

1966. 染田秀藤訳『イスパノアメリカ――植民地時代』（平凡社、一九八一）参照。通史として、井沢実＝泉靖一＝中屋健一監修、ラテン・アメリカ協会編『ラテン・アメリカの歴史』（中央公論社、一九六四）、独立に関連して、加茂雄三『ラテンアメリカの独立（世界の歴史第二三巻）』（講談社、一九七八）、なお、ラテン・アメリカ世界の最新の入門書として、増田義郎＝山田善郎＝染田秀藤編『ラテンアメリカ世界』（世界思想社、一九八四）参照。また古典的文献として、田中耕太郎『ラテン・アメリカ史概説上・下』（岩波書店、一九四九）がある。

（3）John B. Moore, A. *Digest of International Law*, Vol. I, Washington, Government Printing Office, 1906, § 28, p. 74. なお、ギブソン（染田秀藤訳）二二四頁。

（4）John B. Moore, op. *cit.* § 36.

（5）芹田・前掲論文（本書第二章五二頁）参照。

（6）Henry Wheaton, *History of the Law Nations in Europe and America*, New York, 1845; Calvo, *Derecho International Teórico y Practico de Europa y America*, 1868. カルボーは駐独公使のときに、国際法の分野には未だ辞典がないことから、現状を説明する最も実際的な形で、二巻合せて九〇〇頁にもなろうかという国際公法・私法辞典 Calvo, *Dictionnaire de Droit international public et privé*, Berlin, Puttkammer & Mühlbrecht, Paris, G. Pedone-Lauriel, Guillaume & Cie, et A. Rousseau, 1885 を編んだが、これはヨーロッパそのものである。

（7）Carl Schmitt, *op. cit.*, S. 262. 新田訳四二二頁。

四　ヨーロッパ文明の世界支配

(1)　オスマン・トルコとの抗争とアラブ世界への進出

スレイマン（Süleyman）一世の治世（一五二〇—一五六六）に最盛期を迎えたオスマン・トルコは、一五二六年にはハンガリーを占領し、一五二九年にはウィーンを包囲した。しかし、一五七一年にはギリシア西海岸のレパント沖海戦でトルコ海軍はヴェネチア・スペインなどの連合艦隊に敗れ、一時期安定していたものの次第にヨーロッパ諸国に圧され、一六八三年のウィーン包囲攻撃は成功せず、かえって、イギリスとオランダの調停を受け入れ、一六九九年一月二六日にドナウ河畔のカルロヴィッツ（Carlowitz）で調印した平和条約[1]によって、ハンガリーとトランシルバニアを失った。これ以後、トルコはそれまでの優位を全く失い、ヨーロッパ諸国に次々と圧力を加えられていく。一七一八年七月二一日のパッサロヴィッツ（Passarowitz）で結ばれた平和条約[2]、一七三九年九月にベオグラードで結ばれた一連の平和条約[3]によって、トルコはオーストリアとロシアに領土を一部割譲した。

一八世紀になると、周知のように、トルコはロシアの南下策の脅威にさらされるようになる。一七七四年七月一〇（二一）日のキュチュク＝カイナルジ（Kuçuk Kainardji）条約[4]で、ロシアはクリミアの独立とドナウ河畔各地の保護権を得、さらにトルコを脅し続けた。

この間にヨーロッパ諸国は、トルコから治外法権的権利を認める領事裁判制度（capitulations）を獲得していった。中世イタリア都市国家の商業上の特権を最初に引き継いだヨーロッパ列強は、フランスであった。[5] トルコがオーストリアと戦っていたとき、フランスのフランソワ一世は神聖ローマ皇帝カール五世に対抗してトルコ側に影響力を用い、この友好的援助を認めたスレイマン一世がフランソワ一世と商業条約を締結した。この一五三五年条約が中世のイタリア都市国家の領事の有した裁判権[6]などの類似の特権をフランスに与えたのである。[7] これは、後に、一五六九年、一六〇四年、一六七三年に修正されたが、重要なのは一七四〇年五月二八日の領事裁判条約である。[8] この条約は、前述の一七三九年のベオグラード諸条約の締結に至ったトルコとロシア、オーストリアの戦いで、フランスが介入し、この介入に価値を認めたオスマン・トルコがフランスに商業的特権を認めたものであり、その後の条約のモデルとなった。自国民間の民事・刑事裁判を領事または公使が行う権利などを定めている。

イギリスは一五八〇年に最初の領事裁判条約を得たが、フランスの反対により実効がなく、イギリス人は従前通りフランスの保護下にとどまっていたが、一六七五年九月条約[9]によって自前のものを得た。トルコとの間に事を構えてきたロシアは、一七七四年のキュチュク＝カイナルジ平和条約によって、フランス人とイギリス人がトルコ領で享有するすべての貿易上の特権を与えられた。一七八三年六月一〇（二一）日のロシア＝トルコ間条約[10]は、トルコにおけるヨーロッパ人の慣習的・治外法権的特権を極めて明白に陳述している点で注目される。[11]

オスマン・トルコの衰勢からイラク、シリア、レバノン、ヒジャーズ、エジプトなどのアラブ地域は、オスマン・トルコ帝国の支配に抗しながらも、十分な実力をもち得ないでおり、一八世紀末からアラブ世界にヨーロッパ勢力が進出してくる。一九世紀になると、ヨーロッパ＝トルコでギリシア独立戦争が始まり、トルコは一八二七年のナヴァリノ海戦でトルコ・エジプト艦隊が英・仏・露連合艦隊に敗れ、一八二九年九月のアドリアノープル条約でギリシアの独立を認めた。他方、アラブ各地に勢力を増大させたエジプトトも、しかし、一八四〇年七月一五日の英・普・墺・露の四国とトルコとの条約[12]による干渉を受け、以来アラブ地域もヨーロッパ勢力に動かされるようになる。一九世紀末には、周辺のペルシア湾岸から南アラビアの諸首長国がイギリスの保護下に入り、第一次世界大戦後、イラク、シリア、パレスチナはトルコから切り離され、英・仏を受任国とする委任統治地域となり、エジプト、サウジアラビアは独立した。アラブ諸国は、両大戦間から第二次世界大戦後現在までに独立したが、長らくイギリスの保護下にあった諸国にしても、他の地域の新独立国と異なり、いずれもイギリス・コモンウェルスに加入していない[13]。

ヨーロッパ＝トルコの大部分は、いわゆる東方問題の処理として、一八七八年のベルリン会議によって分割され、モンテネグロ、セルビア、ルーマニア、ブルガリア等に独立や自治が与えられた（本著作集第11巻第三章・二　ユーゴスラビア連邦の解体（四）条件付承認参照）。トルコにおける領事裁判制は、一九一四年九月、トルコが多くの条約の同年一〇月一日以降の廃棄を宣言し、残る締約国も、一九二三年七月二四日のローザンヌ条約第二八条によってその廃止を受諾したので、ここにやっと終った[14]。

（１）Clive Parry (ed.), *The Consolidated Treaty Series* (hereinafter cited as *C. T. S*), New York, Oceana, Vol. 22, p. 219.

（２）イギリスとオランダの調停によって締結された。神聖ローマ皇帝とトルコの条約は 30 *C. T. S.* 341, ヴェニスとの条約は、*ibid.*, p. 371 参照。

（３）神聖ローマ皇帝との一七三九年九月一日の予備平和条約 35 *C. T. S.* 359, 予備条約の執行のための同年九月七日の条約 *ibid.*, p. 369, 同年九月一八日の最終条約 *idid.*, p. 381. なお、関連の条約としてハンガリー・トルコ間の一七四一年三月二日条約 36 *C. T. S.* 125. ロシアとの一七三九年九月一八日の平和条約 35 *C. T. S.* 425, また、同条約による一七三九年一〇月三日の境界条約は、*ibid.*, p. 447 である。

（４）45 *C. T. S.* 349.

（５）Frank E. Hinckley, *American Consular Jurisdiction in the Orient*, Washington, W. H. Lowdermilk, 1906, pp. 7–11.

（６）伊藤・前掲「中世の領事制度の特色」参照。

（７）条約内容につき、簡単には、F. E, Hinckley, *op. cit.*, pp. 8–9 参照。

（８）36 *C. T. S.*, § 41.

（９）13 *C. T. S.*, § 429.

（10）48 *C. T. S.*, § 333.

（11）F. E. Hinckley, *op. cit.*, p. 14. なお、領事裁判条約の一覧につき、Travers Twiss, *The Law of Nations considered as Independent Political Communities*, Oxford, Clarendon Press, 1884, p. 443 ff. また、文献その他一般的に、Oppenheim, *International Law*, Vol. I (8th ed.), London, Longmans, 1955, § 317 & § 318 (pp. 678–686).

(12) 90 C. *T. S.* § 285.
(13)「日本の国際法事例研究1」『国家承認』(日本国際問題研究所、一九八三)および同2『国交再開・政府承認』(慶應通信、一九八八)参照。
(14) Oppenheim, *op. cit.*, p. 683, Charles Rousseau, *Droit international public*, Tome Ⅲ, Paris, Sirey, 1972, pp. 98-101.

(2) 南アジア諸国の攻略

新大陸の発見、喜望峰を回るインドへの新航路の開拓、さらに、一五二二年、マゼランの航海による地球の円いことの実証、こうしたことから、ポルトガルやスペインを先頭にヨーロッパの船が大西洋、太平洋、インド洋を縦横に航海するようになる。この一七世紀中葉頃までの大航海時代に、ヨーロッパ人のアジアへの植民も始まった。

ポルトガル人は香料貿易の独占に努め、アデン、ゴア、マラッカ、セイロン、アンボイナ、マカオなどに商館と要塞を兼ねた根拠地を設け、一六世紀はその黄金時代であったが、一五八〇年ポルトガルはスペインに併合され、一五八一年にスペインからの独立宣言を行ったオランダの東インド会社(Vereenigde Oostindische Compagnie)(一六〇二年成立)によってマラッカ、セイロン、アンボイナなどの根拠地を奪われ、一六四〇年の再独立後も立ち直ることはできなかった。オランダは、一六二三年のいわゆるアンボイナ事件で、オランダ人に対し反乱を企てたかどでイギリス人等約二〇人が惨殺され、これを機にイギリス東インド会社が東インド諸島からインドに関心を移していったことにより、東インド諸島における貿易の主導権を握った。オランダ東インド会社は、一七八〇年頃まで南東アジアにおける最強の会社であった(1)。オランダ東インド会社の根拠地の中心は、ジャワのバタヴィア（ジャカルタ）であり、イギリスとの戦いで北アメリカの根拠地を譲渡したものの、一八世紀中葉までにジャワの征服を完成させた。

イギリスは、一六〇〇年に設立された東インド会社が、前述のように、一七世紀中葉からインド貿易に力を注ぐようになり、マドラス、ボンベイ、カルカッタ三港を開いてその拠点とした。他方、フランスもスラト、マドラス南方のポンディシェリ、カルカッタ北隣のシャンデルナゴルに根拠地を設けて、イギリスと対立したが、一七七四年以降の軍事衝突により敗退し、イギリスが独占的にインド経営を進めることになった(2)。インドはムガール帝国の弱体化によって分裂し、諸侯が互いに反目しているのにつけ込んで、イギリスが進出し、とくに初代ベンガル総督へイスチングズ（W. Hastings〈1775–1785〉）は積極的な征服・併合政策をとり(3)、後続の総督もこれを受け継ぎ、イギリスは併合したり、軍事保護条約(4)によって服属させ、遂にはムガール皇帝を擁立した一八五七年のセポイの乱を鎮圧し（ムガール帝国滅亡）、一八七七年インド帝国を成立させた。この間、イギリスは、セイロンをおさえ、一八二四年以降三度にわたるイギリス・ビルマ戦争で一九世紀末には全ビルマも併合し、またマレー半島からボルネオも獲得した。

インド経営をイギリスと争って敗れたフランスはインドシナに進出し、一八八四年六月六日の安南との条約[5]でこれを保護国とし、一九世紀末にはインドシナ全域を植民地化した。スペインは、一五七一年にルソン島にマニラ市を建設し、キリスト教も布教したが、フィリピンの開発は十分なされず、一八九九年アメリカ合衆国に米西戦争の結果譲渡した。

（1）A. Soboul, G. Lemarchand et M. Fogel, *Le siècle des lumières Tome I L'essor* (1715-1750) (Peuples et civilisations XI), Paris, P. U. F., 1977, p. 71.
（2）*Ibid.*, pp. 79-80.
（3）*Ibid.*, p. 85.
（4）たとえば、イギリス東インド会社とハイデラバードとの条約 Treaty of Alliance between the East India Co.（Great Britain）and Hyderabad, signed 22 June 1799（54 *C. T. S.* 479）Subsidiary Treaty between the East India Co.（Great Britain）and the Rajah of Mysore, signed at Nazzerbah, 8 July 1799（55 *C. T. S.* p. 7）などを参照。
（5）164 *C. T. S. p.* 85.

(3)　極東への浸透

中国とヨーロッパの交流の歴史は古くまでさかのぼることができるが、「発見」時代以降を論じることが必要であり、また、それで十分であろう。一五五七年、ポルトガル人は中国当局を説いてマカオに居留地を設ける許しを得ることに成功、他方、スペイン人は、マニラから中国に達し、一五七五年には二人の司祭が広東に到着し、間もなく、フィリピンと福建の諸港との間で、中国人による貿易が広まった。やがて、オランダ人、ロシア人、フランス人が一七世紀に、そしてアメリカ人が一八世紀末に広東での貿易に加わった。

イギリス人は、やや遅れ、それでも一七世紀末には東インド会社の船が広東に入っており、急速に優越的地位を確立していった。しかし一七五七年以降対外貿易は広東一港に限定され、また取引が広行（Cohong 特許貿易組合）を通じて行われる等のため、不満が強く、イギリスは、一八世紀末から一九世紀初めに、マカートニー（G. Macartney）、アマースト（W. P. Amherst）を相次いで北京に派遣し貿易制度の改善を要求したが、ともに成功しなかった(1)。

イギリスは、この頃、周知のとおり、産業革命によって産業は飛躍的に発展し、他方、一七七六年のアメリカ合衆国の独立によってアメリカ植民地を失い、綿製品の販路をインドに求めざるを得ず、前述のように、インド経営に力を注いだ。しかし、いわゆる三角貿易で対華貿易を自国に有利にするため、イギリスはインド産のアヘンを中国に輸出するようになり、中国によるアヘン取引禁止後も密貿易により、中国の銀が流出した。アヘン問題解決のため一八三九年に広東に派遣された林則徐（Lin Tse-su）は、密輸業者を取り締まり、イギリス商人所蔵のアヘンを没収し、焼却する強硬策をとった(2)。こうした措置、および香港での殺人事件にかかわる犯人の中国側の引渡要求を契機に(3)、イギリスは武力行使に踏み切り、いわゆるアヘン戦争となった。黒船とジャンクの戦いの結果、中国は和を請い、一八四二年八月二九日、南京条約を結び、賠償金のほか、公行《ニコン》（清代の唯一の貿易港広州で外国商人との貿易を許された、約一〇人の特許商人の組織する一種のギルド。清朝は公行貿易の利益を独占した）の廃止、広東・福州・厦門・寧波・上海の五港の開放、さらに香港の割譲などを認めた[4]。翌四三年一〇月八日の虎門条約[5]によって関税率が定められ、治外法権と最恵国約款が付加された。また、イギリスにならって、アメリカ合衆国が一八四四年七月三日に望厦条約、フランスが同年一〇月二四日に黄埔条約を結んだ[6]。

アヘン戦争は、実に中国がヨーロッパ諸国に屈した第一歩であった。こうした不平等条約にしばられた状態は植民地よりもあわれむべき状態であるとして、孫文はこれを「次植民地」と呼んだのである[7]。

一九一九年には、中国において治外法権の特権を享有する国（treaty Powers と呼ばれた）は二〇カ国を数えた。国際連盟規約第一九条を援用して連盟総会に不平等条約の改正要求を提出（一九二九年九月四日）したり、種々の機会を捉えて領事裁判制度の廃止を中国は求めたが、好い結果を得られなかった。一九三九年には、第一次世界大戦の敗戦国ドイツ、オーストリア、ハンガリーのほか、ソ連、フィンランド、ギリシア、ポーランド、チェコスロバキア、ペルシア、ボリビア、メキシコの一一カ国が治外法権の享有を止めていたが、ベルギー、スペイン、イタリア、ポルトガル、デンマーク、スイスの六カ国は中国の司法制度の改善を条件に放棄し、米、英、仏、日本、スウェーデン、オランダ、ノルウェー、ブラジル、カナダの九カ国は依然として治外法権を享有していた[8]。従って、トルコが第一次世界大戦を契機に治外法権制から脱したように、中国は第二次世界大戦まで待たなければならなかったのであり、戦中・戦後の各条約によって領事裁判制の廃止が成就したのである[9]。

日本が開国した一九世紀の中葉は、ヨーロッパ諸国による市場獲得活動が極東に集中した時代であったが、諸国の関心は、このように、中国に向けられ、広大な中国にくらべると「はるかな水平線にはほとんど隠れんばかり[10]」の小国にしかすぎなかった日本の開国は、資本主義列強による中国市場獲得の余波であった。日本の不平等条約の改正は、一八九四年七月一六日の日英条約[11]を皮切りに、両三年のうちに一連の二国間条約の締結によって、完成した[12]。

中国と日本は、それぞれ、一八四〇年のアヘン戦争、一八五三年のペリー艦隊の来航によって英米の軍事的脅威の前に降伏し、開国した。しかし、朝鮮は大院君の執政期には、フランス艦隊やアメリカ艦隊を敗退させ、断固として鎖国政策を堅持した。朝鮮を開国させたのは、欧米列強ではなく、一八七五年九月の江華島事件の機に乗じ、ペリーの日本開国の故知に学んで海軍力を誇示して朝鮮と交渉した日本であった。一八七六年（明治九年）二月二六日の日本国朝鮮国修好条規[13]は、一八四二年の南京条約、安政五年（一八五八年）の日米修好通商条約と同じ不平等条約であり、日本は、まさに、欧米との不平等条約の改正交渉に本腰を入れ始めようとしていた矢先に、欧米諸国に先がけて朝鮮に不平等条約を押しつけたのである。欧米諸国で朝鮮と最初に条約を結んだのは、アメリカ合衆国であり、一八八二年五月二二日であった[14]。イギリス、ドイツがその一八カ月後、そして、フランスが一八八六年六月四日である[15]。

（1） G. W. Keeton, *The development of Extraterritoriality in China*, Vol. 1, London, Longmans, 1928, pp. 1–26.

(2) *Ibid.*, p. 144.

(3) *Ibid.*, p. 166.

(4) 93 C. T. S. p. 465.

(5) Supplementary Treaty between China and Great Britain, signed at Hoomun-Chae, 95 *C. T. S.* 323.

(6) Treaty of Peace, Amity and Commerce between China and the United States, signed at Wang Hiya, 3 July 1844, 97 *C. T. S.* 105; Treaty of Friendship, Commerce and Navigation between China and France, signed at Whampoa, 24 October 1844, 97 *C. T. S.* 375.なお、これら条約による領事裁判制度の簡単な説明につき、Ch. Rousseau, *op. cit.*, pp. 112-115 参照。

(7) 宮沢俊義「明治憲法の成立とその国際政治的背景」『日本憲政史の研究』（岩波書店、一九六六）所収、一二一―一二三頁参照。

(8) Ch. Rousseau, *op. cit.*, pp. 119.

(9) *Ibid.*, pp. 119-120.

(10) オールコック（山口光朔訳）『大君の都下』（岩波文庫、一九六二）二六一頁。

(11) Treaty of Commerce and Navigation between Great Britain and Japan, signed at London, 180 *C. T. S.* 257.

(12) 芹田健太郎『憲法と国際環境〔改訂版〕』（有信堂、一九八〇）一七―二二頁（本著作集第12巻）参照。

(13) 外務省『日本外交年表並主要文書　上』（原書房、一九六五）六五―六六頁。

(14) Treaty of Peace, Amity, Commerce and Navigation between Corea and the United States, signed at Chosen. 160 *C. T. S.* 261.

（15）英・独は、一八八三年一一月二六日に、ハンヤン（Hanyang）で、通商友好条約に調印した。テキストは、163 C. *T. S.* 15, 163 C. *T. S.* 37.参照。仏がソウルで調印した友好通商航海条約のテキストは、168 C. *T. S.* 45. なお、Hinckley, *op. cit.*, pp. 38–39; Ch. Rousseau, *op. cit.*, p. 121 参照。

（4）ブラック・アフリカの分割・植民地化

アフリカのうち、地中海に面する北アフリカは、イスラム・アラブの地としてヨーロッパに古くから知られており、また、大航海時代に入り、アフリカ西海岸一帯も、インド航路の寄港地としてヨーロッパ人が渡来し、ポルトガル、オランダが次々と領有した。今に残る地名、穀物海岸（Grain Coast）、象牙海岸（Ivory Coast）、黄金海岸（Gold Caost）、奴隷海岸（Slave Coast）がヨーロッパとの関係を示しており、とりわけ奴隷貿易がアフリカの状況を示している。[1]

しかし、これらの地や、同じくインド航路の寄航地南アフリカを除くアフリカの内陸奥地は、ヨーロッパ人にはほとんど知られておらず、アフリカ分割の前には、リヴィングストンやスタンレーなどのヨーロッパ人探検家の時代が一九世紀中葉から後半にあった。

東海岸からコンゴ川を下って大西洋岸に達したスタンレーに対し、ベルギー国王レオポルド二世はコンゴ開発を援助し、「コンゴ協会」（International Association of the Congo）を設立した。コンゴ協会はコンゴ盆地の領有を認められたが、同「協会の旗を友好政府の旗として承認」したのはアメリカ合衆国が最初であって、一八八四年四月二二日であった。[2]

アフリカ分割の主役は、周知のように、イギリスとフランスであるが、統一を達成したドイツもこれに割り込み、こうして、ビスマルクはベルリン会議を主宰したのである。そして、南西アフリカ、カメルーン、トーゴランドを、ドイツはイギリスを押し切って領有した。

コンゴに関するベルリン会議には、オーストリア＝ハンガリー、ベルギー、デンマーク、フランス、ドイツ、イギリス、イタリア、オランダ、ポルトガル、ロシア、スペイン、スウェーデン＝ノルウェー、トルコ、アメリカ合衆国が参加し、一八八五年二月二六日に調印された一般議定書(General Act)（一八八六年四月一九日に批准書寄託、ただし、アメリカ合衆国のみ批准せず）は、先占について実効性の原則を明確にした。

「アフリカ大陸の海岸に対する新しい先占が実効的とみなされるために満たすべき条件に関する宣言」と題される第六章の第三四条、三五条は次のように規定する。(3)

「アフリカ大陸に対して現在の領有地以外に位置する領域の占有を今後行うか、または、これまでのところは有していないが、これを獲得することになる国、および、保護権（un Protectorat）を取り付ける国は、本議定書の他の調印国に対し、これらの国が場合によっては自国の請求を行い得るようにするために、相互の通告（une Notification）行為を行うものとする。」

「本議定書の調印国は、アフリカ大陸の自国の先占する領域において、既得権ならびに通商および通過の自由を尊重させるに十分な当局（une autorité）の存在を確保する義務を承認する。」

図1　アフリカの分割（19世紀後半）

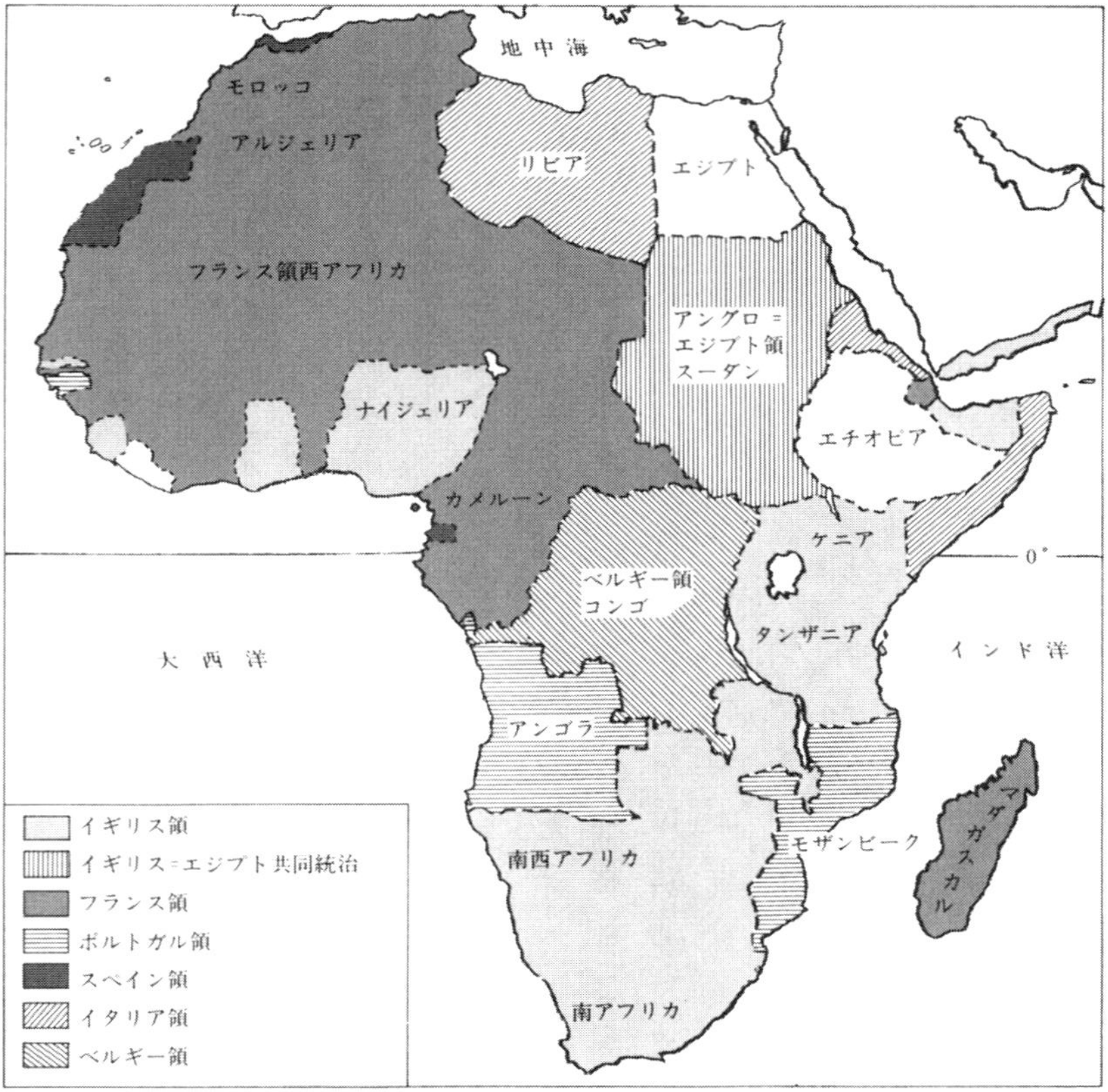

［出典］ William R. Shepherd, *Historical Atlas Eighth Edition*, C. S. Hammond & Company, New York : 1956.

コンゴ会議の後、英仏はアフリカ分割について対立し、一八九八年六月一四日パリにおいて「ニジェール川の西および東の各領有地の境界画定に関する条約」(4)に調印したが、同年九月にはファショダ事件がもち上り、両国の世論も燃え上り、危機的様相を呈した。しかし、両国は翌一八九九年三月二一日ロンドンにおいて中央アフリカにおける勢力圏を定める「先の一八九八年六月一四日条約を完成させる宣言」(5)に調印し、仏軍はファショダを撤退し、同年七月一三日にいずれもパリにおいて批准書が交換された。こうして、アフリカ大陸は、一八七〇年から三〇年のうちにヨーロッパ列強に分割されてしまったのである。

最後の植民地分割は、トルコや中国に対するのとは異なり、最初の新世界の発見・征服に類似する精神をもって行われたのかもしれない。コンゴ会議の一般議定書には、文明、進歩、自由貿易への希望があふれている。これらを典型的に示すのは、コンゴ協会を創設したレオポルド二世の次の言葉である(6)。

「文明がまだ全く滲透していない地球の唯一の部分を文明に向けて開くこと、住民全体を包んでいる暗黒を突き破ること、これは、敢えていえば、この進歩の世紀に適しい十字軍なのである。……ブリュッセルがこの文明開化運動の、いわば総司部になったのは嬉しいことである。」

ドイツのアフリカにおける植民地は、第一次世界大戦後、戦勝国に、委任統治という名において、分配された。「今次ノ戦争ノ結果従前支配シタル国ノ統治ヲ離レタル植民地及領土ニシテ近代世界ノ激甚ナル生存競争状態ノ下ニ未タ自立シ得サル人民ノ居住スルモノニ対シテハ、該人民ノ福祉及発達ヲ計ルハ、文明ノ神聖ナル使命」（国際連盟規約第二二条第一項）であるという正当化がなされた上でのことである。この文明はまさにヨーロッパ文明であった。

（1）芹田・前掲「国際法における人間」（本書第二章）参照。
（2）163 C. T. S. 461.
（3）163 C. T. S. 485, especially at 501.
（4）186 C. T. S. 313.
（5）*Ibid.*, pp. 331-333. なお、「条約」「宣言」ともに、Ian Brownlie, *African Boundaries A legal and diplomatic encyclopedia*, London, Hurst, 1979, pp. 619-623.
（6）C. Schmitt, *op. cit.*, p. 190.

五　「文明」優位の清算

ヨーロッパに「商業革命」をもたらしたヨーロッパによる第一次植民地化の波に洗われた南・北アメリカ大陸には、自らヨーロッパ文明の担い手と考える国が一八世紀から一九世紀にかけて独立した。ヨーロッパの「産業革命」を背景にしたヨーロッパによる第二次植民地化は、アジア、アフリカで前述のようにやや様相が異なり、それに応じて独立の形もまた異なる。

イスラム文化が栄え強力であったトルコは、まずヨーロッパ＝トルコを次第に力で奪われ、領事裁判制度を徐々に強化され、アラブ地域の周辺はヨーロッパの保護国に組み込まれ、ついに第一次世界大戦によってアラブ地域を完全に失った。これら地域の住民は、同じく敗戦国ドイツの有した植民地の住民とともに、「近代世界ノ激甚ナル生存競争状態ノ下ニ未タ自立シ得サル」ものとみなされ、「先進国」の「後見」の下に置かれることとされたが、「従前土耳其帝国ニ属シタル或部族ハ、独立国トシテ仮承認ヲ受ケ得ル発達ノ程度ニ達シタリ。尤モ其ノ自立シ得ル時期ニ至ル迄、施政上受任国ノ助言及援助ヲ受クヘキモノトス」（連盟規約第二二条）と判断されたのである。アラブ地域は、エジプト、サウジアラビアを除くと、委任統治を経て戦前・戦中・戦争直後に独立した国々と、保護国・植民地から独立した諸国がみられる。

古くから栄えた中国は、一九世紀に入ってからヨーロッパの軍事力に屈し、次々と不平等条約を押しつけられ、領土割譲等を強いられ、植民地同様の状態に陥るが、独立は保った。他のアジアの諸国には、イスラム文化やヒンズー文化や仏教文化が栄えていたが、これら諸国も徐々にヨーロッパの軍事力に屈し、一九世紀中に独立を失い、ヨーロッパの植民地と化した。独立を維持したペルシア（イラン）、タイを除くこれらの諸国は、第二次世界大戦後、おおむね一九四〇年代に独立を達成した。

戦後の独立は、しかし、何といっても、一九六〇年代以降にその特色がみられる。(1) 一九六〇年から今日までに独立した国々の半数以上の約四〇カ国がブラック・アフリカの国々であり、その他は太平洋、インド洋、カリブ海の国々である。これらの多くは、ヨーロッパ的伝統的国家観からすれば、とてもこれほど早急に独立を達成することはできなかったと思われる。しかし、国際連合は、一九六〇年一二月一四日、「植民地主義を急速、かつ無条件に終結せしめる必要があることを厳粛に表明し」、「政治的、経済的、社会的または教育的準備が不十分なことをもって、独立を遅延する口実としてはならない」（植民地独立付与宣言第三項）ことを明確に宣言していたのである。

一九六〇年の植民地独立付与宣言は、これによってヨーロッパがヨーロッパ基準の押しつけを放棄したという意味で、画期的なものである。この宣言は、国際連合憲章の中にみられる「人民の進歩の段階」（第七三条ｂ）による世界の人民の区別といった考えの残滓を一掃した。こうして新世界の「発見」以来支配してきた「文明」の優位という観念が清算され、「キリスト教国」でもなく、「文明国」でもなく、とても一つの基準では測り難い国々が誕生し、ここに多様な国家からなる普遍的国際社会が成立したのである。

（1）芹田健太郎「新国家の承認と戦後日本の慣行」『神戸法学雑誌』三一巻四号六〇一―六〇七頁（本著作集第11巻第一章「植民地からの独立と承認」）参照。

おわりに――多様な文明の世界の始まり

世界は今はじめて植民地のない時代に入ろうとしている。軍事力による異民族支配から自由になろうとしている。しかし、植民地は軍事力による支配とともに、土着の経済を破壊しヨーロッパの経済に従属させる経済力による支配でもあった。一八世紀にはこうした低開発の特徴がすでに各地にみられた。[1] 軍事力によってゆがめられた世界がその歪みを克服しつつあるとすれば、多様な文明世界を築き上げるには、経済力によってゆがめられた経済の歪みもまた矯正されなければならない。現在はやっとこの段階に達しつつあると言えるのであろう。こうして初めて、「情報革命」の今日、すべての人・人種・民族が平等な、多様な文化をもった、発展段階も多様な国々からなる、真の普遍的国際社会の成立を語ることができるのである。

（一九八四年九月）

（1）A. Soboul *et al., op. cit.*, pp. 103–105.

第二章　国際法における人間

一　はじめに

すべての人間は、生れながらにして自由であり、かつ、尊厳と権利とについて平等である。人間は、理性と良心とを授けられており、互いに同胞の精神をもって行動しなければならない。

今日では自明のことと思われるこの理念を国際社会が宣言したのは、一九四八年一二月一〇日のことであり、この理念を掲げた世界人権宣言は、国際連合総会によって、すべての人民とすべての国とが達成すべき共通の基準として、布告された。国際法における人間の問題を考える場合この国際文書は時代を画するものである。また、一九六〇年には、「外国による人民の征服、支配および搾取は、基本的人権を否認」するものである、と植民地独立付与宣言が宣言した。このことも念頭に置かなければならない。しかし、国際法は、憲法や刑法や民法のような国内法とは異なり、その具体的全体像を想い描くことは容易ではない。国際法は、国際社会を基盤とする法であり、一般には、主として独立主権国家間の関係を規律するものと考えられており、人間は、原則として、国家の陰に隠れていて見えない。しかも、国際法は長い歴史の中で徐々に形成されてきたものであり、成文法典はなく、国際法の基盤とする国際社会それ自体がそもそも時代によって大きく異なっている。そこで本稿では、国際社会と国際法の歴史を繙きながら、国際社会と国際法の発展の特異性を検討し、国際法においていかに人間の問題が扱われて来なかったかをみてみたいと思う。そのことによって、現在の国際法が徐々に「人間化」されてきたことを、逆に、示したいと思う。その意味では、本稿で明らかにしたいのは、国際法の人間化の歴史である。

ところで、国際法は一六世紀のヨーロッパに端を発している。その歴史はおよそ次の三期に区分される。第一は、一六世紀から一八世紀に至る時期で、国際法学の「英雄時代」(1)と呼ばれ、学者個人個人の力が国際法の形成に大きな役割を演じた。スペインのドミニコ会の神学者ヴィトリア（Francisco Vitoria, 1480–1546）、イエズス会の神学者スアレス（Francisco Suarez, 1548–1617）、オックスフォード大学ローマ法講座を担当したゲンチリス（Albericus Gentilis, 1552–1608）、そして、国際法の父といわれるグロチウス（Hugo Grotius, 1583–1645）、彼とほぼ同時代のオックスフォード大学のズーチ（Richard Zouch, 1590–1660）、それに続くドイツのプーフェンドルフ（Samuel Pufendorf, 1632–1694）、ヴォルフ（Christian Wolf, 1676–1756）、オランダのバインケルスフーク（Cornelius Bynkershoek, 1673–1743）、国際法に関してはじめて現代語で体系書を書いたスイスのヴァッテル（Emer de Vattel, 1714–1767）、同じく現代語で書いたドイツの完全な実定法学者モーゼル（Johann Jacob Moser, 1701–1785）などの学者が輩出した。これらの初期の学者たちは、思索の基礎として採用すべき十分な国際慣行がなかったので、人間性とか社会生活の需要といったものを国際生活に適用して国際法規を考え出そうとしたのである。こうした学者たちは、国際法の「創始者たち」とか「先駆者たち」と

呼ばれる。(2)

第二は、産業革命の影響によって諸国間の相互依存関係が急速に深まり、その需要に応じるための国際法規則と国際機構の形成を促し、諸国間の連帯の観念が深まった一九世紀から二〇世紀前半にかけての時期である。一八世紀末にアメリカ合衆国が独立し、一九世紀に入り、ラテン・アメリカ諸国が独立した。ここに一五世紀末からの「大発見」に続く、いわばヨーロッパの第一次植民地化の波によって植民地となったアメリカ大陸が独立したのである。これらのことなどから、前世紀までヨーロッパ公法またはヨーロッパ国際法と呼ばれていた国際法の別称は、一九世紀末以来行われなくなった。第一の時期と第二の時期の国際社会の特質を比較すれば、一六四八年のウェストファリア会議以降多元的な国家の並存体制が確立されてきたが、その国際体制が基本的には絶対君主を中心とする王朝間体制であったのに対し、一七八九年のフランス革命またはナポレオン戦争を収拾した一八一五年のウィーン会議以後の国際体制は、今日の国際社会体制の核ともいうべき国民国家によって担われるものとなったのである。この時代の国際法は、通常、近代国際法と呼ばれ、日本が出会い、参加するようになったのは、この国際法である。

第三の時期は、近代国際法から現代国際法へと展開する現代である。

本稿では、第一の時期、いわば古典国際法の時代を近代国際法の揺籃期ととらえ、第二の時期を近代国際法の展開期ととらえて論を進めることとしたい。従って、近代国際法四五〇年、現代国際法四〇年となり、外在的にみて、近代国際法における人間の問題では、これまで国際法学において正面切っては扱われて来なかった二つの問題を扱いたいと思う。第一は、主としてインディオ問題であり、第二は、主として奴隷貿易問題である。現代国際法については、人権問題を素描するが、歴史は、インディオ問題―奴隷貿易―植民地分割と流れたので、とくに非植民地化という歴史の転換点を念頭に置いて光をあててみたいと思う。

二　近代国際法における人間（1）

(1)　新大陸の発見・征服とインディオ論争

国際法の創始者たちの最初にあげられるのは、ドミニコ会の神学者ヴィトリアである。ヴィトリアが後世に残した業績として重要なものは、彼の『神学特別講義』[3]であり、なかでも国際法学において注目されるのは、インディオ問題[4]を扱った次の二つの講義である。それは、「最近発見されたインディオについての第一の講義」（Relectio prior de indis recenter inventis）と「インディオについての第二の講義、すなわち、野蛮人に対するスペイン人の戦争の法について」（Relectio posterior de indis, sive de iure belli hispanorum in barbaros）である。第一の「インディオについて」は一五三九年一月、第二の「戦争の法について」は同年六月にサラマンカ大学で行われた。

(a)　インディオ問題の実態

コロンブスの第一回航海から続いた発見者の時代は、一五一〇年前後から、征服者《コンキスタドール》の時代へと移った。それまでサント・ドミンゴ島（現在のハイチおよびドミニカ）に根拠をおいてあまり動きをみせなかったスペイン人たちが、新しい国土と宝を求めて、カリブ海、メキシコ湾の諸地方に、探検と征服の旅に乗り出したからである。コルテスのメキシコ（一五一九―一五二一）、ダビラのニカラグア（一五二三）、アルバラドのグアテマラ（一五二四）、モンテホのユカタン（一五二六）、ピサロのペルー（一五三二―一五三三）の各征服というように、次第に規模と範囲が広がった。それとともに、新大陸にながれこんだ多くの征服者たちは、原住のインディオを理由もなく殺したり、その財や土地をとりあげるなど、残虐のかぎりをつくした。こうした非道ぶりは一五一一―一二年頃からドミニコ会士によって指摘され、インディオ保護の必要が論じられた(5)。我々が今日容易に手にすることのできるラス・カサスの『インディアスの破壊についての簡潔な報告』(6)（一五四二年に国王に提出された報告を母体にし、一五五二年公刊）は、インディオの蒙っている悲惨な状況を訴え、インディアスの状況改善の必要を説き、要するに、征服の即時中止を求めたものであった。ラス・カサスの表現には誇張があり、インディオの死者の数にしても信じ難いところがあるが、コロンブスが「……この世でも最も美しい平野がひろがっていた。それはカスティリャの土地に匹敵するというよりは、むしろ勝っていた。そんなわけで、この島をエスパニョーラ島と名付けた」(7)というそのエスパニョーラ島については次のように記している。

「神はその地方一帯に住む無数の人びとをことごとく素朴で、悪意のない、また、陰ひなたのない人間として創られた。彼らは土地の領主《セニョール》たちに対し、また、現在彼らが仕えているキリスト教徒たちに対しても実に恭順で忠実である。彼らは世界でもっとも謙虚で辛抱強く、また、温厚で口数の少ない人たちで、諍《いさか》いや騒動を起すこともなく、喧嘩や争いもしない。そればかりか、彼らは怨みや憎しみや復讐心すら抱かない。」

「彼らは明晰で物にとらわれない鋭い理解力を具え、あらゆる秀れた教えを理解し、守ることができる。」

「スペイン人たちは、創造主によって前述の諸性質を授けられたこれらの従順な羊の群に出会うとすぐ、まるで何日もつづいた飢えのために猛り狂った狼や虎や獅子のようにその中へ突き進んで行った。この四〇年の間、また、今もなお、スペイン人たちはかつて人が見たことも読んだことも聞いたこともない種々様々な新しい残虐きわまりない手口を用いて、ひたすらインディオたちを斬り刻み、殺害し、苦しめ、拷問し、破壊へと追いやっている。例えば、われわれがはじめてエスパニョーラ島に上陸した時、島には約三〇〇万人のインディオが暮していたが、今では僅か二〇〇人ぐらいしか生き残っていないのである。(8)」

実際にも、エスパニョーラ島は、後にフランス領サント・ドミンゴ島となり、その西半分ハイチはトゥーサン・ルヴェルチュールの指導下に五〇万人の黒人奴隷が革命を起し、一八〇四年に世界史上最初の黒人共和国として独立するが、(9)その黒人たちは原住インディオがほぼ絶滅したため労働力としてアフリカから連れて来られた者の子孫である。

ラス・カサスは、さらに続ける。「この四〇年間にキリスト教徒たちの暴虐的で極悪無慙な所業のために男女、子供合わせて一二〇〇万人以上の人が残虐非道にも殺されたのはまったく確かなことである。それどころか、私は、一五〇〇万人以上のインディオが犠牲になったと言っても、真実間違いではないと思う。」

このようにスペイン人の非を弾劾するラス・カサスは、インディオの現状をキリスト教化される以前のスペイン人たちと同視し、「わが国と諸外国の歴史に通じているひとびとにとっては、昔のエスパーニャ人がいかに野蛮で単純素朴、そしてそれに劣らず粗暴獰猛であったかは明白である(10)」と言う。

(b)　ヴィトリアとその学説

ヴィトリアは、ラス・カサスの先の『報告』を読まずに一五四六年に死んだ。しかし、一五四〇年にインディオ救済の抜本策を訴えるため帰国したラス・カサスに対しヴィトリアは賛同の意見書を与えている(11)。しかも、ヴィトリアがインディオ問題を扱った二つの講義を行ったのは、前述のように、その前年一五三九年のことであった。

さて、ヴィトリアは一五〇六年から一五二三年までパリで過ごした後、スペインへ戻り、同二六年にサラマンカ大学神学教授に選ばれ、サラマンカのサン・エステバン修道院に住むことになった。新大陸でのキリスト教伝道は主としてヴィトリアやラス・カサスも属したドミニコ会にまかされていたが、その布教活動の中心がこの修道院であった。そこには生の情報があり、ヴィトリアはそれに接していたのである。こうしてヴィトリアは、植民地の新しい問題について正確な知識をもち、インディオの保護の必要を強く感じていたにちがいない。文書による記録としては、一五三二年から始められたピサロのペルー征服のときに、征服者たちの犯した残虐行為に対して、これはまさしく掠奪のための戦争であって正しい戦争の権利に基づくものではない、と激しく非難した彼の書簡が残されている(12)。そうしたわけで、神学者として令名の高いヴィトリアが神学特別講義で提起したスペインのインディアス支配の正当性に関する問題は、サン・エステバン修道院のドミニコ会士を中心に激しく論じられ、そのため、講義のなされた一五三九年一一月には、カルロス一世（神聖ローマ皇帝カール五世）は同修道院長ソトに書簡を送り、今後一切許可なく聖職者がインディアス問題について論じてはならないと伝え、インディアス関係の文書の回収を命じた(13)。それほどこの講義は大きな反響を呼んだのである。後年、「インディアスの父」と呼ばれ、その保護のためにめざましい働きをしたラス・カサスと、イタリアに学びギリシア学の大家と目された古典学者で、アリストテレスの先天的奴隷人説をインディオに適用することを主張したセプルベダとの間で行われた、インディオ問題をめぐる、いわゆるバリャドリー大論戦(14)において、ラス・カサスが拠ったのもヴィトリアの説であった。

ヴィトリアの国際法に関係する基礎理論は彼の万民法(15)（ius gentium）の理論である。ヴィトリアは万民法の基礎を「全体世界」（totus orbis）の観念によって基礎づけ、万民法を全体世界の共通の法とする。ヴィトリアの「全体世界」の観念は、中世思想の延長として説かれたものではあるが、中世のキリスト教的世界の観念のようにもっぱらキリスト教徒によってのみ構成されるものではなく、アメリカのインディオのような異教徒をふくめて、すべての人間が宗教や文化や人種の別なく、ただ人間としての価値の同一を根拠として、平等の立場ですべての人間に共通の自然法の規律を受ける、そうした性質の普遍的人類社会である。[16] ヴィトリアが、このように、異教徒を含むすべての人間からなる普遍的人類社会として「全体世界」を構成したことは、彼の思想における近世のルネッサンスのころの新しい時代の反映である。[17] 事実、ヴィトリアは、ロッテルダムのエラスムスがその国の異端審問にかけられようとしたとき、エラスムス自らの手紙により裁判の弁護を依頼されたことが伝えられており、ユマニスムに好感をもつ学者として一般に認められていたことが知られる。[18] このことは、個別的、具体的な人間の現実に目を向けるヴィトリアに、ユマニスムの影響をみることができる。エラスムスの『痴愚神礼讃』（一五一一年公刊）はトマス・モア家滞在中に短時日で仕上げられたものであり、モアの不朽の名著『ユートピア』（一五一六年公刊）はいわばその双生児である。ラス・カサスを共に支持したエラスムス主義者メキシコ司教スマラガは新大陸における理想郷の実現を夢想し、ミチョアカン司教キロガは『ユートピア』をモデルに実行した。[19] このように、時代がユマニスムの強い影響の下にあったし、特にインディオ問題に理解ある人々がそうであった。彼らは普遍的、抽象的な概念よりもありのままの現実の人間をみつめたのである。

ヴィトリアは言う。インディオは野蛮人であると言われるが、彼らも彼らなりに理性を用いる能力をもっている。その証拠に、彼らは国家をもち、また、はっきりした婚姻制度、官職、支配者、法律、職業、交換制度をもっている。従って、彼らも、キリスト教徒と同様に、公的にも私的にも真実の支配権を有しており、彼らがキリスト教を信じない野蛮人であるから、財産に対する真実の支配権を有していないということで、スペイン人が彼らの財産や領土を奪いとることは許されない（「インディオについて」第二三項）。このように、インディオとスペイン人がともに理性的被造物たる人間であることにおいて何ら区別さるべきではないことを力説するヴィトリアは、アリストテレスをも引き、「なに人も自然にもとづいては奴隷ではない」と断言する（同二三項）[20]。

このヴィトリアの見方は画期的なものであった。一五、六世紀のヨーロッパ人たちは、南のアラブ人、東のトルコ人に包囲されて暮らしていたが、キリスト教徒の知らざる未知の世界には、首なし人間や犬首人などの化け物が住んでいると信じていたのである。だからこそ、コロンブスは第一回航海の折、「これらの島々で、私は今日まで、多くの人が考えているような怪物には会ったことがありません」と書いたのである[21]。それどころか、インディアスの最初の陸地に上陸した翌日、一四九二年一〇月一三日、「夜が明けるやいなや、大勢の男達が海辺へやってきました……彼らは皆若者で背も高く、なかなかの美男子でした。髪の毛は、ちぢれておらず、馬の毛のようにだらりとしていて剛く、また額や頭は今まで見たどの人種よりもずっと広くて、目は非常に美しく、決して小さくはありません。色も黒くなく、カナリア諸島の人達と同じ肌色をしております。……脚は、皆同じように真直ぐで、腹は出ておらず、よい姿をしております」（『コロンブス航海誌』三九頁）と書いている。

しかし、ヴィトリアに示される人間観は、やがて押し潰され、征服によって中部アメリカ社会は徹底的に破壊され、ヨーロッパの植民地となったのである[22]。

(2)　ヨーロッパ中心の国際社会観――グロチウスとヴァッテル

(a)　「グロチウスは絶対主義の国際法を書き、ヴァッテルは政治的自由の国際法を書いた」と言ったのは、ド・ラプラデールである。[23] そのグロチウスは、主著『戦争と平和の法』三巻（De iure belli ac pacis libri tres 1625）の序文の中でヴィトリアの恩恵について述べている。[24] しかし、グロチウスの国際法の性質についての考え方、すなわち、国際法が諸国家または諸民族の間の合意による法であることを強調した点は、ヴィトリアよりむしろスアレスの考え方に近い。[25]

スアレスは、一六、七世紀のスペインに活躍したイエズス会の神学者である。スアレスは一五七〇年にサラマンカ大学で哲学と神学の課程を終えた。この頃には新大陸での征服者の時代は終っていた。彼の万民法（ius gentium）についての注目すべき考えは、一六〇一年から一六〇三年にかけて行われた講義を基礎に一六一二年に公刊された『法律と立法者たる神とについての論』一〇巻（Tractatus de legibus ac Deo legislatore in X libros distributus, Coimbra, 1612）の中にみられる。スアレスは、万民法という言葉が漠然としていることを初めて明確に認識した人であり、万民法に二つの意味を与えた。一つは「すべての国民および民族（populi et gentes）がその相互関係において（inter se）遵守しなければならない法」であり、他は「いくつかの都市や王国（civitates vel regna）が自己の領域内において（intra se）遵守する法で、相互の類似性と便宜上、万民法とよばれるもの」である。[26] 第二のもの、ius intra gentes は実質的には各国家の市民法であり、第一のもの、ius inter gentes が実定国際法の概念に該当する。スアレスはこの万民法を国家や個人から構成される普遍的人類社会に基礎づけている。[27] しかし、スアレスは、「この法が完全にすべての民族に共通であることは必要ではなくて、充分な組織を有するほとんどすべての民族がそれを採用すれば、それでたりる」と考えており、[28] スアレスにとって万民法の妥当範囲は文明社会と考えられる。スアレスの先人ヴィトリアはコロンブスの発見以来スペインが当面した「具体的問題」を扱い、「人間」をみつめたのに対し、スアレスは法と法律についての「抽象的問題」を前にし、「社会」を扱ったのである。[29]

(b)　さて、グロチウスは、ネーデルラント独立戦争の八〇年の間に生れ、そして、死んだ。彼の死後三年の一六四八年にウェストファリア条約が結ばれ、ネーデルラント（オランダ）の独立が認められた。グロチウスの時代は一つの時代の終りであり、次の時代の始まりであった。中世の生活と思想を支えた枠組が崩れたばかりであった。宗教改革のショックで宗教上の一体性が壊れ、神聖ローマ帝国の下であった政治上の一体性も動揺していたのである。グロチウスは、『戦争と平和の法』を書く動機について次のように語っている。[30]

「戦争を行うためにも、また、戦争中においても、同じように守らなければならない諸国家間の共通の法が存在することはきわめて確実である。従って、私としては、この問題について著述を行わなければならない多くの、また重要な、理由があると思う。なぜなら、ひろくキリスト教世界を通じて、野蛮人さえもが恥としなければならないような、戦争に対する抑制の欠如が見られるからである。きわめて些細な理由で、あるいは全く理由もなく、武器に訴えることが行われ、そして、一旦武器がとられるや、もはや神の法も人の法も全く無視され、あたかも、どのような犯罪を犯しても差し支えない錯乱状態が公然と法令によって許されたかのような有様を呈している。」（序言《プロレゴメナ》二八項）

このように、グロチウスの前にあったのは、ネーデルラント独立戦争、一六一八年から始まった三〇年戦争であった。また、当時、ポルトガルがインド通商の独占を主張し、オランダがこれに参加することを極力妨害したため、グロチウスがこれに反対して、通商と航海とは全人類に自由であることを力説し、海洋自由の原則を説いた『自由海論』（Mare liberum）（一六〇九年刊）は、元来は、オランダ東インド会社の商船隊が一六〇四年にマラッカ近くで競争相手のポルトガルの商船カタリナ号を捕獲した事件をとりあげ、その捕獲が正当であることを正当戦争理論に基づいて論証した『捕獲法論』（De jure praedae）（一六〇四―五年執筆、一八六八年刊）の一部であった。このように、グロチウスの脳裡にあったのはヨーロッパ諸国の現実であった。グロチウスには、自由な独立した主権国家という観念はいまだみられないが[31]、独立戦争を戦っているカルヴァン派国民の息子として、国家があった。ド・ラプラデールが言ったように、グロチウスは絶対主義の国際法を書いたのである。こうして、人間は国家の陰に隠れて見えなくなっていく。あのラス・カサスの『インディアスの破壊についての簡潔な報告』は、一五七八年に最初の外国語訳としてオランダ語訳が出版され、一六世紀中にオランダ語訳は二版が出版され、一七世紀にはオランダでは一四回も版を重ねたが[32]、グロチウスの中に植民地住民について語る言葉はない。オランダ東インド会社の弁護には立っても、その植民活動についてはふれない。[33] 非キリスト教世界――この頃には、後述のように、日欧の接触も始まっていた――は、グロチウスが好んで引用する聖書、古典等からみて、地中海世界を除けば、彼の普遍人類社会[34]の中には入っていないとみるべきであろう。また、グロチウスは、人間の中に「社会的性向」(appetitus societatis) を認め、人間を社会性を担ったものとしてとらえているが、これは国際関係には登場しない。

『リヴァイアサン』[35]（一六五一年）にみられるホッブズの「自然状態」を受けて、自然状態において人間が平等であるのと同じように国家も同様に国際関係において平等であることを初めて論じたプーフェンドルフはその後の学者に大きな影響を与えた。[36] 他方、『最後のタスマニア人』を書いたボンウィックによれば、[37]「シドニーのワーデル博士が、黒人を一人殺害したあるイギリス人の弁護に立った時、彼はベーコンとプーフェンドルフとバルベイラクに基づいて、人肉を常食とする野蛮人（オーストラリア土人は間違いなくそうだと彼は言う）は、自然法によって法の保護の外に置かれているから、彼らを殺しても罪にならないと論じた」のである。

(c)　さて、政治的自由の国際法を書いたヴァッテルは、ラテン語で書いたヴォルフの基本的な考え方を踏襲したが、国際法を、初めて現代語であるフランス語で体系的に、しかも、自己の外交官としての実務経験も生かして、書いた。「彼の著作は、一七五八年付のことではあるが、一七七六年のアメリカ〔革命〕の諸原則および一七八九年のフランス〔革命〕の諸原則と完全に一致している。……

ヴァッテルの『国際法』は、一七八九年の諸原則に基礎を置く国際法であり、ルソーの『社会契約論』を補足するものであり、法的個人主義という偉大な諸原則を国際法分野に投影したものである。これこそ、ヴァッテルの著作を重要なものとしているものであり、彼の成功を説明するものであり、彼の影響力を特徴づけるものであり、また、彼の不十分な点があるとすればそれを測るものである。(38)」ヴァッテルは、自由・平等・独立の主権国家を基礎に置く国際社会を構想したのである。

新大陸の植民について、そのヴァッテルは次のように言う。「野心的なヨーロッパ人はアメリカ諸国民を攻撃し、言わば文明化と真の宗教の布教のために自己の強欲な支配に屈服せしめた。そして、この言わば横領者たちは不正で馬鹿げた口実でもって自らを正当化した。驚いたことに、『古代ゴール人などと同様に人肉を食べ、古代イラン人がしたように自らの父母に対し非人道的な取扱いをし』、自然法に反する重大な過ちを犯した諸国民を懲らしめるために、主権者は正当に武器をとることができる、と博学・明敏なグロチウスが言っている（『戦争と平和の法』第二巻、第二〇章四〇）。……グロチウスは……自らの見解が熱狂者たちの激情に門戸を開放し、野心家たちに無数の口実を与えることに気付かなかったのであろうか(39)」(Liv. II, chap. I, §7)。また、一般に通商の自由を認めるヴァッテルは、通商の申出を受諾も拒絶もできるとして、「通商を拒絶したという口実の下にアメリカを攻撃したスペイン人は自らの飽くなき強欲を虚ろな色彩で隠蔽した(40)」(Liv. II, chap. II, §25) と非難し、また、「土地を耕作する義務」を措定し、労働をさけるために狩猟と牧羊のみで生活しようとする民族は、今日人口が増えてきているので、不当に土地を手に入れていることになり、狭隘な土地に閉じ込められている国民がやってきてその土地の一部を占めるとしても不平を言うことはできないとして、北米大陸でのいくつかの植民地の建設は、「正当な限界内に抑えられているため」完全な正当性をもつとする一方、「ペルーやメキシコのような秩序ある帝国の征服は言語道断な簒奪であった」[41]（Liv. I, chap. 7. §81）という。北米大陸の植民を正当とするヴァッテルは、同様に、先占について語り、「あまりにも狭い国に閉じ込められたヨーロッパの諸民族は野蛮人が特に必要とせず現実に終始何ら利用していない土地を見出したときそれを合法的に先占し、そこに植民地を建設することができた」[42]（Liv. I, chap. 18. §209）という。ヴァッテルの書物は、英語圏とくに米国で高い評価を得ていた。植民地独立運動の闘士として、また独立戦争の勝利をいわば決定的にした一七七八年の米仏同盟条約をまとめた、アメリカ外交家の随一ともいうべきフランクリンは、この書の贈呈を受け、米国が頻繁に国際法と相談する必要のあるときだけに時宜にかなったものであると述べており、やがて同書はアメリカの大学の教科書となった[43]。アメリカ人に人気を博したように、ヴァッテルには市民社会について極めて民主的な、人民主権にかなり近い考え方がみられるものの、異人種間接触または異民族間接触について語るヴァッテルには、先に見たように、いわば文明人と野蛮人という図式がみられ、文明の地ヨーロッパ中心の思考が色濃く滲み出ている。非ヨーロッパ世界はヨーロッパ植民あるいは貿易の対象にしかすぎず、決して対等の主体としては登場しない。そして、ヨーロッパ諸国で構成される国際社会において、これを構成する諸国間の調整をはかるものとして国際法が構想され、主権国家観が前景に登場してくると、人間個人は後景に退いていく。

こうして、インディオから強奪された土地はヨーロッパ人の植民地となり、アフリカから運ばれてきた黒人奴隷によって耕やされることになったのである。(44)

三　近代国際法における人間（2）

（1）　奴隷貿易とその禁止の実現

（a）　アフリカ黒人奴隷

奴隷が取引された歴史は、奴隷制とともにきわめて古い。(45) しかし、全く新しい展開がここでも新大陸の発見・征服・植民によって始まった。これが四〇〇年もの間続くアフリカの黒人奴隷貿易である。この間アフリカからアメリカに運び込まれたアフリカ黒人の数はあまりにも厖大であって正確な数字はわからない。ある推定によれば(46)、一六世紀に九〇万人、一七世紀に二七五万人、一八世紀に七〇〇万人、一九世紀に四〇〇万人、総計一五〇〇万人近くになり、しかも、「一人の黒人を新大陸にもたらすまでには五人の黒人が死んだ」といわれ、これからすると七〇〇〇万人もの黒人がアフリカから奪いとられたことになる。また別の推定によれば(47)、アメリカ各地には一七〇〇万から一八〇〇万人の黒人奴隷が到着したものとみられ、しかも、「各地に着いた奴隷各一人につき三人ないし四人の他のニグロ人が……死んだ」と見られており、「このようにアフリカは、近代奴隷貿易のためにその人口から少なくとも六〇〇〇万人をはぎ取られた」のである。

最初期の奴隷船では、五〇から七〇%、嵐に会えば九〇%もの死亡率に及び(48)、また、詰めこめるだけ詰めこまれた奴隷に許されたスペースは墓穴程度で、縦五フィート六インチ、横一六インチ、高さ二ないし三フィートであったが、後に奴隷貿易が廃止されると、密貿易船はスピードを優先した細身のものが主流となり、船内の過密状態は一段と悪化し、さらに、密輸が発覚しそうになると、船長はしばしば積み荷の黒人を海中へ投げ捨てることさえあり、中には、一度に五〇〇人もの黒人を船外へ投げ捨て、航跡を追う鮫のえじきにしたという記録さえ残っている。(49)

奴隷には人格が認められなかったので、一五五一年のリスボンの人口統計では、「勘定するのに何人とはいわ」ず、「頭《カベサ》とか匹《ピエサ》といった」(50)。法的にも、奴隷は奴隷市場を通して売買される商品であり、個人の財産であった。(51)一般に、米国のどこの州でも奴隷は動産と規定され、たとえば、メリーランドの一七九一年の法律には次の規定がある。「監禁中の者が奴隷、役畜、その他の家畜、家具、食器、書籍などの財産を所有する場合には、裁判所は……いつでもそれらの売却命令を発することができる。」そして、裁判所は言う。「仮にめす馬を五年間借り受け、その期間中に借りた馬が子を生めば、その子馬は当然母馬の使用権の一部とみなされ、使用者の所有となる。その点では、メリーランドに住む奴隷もまったく同様で、馬の場合と変わるところはない」と。事実、奴隷を牛馬同様に増殖させて市場に売り出す商売は、ほとんどの奴隷州で公認されていたのである。(52)

(b)　奴隷貿易の形態とその展開(53)

一五世紀中葉にまずポルトガルによって黒人奴隷貿易が開始され、一六世紀にかけてはポルトガルによる独占が続いた。続いてこれに参入したスペインは、奴隷貿易のための特別許可状の制度を採り入れたが、アフリカの奴隷の供給源をポルトガルの会社や商人の手に握られていたため、かれらと取引関係にあるヨーロッパの金融業者や商人の周旋を受け入れた。有名な許可状は、一五二八年にアウグスブルクの金融業者ヴェルザー家にカルロス一世が与えたものである。これはカルロス一世（神聖ローマ皇帝カール五世）が神聖ローマ皇帝に選出されるために使った費用を借りたヴェルザー家に返済の形で与えたものとも、また、ハプスブルク家とヴェルザー家との家族的繫りなどの個人的理由によるものともいわれる。(54) いずれにしろ、許可状制の導入によって大規模な奴隷貿易への道が開かれたのである。カルロス一世の後を継いだフェリペ二世の在位中の一五八〇年にスペインのポルトガル併合がなされ、奴隷貿易を独占的に請け負わせるアシエント（asiento）制によってポルトガル人の請負契約《アシエント》の時代に入ったが、一五八八年にはスペイン無敵艦隊がイギリス・オランダ連合の前に破れ、やがてポルトガル人の奴隷貿易における独占的立場は、オランダ人による黒人奴隷の密貿易もあって、徐々に後退し、スペイン、ポルトガルの両王家が再度分離した一六四〇年には終止した。

この時代には、黒人奴隷貿易は重商主義列強の最大の関心事の一つとなり、海外領土の覇権をめぐる抗争も激化しつつあり、こうしたことから、黒人奴隷貿易はヨーロッパのあらゆる王権の政治的駆引きの対象とされ、各国大使の主要任務として、各国間の同盟や条約締結の主目的となったのである。(55) 一六四〇年以降オランダがアシエントを得たが、ヨーロッパの主導権を握ったフランスのルイ一四世は孫のフェリペ五世をスペイン王として支援し、一七〇一年王位についたフェリペ五世はフランス王立ギニア会社にアシエントを与えた。王位継承をめぐる一七〇一年から一三年のいわゆるスペイン継承戦争に勝利したイギリスは、オランダ西インド会社とイギリスの王立アフリカ会社との間の激烈な商業戦にも勝利しており、すでに約一世紀以前から奴隷貿易に進出していたが、戦争末期一七一二年に始まったマドリード交渉を通じ、ついに一七一三年三月二六日に「スペインと東インド会社（イギリス）とのアシエント」が調印され、翌日の「イギリスとスペインとの暫定平和条約」によって確認され、ついにアシエントを獲得した(56)。

奴隷貿易は次第に大会社の手に掌握されていくが、ヨーロッパの各王家は、スペイン歴代のフェリペ王、フランスのルイ一四世（一六四三―一七一五）、イギリスのアン女王（一七〇二―一四）、ポルトガルのペドロ二世（一六八三―一七〇六）の時代に奴隷貿易会社の助成に努め、自ら出資者の一員となっている(57)。また、イギリスのリヴァプールは旧世界最大の奴隷貿易港であったが、多数の奴隷商が同市当局の最高の地位を占めるなど、奴隷貿易商はイギリスの高位顕職を占めていたのである(58)。序でながら、リヴァプール港所属船舶数に対する奴隷船の割合は、一七〇九年には一〇〇分の一をやや上まわる程度であったが、一七三〇年には一一分の一、一七六三年には四分の一、一七七一年には三分の一を占めるにいたり、一七九五年リヴァプールはイギリスの奴隷貿易総額の八分の五、ヨーロッパ全体の奴隷貿易額の七分の三を扱っていたのである(59)。

こうした状況の中で国際法学は無力であった。アフリカ黒人奴隷については、インディオをめぐって行われたバリャドリー大論戦はみられない。国際法はヨーロッパ諸国間の利害調整の法としての性格をますます色濃くしていったのである。

(c) 奴隷貿易の終焉

万人の平等ということを字義通り普遍的意味で主張したのは、一七七六年のアメリカ独立宣言の起草者ジェファソンである。周知のように、ジェファソンは彼の独立宣言草案の中に英国王の悪行の一つとしてアフリカ人を奴隷としたことを挙げていた。彼は、これより先、一七七四年の「イギリス領アメリカの諸権利についての意見の要約」[60]において、奴隷制廃止がアメリカ諸植民地の「偉大な目標」である、と述べたのち、次のように言って国王を非難している。「われわれがその実現のためにくりかえし試みた輸入の禁止、またはそれと同様の効果をもたらすと思われる重い輸入課税の立法計画は、今日まで、いつも陛下の拒否権によって打ち破られたのである。かくして陛下のこの拒否権は、アメリカ諸邦（諸植民地）の永続的利益を転んじて、少数のイギリス海賊船のための目先の利益を優先せしめたことになり、また、この奴隷制という不名誉な慣行によって、深く傷つけられた人間性にもとづく諸権利を軽視されたことになるのである」と。

この頃アメリカでは黒人奴隷による生産が不経済であるという声が出ており、また一八〇〇年頃には、明らかに、奴隷は一世紀前のように高い利潤を生む商品ではなくなっていた。一七七六年のアメリカ独立ののち、英帝国の重心は、カリブ海からインド洋へ、つまり西インド諸島からインドに移ったといわれる[61]。奴隷貿易に関するイギリスの方針は米の独立を承認した一七八三年以前にすでにかたまっていた。アメリカ一三植民地を失い帝国内の奴隷数が著しく減少しており奴隷貿易の廃止はやりやすくなっていたのである。こうして、一八〇七年に奴隷貿易が廃止された。廃止法案には、奴隷貿易が「正義および人道ならびに健全な政策と相容れない」という趣旨の一句が含まれていた[62]。

こうしてイギリスは奴隷貿易廃止論の先鋒に立った。一八一四年ナポレオンの退位後、オーストリア、イギリス、ポルトガル、プロシア、ロシア、スウェーデンとフランスとの間の平和友好条約がパリで同年五月三〇日調印され、同日の英仏間追加条項第一条は次のように規定した。「仏王は、英王と意見を全く同じくし、自然的正義の原則および我々の生きる時代の文明の原則にもとる取引の分野に関し、来たるべき会議において、英国王の努力にすべての力を合せ、すべてのキリスト教列強に対し奴隷貿易の廃止を宣言させるよう約束する……[63]。」そして、一八一五年二月八日に奴隷廃止に関する列強の宣言が採択され、この宣言は同年六月九日のウィーン会議議定書第五八条によって同会議の諸協定と不可分のものとされた[64]。それより前、英・米は、一八一四年一二月二四日の平和条約第一〇条において「奴隷取引が人道と正義の原則と相容れない」ので全面的廃止のため「最善の努力」をすることを約束していた[65]。その後一八一七年九月二三日、イギリスはしぶるスペインとの間で奴隷貿易廃止条約を締結し、一八二〇年五月三〇日以降奴隷貿易を廃止することを約束させた（第一条）[66]。この頃、ヨーロッパでは、ウィーン体制のもとで革命運動が次々と粉砕されており、やがてラテン・アメリカにも弾圧の手が伸びることが十分予測された。イギリスは、すでに一八世紀末に産業革命を経験し、「離陸」しており、原料と市場を不断に必要とし、ヨーロッパ諸国の新大陸への干渉に反対であった。イギリスは、一八二二年にポルトガルから独立したブラジルに対して一定の保証を与える一方、一八二六年一一月二三日にアフリカ奴隷貿易廃止条約を締結し[67]、批准書が交換された一八二七年三月一三日から数えて三年後以降の奴隷貿易の禁止を定めた。同条約は一八一五年、一七年の英・ポルトガル条約で定めた奴隷船に関する監視条項も確認している。条約の基本精神は、奴隷貿易が「海賊行為とみなされ、かつ、取り扱われ」（第一条）、そして処罰の対象とされることである。この条約がいわばモデルとなってラテン・アメリカ各国とイギリスとの間に条約が締結された。一八四一年二月二四日の英・メキシコ条約(68)のように海上パトロールまで定めているものもある。

ヨーロッパ諸国間では一八三一年一一月三〇日に奴隷貿易のより実効的抑圧のための英仏条約(69)が結ばれ、特にアフリカ西海岸での臨検の権利が定められた。この条約には後にデンマーク、サルジニア等が参加した。一八四一年一二月二〇日には、イギリスの呼びかけによって、オーストリア、プロシア、ロシア、フランスの五カ国間にアフリカ奴隷貿易抑圧に関する条約(70)が調印され（フランスは調印のみで批准せず）、大西洋およびインド洋上での臨検の権利を定め、奴隷貿易を海賊行為と宣言した。この条約には後にベルギーが加入し、英独間条約で採用された。一八四二年八月九日には英米条約も締結された(71)。

こうしてラテン・アメリカ植民地が独立し一八八八年のブラジルを最後に奴隷制も廃止され、人間が「商品」となることはなくなった。しかし、アフリカは、今度は、植民地として注目され、一九世紀末からヨーロッパ列強の激烈なアフリカ分割の対象となり、市場開放、原住民保護がうたわれるようになった。一八八五年二月二六日のベルリン会議一般議定書、いわゆるコンゴー条約(72)はそのことを示している。奴隷貿易の禁止は原住民保護の観点から定められた。こうしてアフリカからの奴隷の輸出が難しくなると、ペルーやキューバなどは中国人の年期契約苦力《クーリー》を輸入するようになる。[73] 日本が国際裁判の当事者となった最初のケース「マリア・ルース号事件」[74] はこうした苦力の一人が横浜停泊中に同船から逃げ出したことにかかわるものである。なお、コンゴー条約および一八九〇年七月二日のブリュッセル一般議定書は、一九一九年九月一〇日のサン・ジェルマン条約によって改正された。日本は、米・英・仏・伊・ベルギー・ポルトガルとともに、この条約の調印国である。[75]

(2) 日本と近代国際法との出会いおよびそれへの参加——植民地獲得競争

(a) 国際法の研究・法典化の分野で功績のある万国国際法学会《アンスチチュ》（一八七三年九月設立）の創設メンバーの一人であるエディンバラ大学教授ロリマーは、一八八三年の著書の中で、[76] 政治的現象として、当時の状況のもとでは、人類が「文明人」(civilized humanity)、「野蛮人」(barbarous humanity)、「未開人」(savage humanity) の三種に区別され、承認に関し、それぞれ「完全な政治的承認」「部分的政治的承認」「自然的または単なる人間的承認」(natural or mere human recognition) が与えられ、未開人に対しては、さらに野蛮人に対しても、実定国際法適用の義務がない、と説いた。日本や中国は「野蛮人」の範疇に属せしめられていた。もっともロリマーは、日本については「現在の進歩の速さがあと二〇年続くとすれば」完全な政治的承認が問題となろう、と述べていた。日本のいわゆる不平等条約の改正は、一八九四(明治二七)年の日英通商航海条約の調印を皮切りに一八九七年までに計一五カ国との間に新条約が締結されることによって実現し、日本は「文明国」として近代国際法社会に受容されたのである。

(b)　ところで、近代国際法は、日本へは、黒船に乗って、幕末に、資本主義とともに、「西」からやってきた。それまでの日本に国際関係が全くなかったわけではないし、西洋との接触が全くなかったわけでもないが、日本と近代国際法との付き合いは幕末に始まった。

日本は、周知のように、政治の上でも文化の上でも、中国大陸・朝鮮半島の諸国から少なからぬ影響を受けて成長してきた。遣隋使・遣唐使、宋や元との私貿易、さらに、勘合貿易の形態をとった日明貿易、あるいは対朝鮮貿易、また、一四世紀末頃からシャム、アンナン、ジャワなど南方諸地域に進出していた琉球船による中継貿易など、国家の枠を越えた多くの関係がこれら諸国と日本の間にあった。

西洋諸国は、一四五三年にオスマン＝トルコの前にコンスタンチノーブルが陥落し東西交易の通商路を絶たれるや、香料を求めて大洋に乗り出し、前述のように、一方では、一四九二年に新大陸を発見し、他方では、一四九八年にインドへの新航路を開き、早くも一五一一年にはポルトガルがマラッカを占領し、やがてモルッカ諸島の香料を独占するに至った。

ポルトガル人と琉球人とは、この頃すでにマラッカにおいて接触していたのであり、遂に一五四三年にポルトガル人が種子島に漂着し、日欧の接触が始まった。しかし、一五四九年イエズス会のフランシスコ・ザビエルを通してキリスト教が伝来し、急速に日欧接触が深まったかに思えたのち、キリスト教禁止に続き、遂には一六三五年、一六三九年のいわゆる寛永の鎖国令によって、日本は、わずかに長崎の出島を開くのみで、二〇〇年の鎖国に入ってしまった。この間、オランダとの交渉を通じてのみ西洋の文物がわずかに日本に知られていたにすぎなかった。日本は近代国際法の形成に何らかかわっていない。

日本の開国は、幕末に、実質的には西洋諸国の武力の前に屈服する形で、行われた。第二次世界大戦終了後、ときの重光外務大臣が、無条件降伏は日本にとって決してはじめての経験ではなく、幕末の開国はとりもなおさず無条件降伏であった、というような意味の話を新聞記者にしたことがあったといわれる(77)。日本の開国の基礎となったいわゆる安政条約はいわば降伏条約であったのであり、開国の不平等条約の締結を力によって強いられ、ここで始めて日本は近代国際法に出会ったのである。

日本が西洋の前に屈して開国した一九世紀の中葉は、資本主義列強による市場獲得活動が極東に集中した時代であり、極東市場の中心は中国にあった。日本は、広大な中国にくらべると、「はるかなる水平線にほとんど隠れんばかりの小国(78)」にしかすぎず、日本の開国は、資本主義列強による中国市場獲得の余波であった。とはいえ、日本の開国は、英国を中核とする世界資本主義による世界的市場形成過程の一環として行われたのであり、開国の歴史的意味がここにあることはすでに多くの人の指摘するところである(79)。日本が開国した一九世紀中葉の世界資本主義の構造は、中核に英国がありその周辺に遅れて資本主義国民経済を成立させた仏・独・米の諸国があり、底辺には、世界資本主義のための製品購入市場であり食料品販売市場であるアジア、アフリカ、ラテン・アメリカの植民地、半植民地、経済的従属国がひかえる、という形になっていた(80)。大航海時代以降のヨーロッパ世界は膨張に膨張を重ね世界を席捲したのである。日本には、二〇〇〇年の鎖国の間に、江戸時代の李朝の通信使のように、いわば現代の特派大使の往来もあり、この関係を支配する規範も発生したであろうが、これらは近代国際法の成長発達にはほとんど無関係である。[81] 要するに、近代国際法はひたすら西洋世界から押し寄せてきて、日本をも巻き込み世界を一周したのである。

(c)　日本は、不平等条約の改正に成功するや、「文明国」として、ヨーロッパ列強に伍して植民地獲得競争に乗り出した。そこにはもはや「インディオ問題」はなく、「奴隷貿易」も、実態は別として、なかった。「植民地」があった。日本は、一八九四年の日清戦争により台湾をとり、一九〇四年の日露戦争の後、一九〇五年韓国を保護下に置き、一九一〇年にはこれを併合した。この間、大陸とくに満州に進出した。第一次世界大戦後、一九一九年六月二八日のヴェルサイユ条約によって敗戦国ドイツは「主タル同盟及聯合国」つまり米・英・仏・伊・日のためにその海外植民地を放棄し、日本は「太平洋中赤道以北ニ位スル旧独逸領諸島ノ全部」を委任統治地域として得た。[82]

国際連盟の委任統治[83]は、規約第二二条によれば、「近代世界ノ激甚ナル生存競争状態ノ下ニ未タ自立シ得サル人民ノ居住スル」地域に対して、「該人民ノ福祉及発達ヲ計ルハ、文明ノ神聖ナル使命ナルコト」から設けられた。「委任ノ性質ニ付テハ、人民発達ノ程度」等から差異が設けられ、旧トルコ領であるシリア、レバノン、パレスタイン、メソポタミアが「独立国トシテ仮承認ヲ受ケ得ル発達ノ程度ニ達シ」ているので、A式とされ、旧ドイツ領はB式、C式とされた（国際連盟規約第二二条四、五、六項にそれぞれは該当する。ただし、実際にはB式とC式には大きな相違はなく、いずれも「受任国領土ノ構成部分トシテ其ノ国法ノ下ニ施政」が行われた)。委任統治は、米大統領ウィルソンの理想に名を与え、ロイド・ジョージ、クレマンソーらの欧州政治家たちの現実主義が実をとることによって誕生したものであるといえるが、そこにある「人民発達ノ程度」による人類区別の思想をみるとき、ロリマーが人類を三種に区別し、さらに、未開人を「進歩する人種」と「進歩しない人種」(the progressive and non-progressive races)に分けていたことと、これが奇妙なほど符合していることに驚くばかりである。

植民地の存在は、自然奴隷説はとらないにしても、少なくとも、統治され支配されるしか能のない劣等民族があるという考えを大幅に認めていることを示すものであろう。人間は、国際関係において、「商品」ではなくなったが、「発達ノ程度」によって優劣がつけられた。日本は「一等国」となるやアジアの侵略者となって、欧米列強が構築した近代国際法秩序に積極的に参加したのである。

(3)　近代国際法の華――個人の国際法主体性をめぐる論争の意義

第一次世界大戦後には、少数者保護のため主たる同盟および連合国とポーランド、セルブ＝クロアト＝スロヴェーヌ、チェコスロヴァキア、ルーマニア、ギリシア、アルメニアとの間に少数民族保護条約が締結され、また、オーストリア、ブルガリア、ハンガリー、トルコとの平和条約の中には少数民族保護条項が設けられる等、少数者保護が国際連盟による集団的保障の下に置かれた(84)。またヴェルサイユ平和条約その他の平和条約によって旧交戦国間に設置された混合仲裁裁判所には交戦国民が敵国内にある自己の財産に蒙った損害賠償請求の訴えを敵国政府に対し直接提起する権利が認められた。[85] こうしたことや、世界初の平和機構である国際連盟の設立、ＩＬＯや常設国際司法裁判所の設置・活動、国際労働運動の高揚という両大戦間の独特の国際環境を背景に、個人の国際法主体性論争が繰り広げられた。[86] しかし、原則として国家を国際法主体とする通説も、原則として個人を国際法主体とする少数説も、国際法に対して個人が持つ立場、国際法上個人に附着する法的効果については、両説間に何ら異なるものはなかった。[87] この論争の提起した重要な点は、ポリティスの言葉を借りれば、次のことを明白にしたことである。

「国際法の主要規則は、人の生命、自由、健康、労働、家庭、知的倫理的向上の尊重と保護を目的にしており、」「これら規則がたとえ国家を名宛人としているにしても、それは専ら現行国際制度のもとでは国家の仲介なくしてはこれを実現しえないからなのであって、これらは、主として、しかも、直接的に、個人を目指しているのである。[88]」

あるいは、ブルカンのいう「個人の国際的解放[89]」の現象を的確に国際法学の中に位置づけようとした点に大きな意味がある。一九二九年には、万国国際法学会は、少数者保護制度を一般化して、国家が自国内のすべての個人に生命、自由、財産に関する平等の権利等を保障すべきことを宣言した「人の国際的権利に関する宣言」を決議した。[90] しかし、これについては「之は単に学会の宣言たるに止まり諸国間に採用せられて実定法となることは恐らくないであらう」とする透徹した目が一九三四年にあったことを指摘しておかなければならない。[91] なお、奴隷については一九二六年奴隷条約が締結された。[92]

四　現代国際法における人間

近代国際法の基盤となった国際社会を構成した独立主権国家は、第二次世界大戦が始まったとき、六六を数えた。しかし、現在の国際社会の核である国民国家によって国際社会体制がになわれるようになる一八一五年には、そうした西欧的国際体制の構成員は二一カ国（非ヨーロッパの国としては米国のみを含む）であり、しかも、後にドイツ・イタリアの統一によってそれぞれに含まれる諸国を除くとわずか一〇カ国であった。[93]主権国家の国民が世界人口に占める比率は、やや時期がずれるが、一八六五年には一五％にすぎず、第一次世界大戦初期で五〇％、そして、一九六〇年代後半になりほぼ一〇〇％に達した。[94]ここに始めて、世界のすべての人間の平等が実現した。一九六〇年代には、実に、一挙に四四カ国もが独立を達成し、現在では独立国は一七〇カ国に達しようとしている。[95]非植民地化は、先ず、いわば第一次植民地化の波に洗われた新大陸で一九世紀前半に実現し、次いで、第二次植民地化の波に襲われたアジア・アフリカで二〇世紀後半に実現し、今や将に完成しようとしている。「植民地からの解放」が国際社会において「人間の解放」を意味するとすれば、現代国際法は第二次世界大戦後から始まる。[96]そして、第二次世界大戦は、人類の歴史で始めて、人間として当然に有する権利という意味の人権が掲げられて闘われた戦争であった。[97]

(1) 連合国の平和と人権――「抽象的人間」または個性豊かな自由人

(a)　第二次世界大戦において連合国は戦争目的に民主主義の擁護、人権の尊重を掲げた。一九四一年一月六日のアメリカ大統領ルーズヴェルトの有名な「四つの自由」(信仰の自由・言論の自由・欠乏からの自由・恐怖からの自由)の宣言、同年八月一四日のルーズヴェルト米大統領とチャーチル英首相が発した大西洋憲章、さらに翌年一月一日の「生命、自由、独立および宗教の自由を防衛し、自国および他の国々において人権と正義を保持するために完全な勝利が不可欠である」と宣言した連合国宣言などがこのことを示している。これらはナチスの暴虐や南京事件などの人権侵害に対する闘争宣言であった。連合国は、すでに大戦の進行中に戦後の平和機構の構想を練り、その主要目的の一つとして人権保障を掲げた。そして、大戦末期一九四五年四月から六月までサンフランシスコで開いた国際機構に関する連合国会議において、「われら連合国の人民は、われらの一生のうちに二度まで言語に絶する悲哀を人類に与えた戦争の惨害から将来の世代を救い、基本的人権と人間の尊厳及び価値と男女及び大小各国の同権とに関する信念をあらためて確認し」という言葉ではじまる国際連合憲章を採択した。国際連合憲章は、前記前文二項のほか、一条三項、一三条一項b、五五条c、五六条、六二条二項、六八条、七六条c、の計八カ所において、人権の保障に言及している。国際連盟規約には人権への言及は全くなかった。

大戦後の平和条約、たとえば一九四七年二月一〇日の対伊平和条約(49 UNTS 3)では、「イタリアはその管轄に属するすべての者に対し、人権、性、言語または宗教の区別なく、表現の自由、出版の自由、宗教の自由、政治上の意見の自由および集会の自由を含む人権および基本的自由の享有を確保するために必要なあらゆる措置をとる」（一五条）ことを約束し、また、イタリアは、「人民からその民主的諸権利を奪うことを目的とする政治的、軍事的または半軍事的団体の復活を許さない」（一七条）と定めた。一九五一年九月八日の対日平和条約では、日本は「あらゆる場合に国際連合憲章の原則を遵守し、世界人権宣言の目的を実現するために努力し」、「国際連合憲章第五五条……に定め」る人種、性、言語または宗教による差別のないすべての者のための人権および基本的自由の普遍的な尊重および遵守を促進することを約束した（前文二項）。

(b)　こうした平和条約の規定は、大戦中の諸文書の当然の帰結ではあるが、近代国際法の考え方を大きく破るものである。近代国際法のもとでは、国内にいる自国民の人権の保障については、国民がその国家の主権のもとに立つので、国家が国民の地位や権利・義務を自由に決定することができるという国際法原則に服していたのであり、多くの国は自国の憲法によって基本的人権を保障してきた。わずかな例外は、自国内の少数者の保護を国際的に約束した少数者保護条約の存在であった。なお、在外自国民の取扱いについては、国際法は外国人法制度をもっており、外国人の法的地位─国家責任─外交的保護、とつながる一連の国際法制度の中で論じてきた。そして、これらの基本枠組の周辺に、人道的な性格をもつ条約による特別国際法の制度があった。それにより、植民地原住民保護のための奴隷貿易の禁止、難民保護の制度、あるいは、人道的労働条件の設定がなされたのである。言い換えれば、こうした近代国際法の中で、人権問題は、単なる国内問題として各国の国内管轄事項にとどまっていたのである。従って、第二次世界大戦こそ、人権問題を単なる国内管轄事項から、国際法の当然に関心をもつべき問題、つまり国際関心事項にまで高めることに決定的に貢献したのである。しかも、第一次世界大戦後の少数民族保護問題と比較して、第二次世界大戦後の人権保障の取り上げ方に特徴的なことは、第一次世界大戦後の平和条約等の少数民族保護問題が戦勝国内部の問題にまで広がりをもつものとしては捉えられていなかったのとは異なり、戦敗国のみならず戦勝国も含むすべての国の問題として人権問題が共通の関心事とされたことである。

一九四八年三月から五月にかけて米州二一カ国が参加して開催された第九回米州諸国国際会議は、「人の権利及び義務についての米州宣言」を採択した。これは最初の国際的な権利宣言である。また同年一二月一〇日、連合国五一カ国を原加盟国とする国際連合の総会は、世界人権宣言を採択した。この両文書は、ほぼ同時に起草されたので、双方に共通な内容および文体がみられる（芹田健太郎編『国際人権条約・資料集』参照）。さらに、西欧諸国は、戦後ドイツをヨーロッパ社会に復帰させるための条件の呈示ともなったヨーロッパ人権条約に一九五〇年一一月四日調印した。

こうした一連の文書によって人権の国際的保障が国際社会に一般的な共通の問題として定着した。これら一連の文書の採択を促した理由は何であったのか。その理由をきわめて雄弁に語っているのは世界人権宣言前文である。「人類社会のすべての構成員の固有の尊厳と、平等で譲ることのできない権利とを承認することは、世界における自由、正義及び平和の基礎である。」つまり、平和と人権が不可分であることが第一の理由であった。「人権の無視及び軽侮が、人類の良心を踏みにじった野蛮行為をもたらし」、平和を破ったのであり、西欧が築き上げてきた人権の憲法による保障だけでは不十分であるので、憲法保障に加えて、人権の国際的保障が必要とされた。そこには国際連帯の思想が脈打っている。

こうして、人権保障は国内問題であると同時に国際問題となったのである。

(c)　ところで、戦中から戦後にかけての各種の国際的文書が人権尊重を平和の基礎と認識していることは、このように、明らかであるが、戦後すぐから、植民地独立付与宣言の発された一九六〇年までには、人権条約としては他に次のものがある。一九四八年の集団殺害罪の防止および処罰に関する条約、一九五一年の難民の地位に関する条約のほか、人身売買および他人の売春の搾取の防止に関する条約、婦人参政権条約、一九二六年の奴隷条約改正議定書、無国籍の地位に関する条約、無国籍の減少に関する条約、既婚婦人の国籍に関する条約、国際訂正権に関する条約、奴隷制、奴隷貿易および奴隷制類似の制度・慣行の廃止に関する補充条約、同条約と部分的に関連する「婚姻の同意、婚姻最低年齢および婚姻届に関する条約」である。また、ＩＬＯも、一九四四年五月一〇日、ＩＬＯの目的と加盟国の政策の基調をなすべき原則に関するフィラデルフィア宣言を採択し、四八年に結社の自由・団結権保護の八七号条約、翌年、団結権・団体交渉権の九八号条約、五一年に同一労働・同一報酬の一〇〇号条約、五七年に強制労働廃止の一〇五号条約、五八年に雇用・職業における差別禁止の一一一号条約という人権条約を採択している。

しかし、戦後のこの時期に国際社会が最も力を注いだのは集団殺害罪の防止および処罰に関する条約、いわゆるジェノサイド条約であり、何よりも、世界人権宣言と国際人権規約とから構成される国際人権章典の完成であった。その他の国連関係の条約の内容は第二次世界大戦前から人々の関心にあったものである。

国際人権規約は採択こそ一九六六年であるが、最終草案は一九五四年春に完成していた。この時国際連合加盟国は、五一原加盟国に中立国・新独立国の九新加入国を加え、六〇カ国であった。後日、途上国が強く主張する天然の富と資源の自由な享受・利用に関する規定や、外国人の経済的権利に対しては途上国による差別取扱いを許容する規定などの追加・修正等はあるが、基本構造に変化はない。基本的な政策決定は一九五〇年、五一年の国際連合総会においてなされたのである。国際人権規約は、協定するに至った理由の第一に、「国際連合憲章において宣明された原則によれば、人類社会のすべての構成員の固有の尊厳と平等で譲ることのできない権利とを承認することが世界における自由、正義及び平和の基礎であることを考慮」（前文一項）したことを掲げている。

世界人権宣言の宣言する人権は、自由権、参政権および社会権の三種に大別できる。国際人権規約の条文のうち最初に取り組まれ、しかも、念入りに審議されたのは、世界人権宣言の宣言する自由権と参政権、なかんずく自由権であった。一九五〇年のヨーロッパ人権条約は、世界人権宣言草案を起草のために利用したが、その対象は自由権のみであり、実体規定の実に三分の二を人身の自由に関する規定にさいている。国際人権規約に経済的、社会的および文化的権利に関する条文を含ませるように決定したのは一九五〇年の第五総会であった。このように、当初は、人身の自由や表現の自由などの自由権に大きな重心があった。このことは明確に大戦中の人権侵害の再発防止を狙ったものであり、人権抑圧の上に立った侵略による平和の破壊を避けるためであると言えよう。そして、内容的には、そこにみられるのは、ヨーロッパ近代の確立した自由であり、人権宣言を準備した人々も、ルーズヴェルト夫人や、後にノーベル平和賞を受賞したルネ・カッサンのように、彼ら自身ヨーロッパ近代を代表する強い個性をもつ輝く人々であったのである。

(2)　第三世界の発展と人権──「具体的人間」または名も無き弱い集団

第三世界という表現は一九五六年に登場した。これは植民地解放運動の高揚と対応している。そして、人権についての人々の関心も、一九六〇年代に入ると、全体主義に対する闘争という意識から、反植民地主義・反人種主義へと向けられる。つまり、ナチズム・ファシズムが国際的人権保障の必要性を自覚させ、植民地解放闘争やアパルトヘイト政策が人権伸張への刺激を創り出したのである。しかも、人権運動の担い手も、西欧的自由人から植民地人民・被抑圧人民へと移った。しかし、一九七〇年代に入ると、途上国なかでも最貧国問題によって異なる様相がみられるようになった。

(a)　一九六〇年一二月一四日、国際連合総会は、「いかなる形式及び表現を問わず、植民地主義を急速、かつ無条件に終結せしめる必要があることを厳粛に表明し、この目的のために、次のことを宣言」した。「一、外国による人民の征服、支配及び搾取は、基本的人権を否認し、国連憲章に違反し、世界平和と協力の促進に障害となっている。二、すべての人民は自決の権利をもち、この権利によって、その政治的地位を自由に決定し、その経済的、社会的及び文化的向上を自由に追求する」（植民地独立付与宣言第一、二項）と。

一九五三年、五四年と朝鮮戦争、インドシナ戦争に相次いで停戦が実現し、歴史上はじめて新興独立国を中心に五五年四月にアジア・アフリカの二九カ国を集めたＡ・Ａ会議がインドネシアのバンドンで開催された。この年の秋、米ソの対立から五〇年以降全く実現しなかった国際連合への加入が、一六カ国の一括加入という形で実現し、以後新独立国は独立とほぼ時を同じうして国際連合に加入するようになる。翌五六年から五八年にかけて六カ国が植民地から独立した。これに対し、一九六〇年には一挙に一八カ国が独立し、その秋国際連合に加入した一七カ国も加えて植民地独立付与宣言が採択されたのである。

一九六一年九月、二五カ国の参加のもとに第一回非同盟諸国会議が開かれ、平和、反帝、反植民地闘争を訴える宣言を採択した。同年秋国際連合総会は六〇年代を「国連開発の一〇年」に指定した。これは途上国の経済開発に計画性と実行性をもたせる新しい試みとして注目されたが、途上国の政治的地位の向上とは裏腹に経済的諸条件は悪化し、途上国人口の増加や先進国の協力の消極性のため南北格差は拡大する傾向を示し、そこで貿易問題については、天然資源に対する恒久主権を決議した第一七総会の決定に従って、一九六四年に国連貿易開発会議（ＵＮＣＴＡＤ）が招集された。この会議を機に途上国七七カ国グループ（Ｇ・77）が誕生した。

さて、人権保障そのものの分野では、一九六三年一一月二〇日に国際連合総会は、あらゆる形態の人種差別撤廃に関する国連宣言を採択し、続いて六五年一二月二一日にあらゆる形態の人種差別撤廃に関する国際条約（八二年七月一日当事国一一五、日本未加入）を採択した。そして翌六六年一二月一六日国際人権規約、すなわち、経済的、社会的および文化的権利に関する国際規約（社会権規約）、市民的および政治的権利に関する国際規約（自由権規約）ならびに自由権規約についての選択議定書が採択された。国際人権規約が完全に発効したのは約一〇年後の一九七六年三月二三日のことである。その時の自由権規約の当事国は、西側が北欧四カ国と西ドイツ、東側が白ロシア、ウクライナを含む一〇カ国、その他ラテン・アメリカ七カ国、アラブ六カ国、アフリカ五カ国、アジア二カ国であった。国際人権規約は、草案起草過程とは異なり、むしろ途上国の肩入れによって日の目を見たのである。一九六七年の第二三総会に提出された国連事務総長の年次報告は、国際人権規約に触れて、「両規約に定められており世界人権宣言に含まれていない最も重要な権利は、民族自決の権利であり、自己の天然の富と資源を自由に処分する権利を含むいずれかの規約第一条に法典化された関連諸権利である」（A/6701, p. 81）ことを指摘した。途上国が重視するのはこの民族自決権規定であり、天然の富と資源に対する権利の優先に関する条文の国際人権規約への追加修正も、そうした背景によってなされたものである。国際人権規約は、民族自決権規定を個人の権利である個々の自由権、社会権の規定に先立って置くことにより、民族の権利の十分な保障のないところに個人の権利の保障なし、とする考えを濃厚に示すものとなった。世界人権宣言が個人本位的構成をとっているのに対し、国際人権規約はいわば団体本位的構成をとっているといえよう。

ところで、六〇年代には、六七年一一月七日に女性に対する差別撤廃に関する宣言が採択され、また、世界人権宣言採択二〇周年に開催された国際人権会議（イラン、テヘラン）の採択した多くの決議にみられるように、差別を強く断罪し、アパルトヘイト政策を非難する等、反人種主義が強く前面に打ち出されたことは特筆さるべきである。このように、戦後期を過ぎ六〇年代に入ると、西欧的自由人の主導した個人の権利の保障が個人をいわば不当に社会的現実から抽象化して行われているのに対し、そうした抽象的人間ではなく、ある一定のカテゴリーに属する具体的人間に注目し、「集団」に着目した権利保障の形が登場したことが我々の注意を引くのである。

(b)　こうした現象は七〇年代に入ると際立ってくる。七〇年代に新しく独立を達成した国は二四カ国を数えるが、その過半は人口二五万人以下の小国である。途上国が、植民地解放と経済発展を関連させ、単に自決権の主張による政治的独立だけではなく、主権獲得後の経済的独立をも目指すのは、一九六〇年代であり、その端的な表明は一九六二年の「天然の富と資源に対する恒久主権」決議であった。

途上国（developing countries 発展途上国または開発途上国）という言葉自体、従来の後進国（backward countries）次いで低開発国（underdeveloped countries）にかえて、「南」の諸国が用いるようになったもので、一九六四年の第一回ＵＮＣＴＡＤ以来国際連合において定着したものである。しかし、六〇年代の「国連開発の一〇年」はその控え目な目的の達成にも失敗し、一九七〇年秋、国際連合は「第二次国連開発の一〇年」を採択し、開発目標と具体的措置を内容とする国際開発戦略を決議した。この開発戦略は、一九六六年に経済社会理事会の設立した開発計画委員会が立案したものであるが、その前文で「発展（development 開発）は平和と正義への不可決の道である」（六項）と宣言し、「より公正かつ合理的な世界経済社会秩序の創造」（一二項）を指摘した。後に一九七四年四月いわゆる国連資源特別総会は新国際経済秩序樹立に関する宣言と行動計画を採択し、同年秋の第二九総会は国家の経済的権利義務憲章を採択するに至った。ここには、途上国の成長を目標とする新しい理念がみられる。

途上国には、しかし、等しく経済的後進性という共通の基盤があり同一歩調をとって行動するとはいえ、種々の発展段階があり、特にひときわ立ち遅れている国々が存在し、こうした国には特別の取扱いが要求される。一般には、一九七四年オイル・ショックの折、禁輪措置や石油価格暴騰とそれに伴う不況の影響を最も深刻に受けた国々（Most Seriously Affected countries, MSAC）との関連で論じられるようになったが、国際連合は、すでに国際開発戦略の中で最貧国問題（最貧国は、国際連合の用語では、the least developed among the developing countries〔後発的開発途上国または後発発展途上国、略称 LDDC〕であるが、最近では the least developed countries が用いられることが多い。the poorest of the poor などと言われる）を取り上げ、一九七一年には、開発計画委員会がリストアップした"hard-core" LDDC（中核最貧国）二五カ国（シッキムを含む）を総会決議二七六八号の本文第四項で承認した。その基準は、⑴一人当り国内総生産（ＧＤＰ）年一〇〇ドル以下、⑵工業生産が国内総生産の一〇％以下、⑶一五歳以上の識字率二〇％以下、であった。その後数カ国が追加され、現在も開発計画委員会が検討中である。特別措置の適用を受ける中核最貧国はアジア・アフリカに集中し、その大部分が六〇年代、七〇年代の新独立国である。

こうした事実を背景に国際連合総会は、一九七四年一一月六日の決議三二二一号さらに翌年一二月九日の決議三四五一号によって、事務総長に対し、人権と基本的自由の実効的享有を高めるための新しいアプローチと方法と手段、について報告を求め、一九七七年にこれを審議した総会は、将来の作業へのアプローチの考慮すべきことの第一に、すべての人権と基本的自由が不可分であり相互依存的であることを掲げ、第二に、社会権の享有のない自由権の完全な実現が不可能であり、人権の実施における永続的進歩の達成が健全かつ実効的な経済社会発展の国内的・国際的政策に依存していることを挙げている（総会決議三二・一三〇号）。なお、途上国における社会権の実現に対する主要な障害を構成する不公正な国際経済秩序の存在に対し総会は同決議前文で深い関心を示し、人権および基本的自由の効果的な促進のため新国際経済秩序の実現が不可欠の要素であることも本文で指摘している。この総会決議の要請により、新しいアプローチと方法の全面的分析を行った人権委員会は、一九七九年三月二日の決議で「発展の権利は人権である」ことと、「発展のための機会の平等は国民《ネーション》内の個人の特権であるばかりでなく国民《ネーション》の特権でもある」ことを認め、同年秋の第三四総会も、このことを強調した（総会決議三四・四六号本文八項）。ここに、「発展の権利」（the right to development）という新しい人権概念が登場したのである。そして、自決権と人権の不可分性、自由権と社会権の不可分性、発展の権利に対する特別の考慮をうたったのが、一九八一年六月二七日の「人および人民の権利に関するアフリカ憲章」である。

何はともあれ、途上国の国民にとって何よりも緊急なことは、「信仰の自由」でもなければ、「言論の自由」でもなく、「恐怖からの自由」でさえもなく、「欠乏からの自由」である。アフリカの五〇〇万人ともいわれる夥《おびただ》しい難民の存在は、難民の概念さえも変えようとしている。絶対的貧困に対しては、社会的連帯を基礎にした福祉しかありえない。主権国家の並存を基盤にした同等者間の調整を図る国際法は、ここでは、もはや意味をもたないのであり、その基本枠組の変質を迫られているといえよう。

五　展　望

五〇〇〇年にも及ぶ国際社会と国際法の歴史を繙いてきて、地球全体が一つの法体系におおわれたのが一九世紀中葉であったことが確認された。その時代、アジア・アフリカの諸民族はもっぱら国際法の客体たる地位にとどまっていた。地球上の各民族が支配＝被支配の関係を脱し、すべて平等な法主体として登場し、地球上のすべての人間を平等とみる真の意味の普遍的国際社会が成立してからは未だ日は浅い。そして、この成立したばかりの普遍的国際社会を構成する主権国家からは、一九世紀中葉までの「キリスト教国」、それ以降第二次世界大戦までの「文明国」のように、何か共通の基準を抽出することはできない。近代国際法の大きな支柱である主権平等原則は、先ず、キリスト教諸国の社会で、次いで、文明諸国の社会で、これら諸国が政治・経済・社会制度に一定程度の同質性をもっていたので、国内法における「抽象的人間」がそうであったように、いわば「抽象的国家」という形式性をまとって、成り立つことができた。今日の国際社会は、すでに見たように、あまりにも差異の大きな諸国を含んでおり、抽象的国家を基礎に据えた同等者相互間の利害調整・協調の法としての国際法は変質を迫られている。そこに、いわば「具体的国家」観がみられるようになった。「国家のカテゴリー化」がみられるようになったのである。たとえば、「条約に関する国家承継条約」や、一九八三年四月に採択された「国有財産、公文書および国家債務に関する国家承継条約」にいう「新独立国」には特別扱いがなされるし、また主として経済的要因からなされた前述の「最貧国」にも特別扱いがなされる。フランス語圏の学者が特に言う「発展の国際法」(Le droit international du developpement) はこうした具体的国家像を前提にしている[98]。ここでは国際法自体がより直接に国家の内実にかかわるようになってくるのである。こうして、従来国家の陰に隠れて見えなかった人間が国際法においても正面に見えるようになった。現代国際法はいまやっと端緒についたところである。

(1) 田岡良一『国際法講義(上)』(有斐閣、一九五六) 七七頁。
(2) たとえば、A. Pillet, *Fondateurs du droit international*, Giard et Brière, Paris, 1904; A. de La Pradelle, *Maîtres et Doctrines du Droit des Gens*, 2e édition, Les Editions internationals, Paris, 1950.
(3) 伊藤不二男『ビトリアの国際法理論』(有斐閣、一九六五) 二八頁。
(4) 従来、国際法学者は、「インド人」の表現を用いてきた。たとえば伊藤・前掲書または田畑茂二郎『国際法〔第2版〕』岩波書店、一九六六年を見よ。しかし、本稿では一般に用いられる「インディオ」をあてる。
(5) 増田義郎「インディオの人権問題とラス・カサス」『思想』五六七号一一九三頁以下参照。
(6) ラス・カサス、染田秀藤訳『インディアスの破壊についての簡潔な報告』(岩波文庫、一九七六)。
(7) 林屋永吉訳『コロンブス航海誌』(岩波文庫、一九七七) 一三一頁 (一四九二年一二月九日の日誌)。
(8) ラス・カサス・前掲訳書一七―二〇頁。
(9) *Encyclopedica Britanica*, Vol. 11, 1963, p. 84.
(10) ラス・カサス『インディアス史１』(大航海時代叢書第Ⅱ期第21巻、岩波書店) 二八頁。なお、ラス・カサスは非キリスト教徒を三種に分類し、第一に、キリスト教徒の国家と国土を不法に奪取する者、第二に、キリスト教徒に害毒を流し、厄介な事をひき起こし、非難攻撃をしてくる者、第三に、キリスト教徒とは全くの何らの意味での接触をもたず、固有の国土に住んでいる者、とし、インディオは第三のタイプに属し、もっぱら愛と平安をもって信仰へ導くべきである、と説く。三一―三二頁参照。
(11) L・ハンケ、佐々木昭夫訳『アリストテレスとアメリカ・インディアン』(岩波新書、一九七四) 二〇八頁 (解説)。
(12) 伊藤不二男・前掲書二五頁。
(13) 染田秀藤「バルトロメー・デ・ラス・カサス――生涯と作品(1)」『サピエンチア』(英知大学論叢) 九号一五五頁。なお、伊藤不二男・前掲書二六頁。
(14) ハンケ・前掲訳書六八頁以下参照。
(15) 田畑茂二郎・前掲書三四頁は、「国際法」(jus gentium) とするが、ここでは伊藤不二男・前掲書に従った。
(16) 伊藤不二男・前掲書五六頁。
(17) 同書四九頁。
(18) 同書一二頁。
(19) 増田義郎「〝新大陸〟におけるユートピア」『思想』五六三号六〇三―六一八頁。
(20) 伊藤不二男・前掲書、原典の邦訳、二二一―二二四頁。なお、項の区分は伊藤不二男の邦訳によったが、カーネギー版 Francisci de Victoria De Indis et de iure belli relectiones edited by Ernest Nys (in *the Classicsof InternationalLaw* edited by James Brown Scott), Washington, 1917では、Sect. I, 24である。
(21) 中世人の世界像について、増田義郎『新世界のユートピア』(研究社、一九七一)「3、中世人の世界像、4、コロンブスの見た世界」参照。
(22) なお、石原保徳『インディアスの発見――ラス・カサスを読む』(田畑書店、一九八〇)は、世界史というものの見方について示唆的である。
(23) A. de La Pradelle, op. cit., p. 166.
(24) Prolegomena 37. グローチウス、一又正雄訳『戦争と平和の法』第一巻(巌松堂、一九五〇)二一頁。
(25) 伊藤不二男『スアレスの国際法理論』(有斐閣、一九五七)五頁。
(26) A. Nussbaum, *A Concise History of the Law of Nations*, MacMillan Company, New York, 1950, p. 66.
(27) 田畑茂二郎・前掲書三七頁、なお、伊藤不二男『スアレスの国際法理論』一三九頁。A. de La Pradelle, *op. cit.*, pp. 58-59; A. Nussbaum, *op. cit.*, p. 67.

（28）伊藤不二男『スアレスの国際法理論』一三五頁。
（29）A. de La Rradelle, *op. cit.*, p. 67.
（30）訳は、田畑茂二郎・前掲書一五一—一六頁に従った。
（31）同右、四五—四八頁。
（32）ラス・カサス・前掲（染田訳）一八四頁（解説）。
（33）植民地獲得方法としての先占につき、太寿堂鼎「国際法上の先占について」『法学論叢』六一巻二号、三六—九九頁参照。
（34）グロチウスの考える国際社会が普遍人類社会であることにつき、田畑茂二郎・前掲書四四頁。M. Bourquin, "Grotius et les tendances actuelles du droit international," *Revue de Droit international et de Legislation compare*, 7〔1926〕86-125.
（35）ホッブズ、永井道雄・宗片邦義訳「リヴァイアサン」『世界の名著28』（中央公論社、一九七九）参照。
（36）田畑茂二郎『国家平等観念の転換』秋田屋、昭和二一年、とくに一三九頁以下参照。
（37）James Bonwick, *The Last of the Tasmanians*, London, 1870, p. 324.（ハンケ・前掲訳書一五五頁による）。
（38）A. de La Pradelle, *op. cit.*, p. 166.
（39）「ヴァッテル『国際法（七）』」『立命館法学』九八号三八二—三八三頁。なお、日本語訳は、未完ではあるが、山手治之監修、藤田久一・川岸繁雄・芹田健太郎共訳で第2編第3章までが、『立命館法学』七二号、七三号、七四号、七五・七六号、八〇号、九六号、九八号にある。
（40）同右、九八号三九〇頁。

(41) 同右、七四号四四八頁。
(42) 同右、八〇号四一〇―四一一頁。
(43) このように人気を得た理由として、ヌスバウムは、ヴァッテルがフランス啓蒙思想の一般的観念に従い、英国憲法を非常に賞讃したこと、また、その論議の背景となった観念がジョン・ロックの強い影響下にあった国民の思想傾向に自然に調和したことを指摘している。なお、一七八九年―一八二〇年に決定された米国の事件の訴答書類や判決の中での引用回数は、グロチウス二九、プーフェンドルフ二一、バインケルスフーク四一、ヴァッテル一五二の各回である。A. Nussbaum, *op. cit.*, p. 161.
(44) 自身アフリカ黒人の子孫であるE・ウィリアムズは、一九六二年トリニダード＝トバゴの独立に際し首相となったが、一九四四年の著書の中で、「アフリカから強奪されたニグロが、インディアンから強奪されたアメリカの土地を耕すことになったのである。」と述べていた。E・ウィリアムズ、中山毅訳『資本主義と奴隷制』(理論社、一九六八) 一八頁。
(45) わが国における比較的古い一般的文献としては、ジェー・ケー・イングラム、辰巳経世訳『奴隷制度史』(大同書院、一九二九)、およびJ・K・イングラム、青山正治訳『奴隷及農奴史』(栗田書店、一九四三) がある。
(46) 本田創造『アメリカ黒人の歴史』(岩波新書、一九六四) 三八頁。
(47) W・Z・フォスター、貫名美隆訳『黒人の歴史――アメリカ史のなかのニグロ人民――』(大月書店、一九七〇) 一五―一六頁。
(48) ヘルマン・シュライバー、杉浦健之訳『航海の世界史』(白水社、一九七七) 二三九頁。
(49) フランク・タネンバウム、小山起功訳『アメリカ圏の黒人奴隷』(原題は *Slave & Citizen*) (彩流社、一九八〇) 三二頁、三五―三六頁。

(50) 井沢実『大航海時代夜話』(岩波書店、一九七七) 一六六頁。
(51) ゴヴィア「一八世紀西インド諸島の奴隷法」エルキンズ他、山本新他編訳『アメリカ大陸の奴隷制』(創文社、一九七八) 一四三頁以下参照。
(52) フランク・タネンバウム・前掲訳書、とくに八七―九〇頁参照。
(53) R・メジャフェ、清水透訳『ラテンアメリカと奴隷制』(岩波現代選書、一九七九) に大きく拠った。
(54) 同右、五九頁、八八―八九頁。ラス・カサス・前掲 (染田訳) 一七九頁 (註21)。
(55) 同右、六八頁。
(56) 英文テキストは、C. Parry (ed.), *The Consolidated Treaty Series*, Vol. 27, Oceana Publications, INC. ～Dobbs Ferry, New York, 1969. 前者が四三九―四五三頁、後者が四六二―四六四頁。なお、ウィリアムズ・前掲訳書五〇―五一頁は次のように書いている。
「イングランドはオランダに勝ち、つづいてフランスに当面することになった。植民地および通商をめぐる英仏戦争は、一八世紀を通ずる中心的な問題である。それは相競う重商主義同士の衝突だった。カリブ海、アフリカ、インド、カナダ、ミシシッピー河沿岸において、インド略奪の権利、およびニグロ・砂糖・タバコ・魚・毛皮・船舶用品等の死活的戦略物資の支配をめぐり、雌雄が決せられた。これらのなかでもっとも重要な地域はカリブ海とアフリカであり、もっとも重要な戦略物資は、ニグロと砂糖だった。アシエントの掌握ということが、ひときわ目立つ争点の一つとなっていた。イングランドは、一七一三年のユトレヒト条約に基づきこの特権を手中に収めたが、これはイスパニア継承戦争の戦果の一つだった。国民は湧き立った。チャタムは、フランスと戦い、アフリカ沿岸および奴隷貿易にかんするほぼ全面的な支配権を獲得したことをとくとくと自慢した。」

(57) メジャフェ・前掲訳書七四頁。
(58) ウィリアムズ・前掲訳書五八―五九頁。
(59) 同右、四四頁。
(60)『世界の名著40』(中央公論社、一九八〇)二〇九頁以下参照。
(61) ウィリアムズ・前掲訳書一四二頁。
(62)「正義および人道」という字句の削除修正の動議をめぐる問題点につき、同右、二〇三頁参照。
(63) *The Consolidated Treaty Series*, Vol. 63, p. 171 (pp. 193-194).
(64) *Ibid.*, Vol. 64, p. 453 (p. 492).
(65) *Ibid.*, Vol. 63, p. 421 (p. 429).
(66) *Ibid.*, Vol. 68, p. 45 (p. 48).
(67) *Ibid.*, Vol. 76, p. 491 (p. 493).
(68) *Ibid.*, Vol. 91, p. 255.
(69) *Ibid.*, Vol. 82, p. 271.
(70) *Ibid.*, Vol. 92, p. 437.
(71) *Ibid.*, Vol. 93, p. 415.
(72) *Ibid.*, Vol. 165, p. 485.
(73) メジャフェ・前掲訳書二一八頁は、ペルーが一八五〇―七四年に輸入した苦労《クーリー》を八万七二四七人と数えている。なお、ウィリアムズ・前掲訳書三八―三七頁参照。
(74) 田畑茂二郎・大寿堂鼎『ケースブック国際法〔増訂版〕』(有信堂、一九八〇)三〇八―三一〇頁参照。

(75) C. A. Colliard et A. Manin, *Droit International et Historire Diplomatique*, Tome Premier II, Montchrestien, Paris, 1971, p. 457.

(76) James Lorimer, *The Institutes of the Law of Nations*, Vol. I, William Blackwood and Sons, Edingburgh and London, 1883, pp. 101-103 and pp. 216-219. なお、J. Lorimer, *Principes de droit international*, traduit de l'anglais par Ernest Nys, C. Muquardt, Bruxelles et A. Maresq Aine, Paris, 1885では、完全な政治的承認がキリスト教国のみに与えられ（八二頁以下）、部分的承認が文明国によって「半野蛮国」（les Etata a demi barbares）に与えられる（一一五頁）といい、中国と日本は、ヨーロッパ列強に対しては、承認と保護との中間的関係にある、と言っている（一一六頁）。

(77) 宮沢俊義「明治憲法の成立とその国際的背景」『日本憲政史の研究』（岩波書店、一九六八）一二〇—一二一頁。

(78) オールコック、山口光明訳『大君の都』下（岩波文庫、一九六二）二六一頁。

(79) 石井孝『日本開国史』（吉川弘文館、一九七二）参照。

(80) 河野健二・飯沼二郎編『世界資本主義の歴史構造』（岩波書店、一九七〇）、とくに、六〇—六一頁、二三九—二四五頁。

(81) ヨーロッパ諸国と非ヨーロッパ世界との密接以前の非ヨーロッパ世界内の関係について初めて国際司法裁判所が判断を示したものとして、西サハラ事件についての同裁判所の勧告的意見（*Western Sahara, Advisory Opinion, ICJ Reports 1975*, p. 12）は興味深い。なお、李朝の通信使につき、李進熙『李朝の通信使』（講談社、一九七六）参照。

(82) 「南洋群島ニ対スル帝国ノ委任統治条項」につき、『日本外交年表並主要文書一八四〇—一九四五』

上（原書房、一九六五）五二一頁。
(83) 田岡良一『委任統治の本質』（有斐閣、一九四一）参照。
(84) 田畑茂二郎『人権と国際法』法学理論篇一五八〔法律学体系第二部〕、日本評論新社版、参照。
(85) 田岡良一「混合仲裁裁判所と個人の国際法上の地位」『東北大学法文学部一〇周年記念法学論集』一九三四年、参照。
(86) 個人の国際法主体性をめぐる我が国の主要な文献は、田岡良一・前掲論文のほか、次のとおりである。大沢章『国際法秩序論』（岩波書店、一九三一）三六九―四五八頁、岡康哉「個人の国際法上の地位について」『法学論叢』二三巻六号、田畑茂二郎「個人の国際法主体性に関する論叢について」同上、三五巻四号、三六巻二号、同「国際法受範者としての国家と個人」『国際法外交雑誌』三八巻四―八号、同「国際法における国家と個人の関係の変化について」同上、四六巻二号、なお、田畑茂二郎には、前掲『人権と国際法』一〇―二九頁のほか、『国際法Ｉ〔新版〕』（有斐閣、一九七三）一七七―二〇二頁があり、理論的吟味はこれらに尽きている。
(87) 田畑良一『国際法講義』上巻（有斐閣、一九五五）一一三頁。
(88) Nicolas Politis, *Les nouvelles tendances du droit international*, Hachette, Paris, 1927, p. 64 et pp. 65-66.
(89) M. Bourquin, Règles générales du droit de la paix, *Recueil des Cours*, 1931-I, p.46.
(90) Institut de Droit International, *Annuaire* 1929-I（Session de New York）, pp.716-717.
(91) 田岡良一『国際法学大綱』上（巌松堂書店、一九三四）三二二頁。
(92) Human Rights-Compilation of International Instruments（ST/HR/1/Rev. 1）奴隷運送の禁止、他船に逃亡した奴隷の解放については、一九八二年一二月の国連海洋法条約第九条も、一九五八年の公海条約第一三条と同じ規定を置いている。この条項については、*Yearbook of the International Law Commission*, 1951, Vol. II, pp. 83-85 参照。

(93) J. David Singer and Melvin Small, "The Composition and Status Ordering of the International System : 1815-1940." *World Politics*, Vol. 18, pp. 236-282.

(94) 武者小路公秀『国際政治を見る眼』(岩波新書、一九七七) 五二頁。

(95) 芹田健太郎「新国家の承認と戦後日本の慣行」『神戸法学雑誌』三一巻四号参照。

(96) 現代国際法への転換がいつ始まったかについては、いくつかの考え方がある。石本泰雄「戦争と現代国際法」『現代法と国際社会』岩波現代法講座12 (一九六五) 九一頁は、第一次世界大戦を境に国際法における力の地位が変ったことに注目し、田畑茂二郎、前掲『国際法〔第2版〕』は、社会主義国の登場という国際社会の構造変化に注目する。またレリングのように (R. V. A. Röling, *International Law in an Expanded World*, Amsterdam, 1960)、キリスト教国の時代、文明国の時代、平和愛好国の時代と区分し、第二次世界大戦を大きな転換点とする者もある。私はこの点、非植民地化現象を最重要なものとしてとらえている。なお、石本泰雄「国際法——その構造転換への始動(一)」『法学雑誌』二六巻三・四記念号は、「現代国際法は、いま形成の端緒についたばかりである」、という。

(97) 一九八三年四月下旬にピンチ・ヒッターとしての執筆依頼を受け、五月中旬から準備にとりかかり三カ月半が過ぎた。この間、近代国際法の分析に精力を使い果し力尽きたというのが正直なところである。そこでは法学徒にはあまり親しみのない文献を引いたが、第二次世界大戦後の「人権」問題の分析については比較的邦文文献も多いので一般的に次の文献を掲げるにとどめ、特に註を付さないことにする。田畑茂二郎『人権と国際法』(日本評論新社)。宮崎繁樹『人権と平和の国際法』(日本評論社、一九六八)。高野雄一『国際社会における人権』(岩波書店、一九七七)。金東勲『人権・自決権と現代国際法』(新有堂、一九七九)。芹田健太郎『憲法と国際環境〔改訂版〕』(有信堂、一九八〇)。同『国際人権規約草案註解』(有信堂、一九八一)。田畑茂二郎監修・金東勲訳『国際連合と人権』(部落解放研究所、一九八三)。芹田健太郎「ヨーロッパ人権委員会の活動とその性格(上)(下)」『法学論叢』七九巻一号、二号。同「米州における人権の保護」同上、八六巻二号。同「国連における人権問題の取扱い」『国際問題』六八年一〇月号。同「人権と国際法」『ジュリスト』六八一号。同「国際人権規約の意義とその概要」『法律時報』五一巻八号。同「国家主権と人権」『国際問題』一九八三年六月号。松井芳郎「人権の国際的保護への新しいアプローチ」『現代人権論』(法律文化社、一九八二)所収。ほかに資料集として、芹田健太郎『国際人権条約・資料集〔第二版〕』(有信堂、一九八二)。

(98) たとえば、アラン・ペレは、"Etat situe"(状況的国家)と表現する(Alain Pellet, *Le droit international du developpement*, P. U. F., Paris, 1978, p. 12)し、モーリス・フロリは、今日全く異なる二つのゆがみを区別する必要があり、古い力の不平等と新しい発展の不平等がそれであって、発展の不平等という現実から出発する(Maurice Flory, *Droit international du developpement*, P. U. F., Paris. 1977)。また、モハメッド・ベンヌーナは、国際法第一次主体たる国家の主権平等原則は、異なる社会経済的状況の認識も、現行の不平等を減少させるための規範的活動の組織化も許さないので、国家のカテゴリー化の必要を説き、これが何百万もの人間の運命にかかわっている、と言う(Mohamed Bennouna, *Droit international du developpment Tiers monde et interpellation du droit international*, Berger-Levrault, Paris, 1983, p. 57 et p. 17)。なお、わが国では、つとに、太寿堂鼎が「先進国と低開発国との貧富の差」を問題にし、「レッセ・フェール的思想から出発して構成されている現行国際法の消極的抑止の性格が、積極的協力の方向へ転換することを迫られている」と一九六五年に指摘していた（太寿堂鼎「国際法の新展開」『現代法の展開』岩波講座現代法1、三五三頁）。しかし、いまや、「協力の国際法」から一歩を進めることが問題とされるようになってきている。

（一九八三年九月）

第三章　普遍的国際社会の法への展望

——国際社会の変容と国際法規範の重層性：国際法、国際法学と国家観

はじめに

国際法は国際社会の変容に対応して変化してきた。しかし、我々は皆国内法秩序の中に住んでおり、法の勉強を始めるとき、まず、国内法秩序から始める。そこで、各法秩序や制度は国家法をモデルにすべきであるとか、これに似せてあるべきであると考えがちである。確かに国際法学は国内法学から多くを学んで来た[1]。しかし、国内法の妥当基盤である国内社会と国際法の妥当基盤である国際社会が異なることを見据えなければ、国際法学の発展はないとさえ言える。周知のように、国際法の際だった特徴は、個人の行為ではなく、国家の行為を規律することを主目的としている。国内法ではその主たる法主体は個人であり二次的法主体として法人があるのに対し、国際法の主たる法主体は国家である。国際法主体が国際法に基づきどのような行為ができるのか、どのように行為すべきであるのか、という点からみれば、国際法規則の主たる部分は国家の行為規範である。国内法が国内社会の権力集中を背景にして立法、行政、司法の三権分立の秩序をもっているのに対し、国際社会にはそうした権力集中はなく、国際法は権力の分散を背景にしているので、国内社会同様の統一的な立法、行

政、司法の体系をもっていない。これらの特徴は、国際社会の成立を示す一六四八年のウエストファリア条約以来何ら変ってはいない。しかし、両大戦を通じて国際法における力の位置は根本的に変った。武力の行使と武力の威嚇が禁止されたからである。これは国際社会の変容に対応するものであろうか。国際社会が変容していると言う場合、国際社会の変容のどこに今日的な特徴がみられ、それに対して国際法はどのように対応してきたのか、あるいはどのように対応しようとしているのか、そのことを、この五百年の歴史を通して、考えてみたい。すでに、一九六四年にＷ・フリードマンが国際法の構造変化を指摘し、国際法の社会的道義的基礎が変化しつつあるとき、また、「国際社会の能動的立法者が西洋諸国の小さなクラブから全人類と種々の文明へと拡大し（水平的拡大）、国際的法関係の内容が外交的な国家間関係の規制から従来は範囲外であった増大一方の社会・経済関係へと拡大している（垂直的拡大）[2]」ときを捉えて、国際法発展における法の一般原則の利用と適用を検討しているのも、その試みであると言えよう。

（1）古典的なものとして、H. Lauterpacht, *Private Law Sources and Analogies of International Law*, Longmans, Green and Co. Ltd., London, 1927 参照。なお、石本泰雄「国際法の構造転換」横田喜三郎先生鳩寿祝賀『国際関係法の課題』（有斐閣、一九八八）所収参照。
（2）Wolfgang Friedmann, *The Changing Structure of International Law*, Stevens, London, 1964, p. 195.

1　近代法の成立と展開

近代国際法の歴史的展開過程について語るとき、これまでの多くの論者は、少なくとも第一次世界大戦前までは一六、七世紀のヨーロッパ国際社会を基盤として誕生した国際法の発展・拡大として理解することができる、としてきた。周知のように、第一次世界大戦までの国際社会は、資本主義体制を基調とするヨーロッパの近代国家を類型とする同質性をほぼ保っていた。しかし、ソビエト革命によってこれまでの国家とは社会体制を全く異にする社会主義国が国際社会に登場し、国際社会に異質なものが入ってきたことを契機に国際社会が変容した、と考えられたのである。そして、もう一つの異質なものは、植民地から独立した諸国の登場である。

さて、近代国際法の構造的特質を明らかにし、それが現在の段階でどれだけの妥当性をもっているかを究朗しようとしたのは、一九五六年の田畑茂二郎『国際法（岩波全書）』であった(1)。田畑の問題意識はこうである。第一次世界大戦に国際連盟が出現し、自助としての戦争が制限され、集合的制裁が認められるなど個別国家の自主的決定を許す範囲が次第に狭められる傾向にあり、また、国際法学においても超越的・普遍主義的立場に立つ理論構成が強調されるなど、国家主権観念を基底とする近代国際法思想が過去のものとして単純に否定せられる傾向も見られるが、そうした批判が十分に地についたものとなるためには、近代国際法思想の歴史的性格、従ってその社会的基盤に対する十分な検討と理解が必要であり、それ抜きでは、議論が著しく観念的になり、新しい国際法現象のもつ意味が不当に誇張されて理解されることになる、というのである。

田畑によると、「国家の主権・独立の観念を基本的な前提とし、国際法をもって国家が合理的な判断に基づき選択・形成したものと考える原始論的な近代国際法思想が、はっきりとしたイデオロギーとしてのかたちをととのえるのは、だいたいにおいて、一八世紀になってからの現象であった。そして、それは、イデオロギー的には、啓蒙期自然法思想の影響によるものであったが、社会的基盤としては、一八世紀に入り、勢力均衡によるヨーロッパ国家系が確固たるものになってきたということ、それと同時に、産業資本の成熟を一般的な背景として、絶対主義国家の胎内から、絶対主義権力に対抗しそれを批判するものとして、市民階級が次第に成長し、政治的自由を要求するそのイデオロギーが漸次国際法思想の上にも反映するに至ったこと、そうした事情によるものであった」(2)。

しかし、そうした国際法思想の華やかな展開にもかかわらず、少なくとも一九世紀に入るまでは、現実の国際法の形成は著しく立ち遅れていた。国際法は、多くの論者が認めるように、一九世紀に入って、それもとくにその後半に飛躍的に発展したのである。なぜそうであったのか。田畑は、基本的な要因として、まず、「産業革命による機械制大工業の出現による近代資本主義の非常な発達と、交通、通信技術の飛躍的な進歩によって、国際貿易の内容が急激に拡大し、それによって、国家間の経済的な相互依存関係が深まる反面、国際競争を激化する新しい要因が生まれ、その合理的な調整の必要が増大してきたこと」を挙げる(3)。次いで、政治的には、「近代市民国家が形成せられることによって、国家の国際的実践の上にも、市民階級の利害が強く反映し、市民階級の対外的な活動ことに経済活動の自由を保障し、その障害を極力排除するための、合理的な国際法体系の形成が強く要求されたこと」、さらに、「法意識の面においても、商品交換を基盤とする近代的な市民法の体系や、それにともなう近代法意識が各国共通のものとなり、普遍化することにより、国際的な同質性が実現され、それによって、国家間の合理的秩序としての国際法の発展を支える条件が作られたこと」を指摘する。後者については、たとえば、「法の一般原則」という形で、こうした近代市民国家＝文明国"nations civilisées"において共通に認められる法原則とくに私法上の法原則が国際法規則のない場合にしばしば援用される現象などを指摘する。(4) そのほか、「資本主義の一般的な発展につれ、各国の国内の社会体制が次第に定型化され（＝社会体制における同質性の成立）、それが国民相互の知的交流を促進し、この交流を媒介として、市民階級相互間の国際連帯が次第に芽生えてきたことも（もっとも、この過大評価は危険であるが）、側面からではあるが、国際法の展開にある程度寄与したことを認めなければならない」と言う。(5)

このように、近代国際法は各国の同質性の上に飛躍的に発展してきたのである。ところが、一九世紀には一八五六年のパリ条約によってトルコが「ヨーロッパ公法とヨーロッパ協調の利益に参加すること」(participer aux avantages du droit public et du concert européens)(6) が認められたし、中国は一八四二年の英中間の南京条約、日本は一八五四年の日米間の神奈川条約によって欧米に門戸を開き、国際法関係に入った。つまり、国際法の妥当範囲が極東諸国にまで拡大されたのである。

このことによって、カール・シュミットの批判するところではあるが、国際法は一般化・抽象化の方向を歩み始めた。一九世紀後半における東洋諸国の国際社会への加入過程の法社会学的分析によって国際社会の変動と国際法の一般化を説く広瀬和子は、「既に複合社会となりつつある社会を制御するために、近代国際法が抽象化、一般化の過程を経て、法的に単一社会をつくりだしている」と考えている。(7) しかし、まさに、この国際法の一般化・抽象化という点こそが先のカール・シュミット『大地のノモス』において批判されたところであった。(8) そして、この批判から、すでに「国家承認学説の批判的検討」(9) において取り上げた第二次世界大戦前のドイツの広域国際法論へと発展したとも言えるのである。

ところで、このように展開した国際法について最も注意されることは、自助の手段として戦争が一般に合法とされていたことである。一つには、この時期が国民国家と帝国主義的権力政治を基礎づけた時期でもあり、また、勃興期の資本主義を担う市民階級が自国産業を外国商品や資本の進出から守ったり、在外資産や商業ルートの保全、商品市場・原料供給地としての植民地・半植民地国家を確保するために絶えず国家権力の擁護を必要としたという事情があったからである。こうしてナショナル・インタレストが前面に押し出され、諸国は遂には第一次世界大戦に突入することとなった。その結果、しかし、国際連盟が誕生し、武力の行使と威嚇が制限され、第二次世界大戦後には戦争の全面的禁止が成立したのであった。近代国際法の特質は、何よりも、国家主権を中心にして国際法が形成され、適用され、執行されるというところにあったのである。

（1）田畑茂二郎『国際法（岩波全書）』（岩波書店、一九五六）。なお、一九六六年刊行の同第二版は、近代国際法の妥当性に対して社会主義諸国とアジア・アフリカ諸国から厳しい挑戦がなされていることを踏まえて、「国際社会の構造変化と国際法」という節を設けてこの問題を検討している。
（2）同書六六頁。
（3）同書七一頁。
（4）同書七二頁。
（5）同書七三頁。
（6）C. Parry (ed.), *The Consolidated Treaty Series*, Vol. 114, p. 409.
（7）広瀬和子「国際社会の変動と国際法の一般化――十九世紀後半における東洋諸国の国際社会への加入過程の法社会学的分析」『国際法学の再構築　下』（東京大学出版会、一九八七）所収参照。
（8）CarlSchmitt, *Der Nomos der Erde im Völkerrecht des Jus Publicum EuroPaeum*. Greven, Köln, 1950. 新田邦夫訳『大地のノモス上・下』（福村出版、一九七六）参照。
（9）本著作集第11巻第五章参照。

2　近代法から現代法への転換――非植民地化とイデオロギー対立の終焉の意味

一　現代法の捉え方

近代国際法の基礎となった国際社会を構成した独立主権国家は、第二次世界大戦が始まったとき、六六を数えた。しかし、現在の国際社会の核である国民国家によって国際社会体制が担われるようになる一八一五年には、そうした西欧的国際体制の構成員は二一国（非ヨーロッパの国として米国のみを含む）であり、しかも、後にドイツ・イタリアの統一によってそれぞれに含まれる諸国を除くとわずか一〇カ国であった(1)。

主権国家の国民が世界人口に占める比率という点からみると、主権国家の国民は、やや時期がずれるが、一八六五年には世界人口の一五％にすぎず、第一次世界大戦初期で五〇％、そして、一九六〇年代後半になりほぼ一〇〇％に達した(2)。ここに初めて、世界のすべての人間の平等が実現した。一九六〇年代には、実に、一挙に四四カ国もが独立を達成し、現在では独立国は二〇〇カ国にも達しようとしている。非植民地化は、まず、いわば第一次植民地化の波に洗われた新大陸で一九世紀前半に実現し、次いで、第二次植民地化の波に襲われたアジア・アフリカで二〇世紀後半に実現し、今やまさに完成しようとしている。

さて、現代国際法への転換がいつ始まったかについては、いくつかの考え方がある。この転換が国際法の規制対象の量的増加を軸とするものでないことは言うまでもない。石本泰雄は、第一次世界大戦を境に国際法における力の地位が変ったことに注目し、国家による力の自由な行使が制限され国際社会による統制を受けるようになった、いわゆる戦争の違法化を理由に現代法に転換したと捉える(3)。田畑茂二郎は、社会主義国の登場という国際社会の構造変化に注目する(4)。レリングのように、キリスト教国の時代、文明国の時代、平和愛好国の時代と区分し、第二次世界大戦を大きな転換点とする者

もある。(5)

ところで、一九六〇年代から八〇年代までの多くの論調は、国際法の変容が社会主義諸国の誕生や、植民地解放にともなうアジア・アフリカ諸国の独立という国際法主体の文字通りの世界的規模への拡大を主要な契機とするというものであった。前述のフリードマンや日本では田畑茂二郎や太寿堂鼎などがそうであった。(6)私はこの点、社会主義諸国が既存の欧州諸国の中に登場したこともあって、人類の歴史からみると、非植民地化現象を最重要なものと捉えていた。(7)「植民地からの解放」が国際社会において「人間の解放」を意味するとすれば、現代国際法は第二次世界大戦から始まる。そして、第二次世界大戦は、人類の歴史で初めて、人間として当然有する権利という意味の人権が掲げられて闘われた戦争であったのである。社会主義連邦諸国の解体が起きてみると、非植民地化こそが重要な視点であるということが一層はっきり見えてきたといってよいであろう。

（1）J. David Singer and Melvin Small, "The Composition and Status Ordering of the International System: 1815-1940," *World Politics* Vol. 18, pp. 236-282.
（2）武者小路公秀『国際政治を見る眼』（岩波新書、一九七七）五二頁。
（3）石本泰雄「戦争と現代国際法」『現代法と国際社会』（岩波講座『現代法』一二巻）（岩波書店、一九六五）九一頁。
（4）田畑、前掲『国際法〔第2版〕』参照。
（5）R. V. A. Röling, *International Law in an Expanded World*, Amsterdam, 1960.

図8　1815年のヨーロッパ

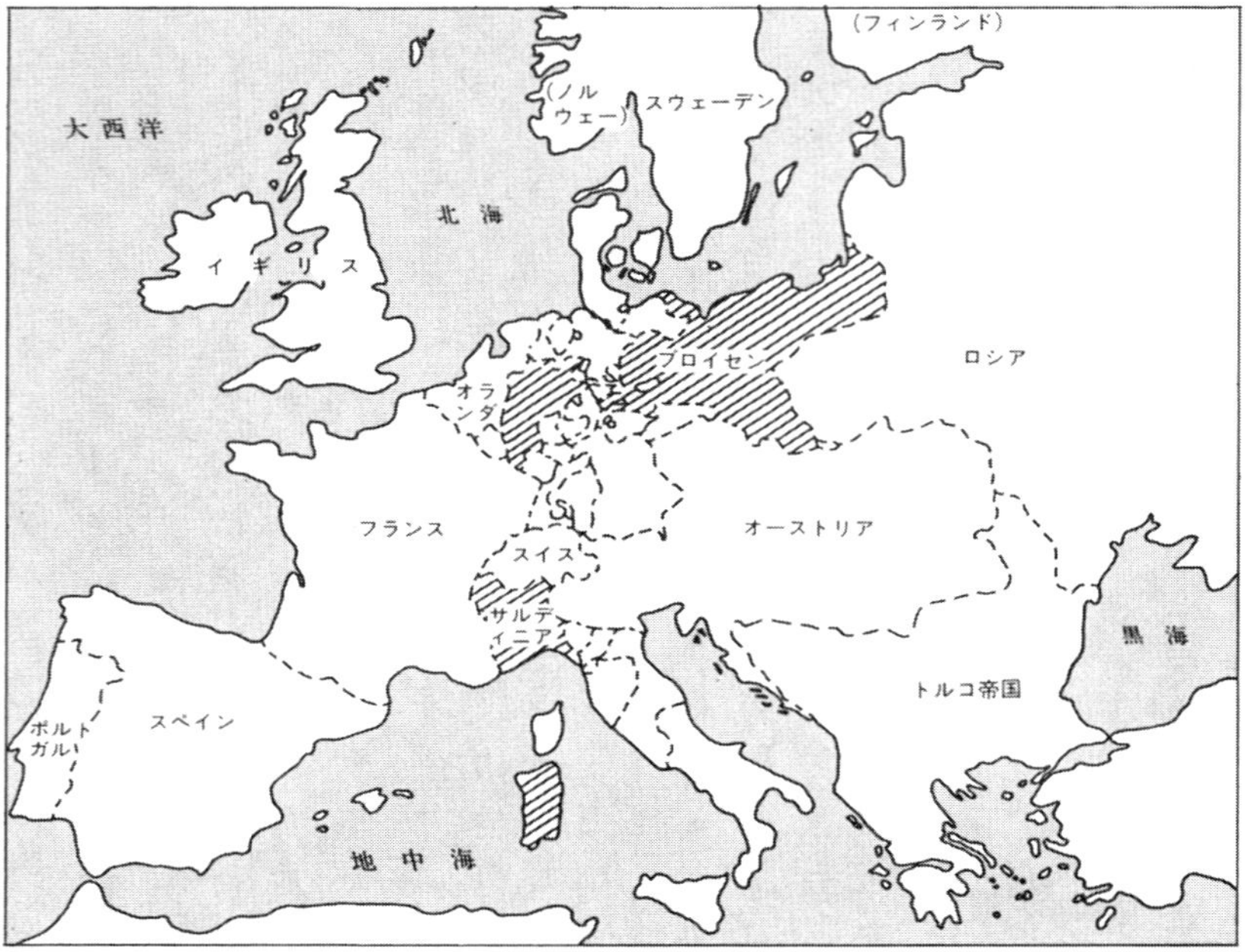

(6) 太寿堂鼎「国際法の新展開」岩波講座『現代法』第一巻所収参照。

(7) 芹田健太郎「政治犯罪人不引渡原則の確立」『国際法外交雑誌』七一巻四号および芹田健太郎「国際法における人間」岩波講座『基本法学』第一次刊行第五巻、第二次刊行第一巻所収参照。本著作集第一巻第二章

図９　1871-1914年のヨーロッパ

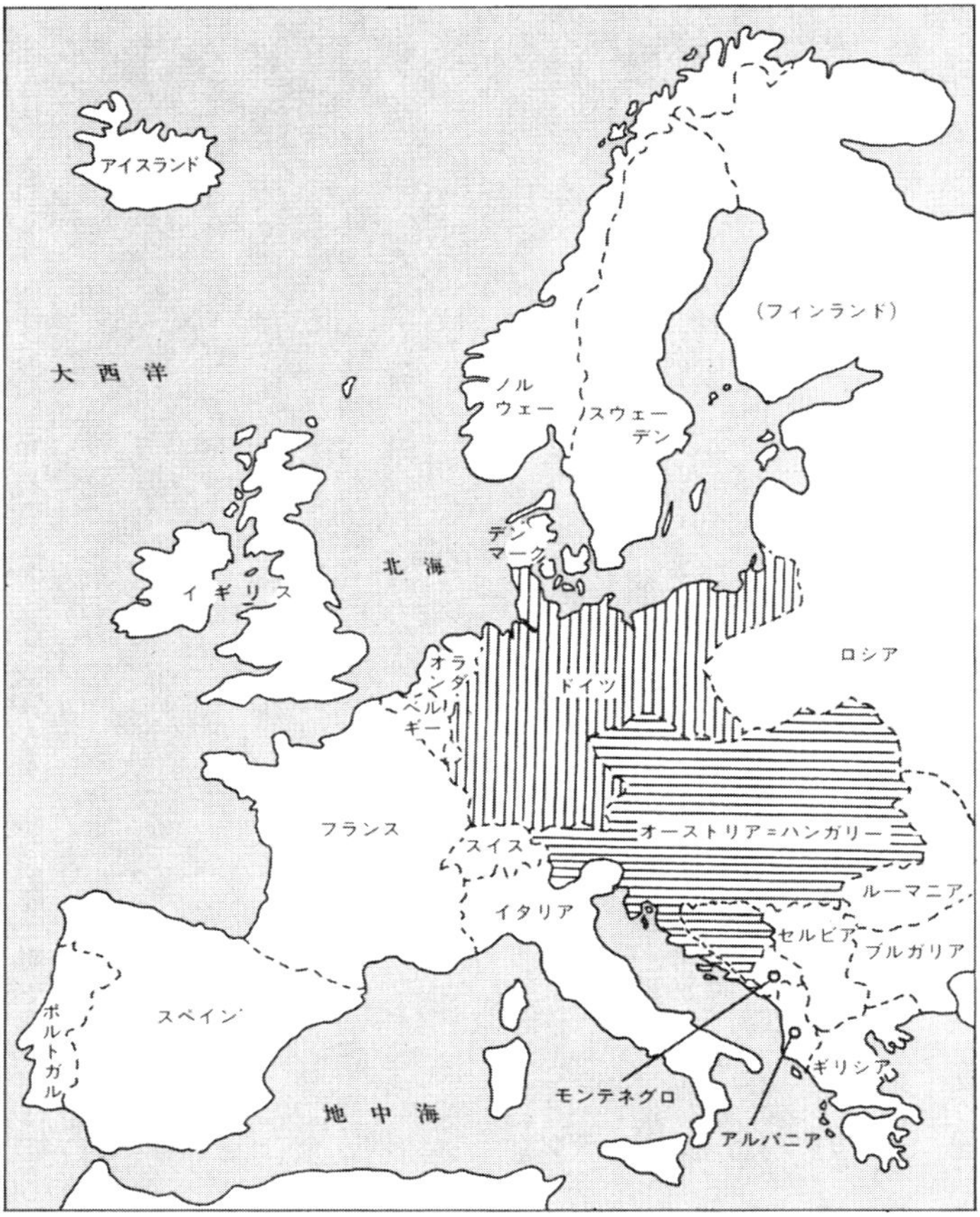

二　冷戦終結後に見えてきたこと

一九五六年の第二〇回党大会で打ち出された非スターリン化以降の旧ソ連の国際法の理論的指導者であったグレゴリー・トゥンキン(1)は、一九八九年のハーグ・アカデミーの講義のなかで、二〇世紀の国際法の変化を振り返り、次のように言っている(2)。

第一次世界大戦は歴史上初めて戦争が引き合わないこと、双方が傷つくことを示した。第二次世界大戦におけるナチス・ドイツと日本に対する資本主義国・社会主義国を含む連合国の勝利と国際連合の創設が世界政治を大いに変え、国際法の重要な発展に導いた。不幸なことに間もなく一つの制度が他の制度に勝利するという古いイデオロギー的仮説が復活し新しい「冷戦」という現象が世界政治に入り込み、二つの制度の対立は八〇年代後半まで続いた。同時に植民地制度の崩壊によって新しい国家が登場し、六〇年以降あらゆる世界的国際組織で多数を占め、ＮＡＴＯ、ワルシャワ条約機構に対し、非同盟運動を組織した。これらの国際法における主な主張は、天然資源に対する主権と新国際経済秩序に向けられ、国際の平和と安全、国際法の発展と法典化をおおむね支持した。そして、これに続いて、科学技術革命が来て、社会の経済的基盤のみならず社会そのものを変えた。最後に一九八五年に始まったペレストロイカである。これはスターリンが創った全体主義的制度の清算を含むだけでなく、民主主義、言論の自由の導入、経済制度の再構築、政治の新思考、新外交政策、これらが東西の対立の清算へと向かわせたのである。ペレストロイカは世界政治の顔を変え、政治における国際法の優位（the primacy of international law in politics）を生む機会を創り出した。一九九二年の大統領選挙キャンペーンでブッシュ大統領は米国が「冷戦」に勝利したと声明したが、この声明はまさに冷戦の精神から出たものであり、ほぼ七〇年の間にいかに我々の心の奥深くまで対立と一つの制度・イデオロギーの他への勝利という考えが浸透してきていたかを示している。冷戦の終りは理性の勝利（a victory of Reason）と考えなければならない。

ところで、新国際法と呼ぶか現代国際法と呼ぶかは別にして、これが古典的国際法とは基本的に異なることをトゥンキンは指摘し、国際法の安定化役割と創造的役割等を説く。ペレストロイカをどう評価するかにかかわりなく、冷戦終結が理性の勝利であるとみなさなければならないという考えは高い評価に値する。このことはしっかりと肝に銘じておきたいものである。しかし、社会主義連邦諸国の解体とともに、冷戦後に見えてきたのは、冷戦によって抑え込まれていたナショナリズムであり、冷戦を有利に闘うために両陣営が途上国の取り込み合戦をしていたという事実である。その間には、従って、冷静な眼で途上国の現実を見ることをしていなかった、といっても言い過ぎではあるまい。そして、いま、今度は社会主義連邦諸国の解体によって誕生した諸国の市場経済化と民主化援助に先進諸国の目が向くことによって、再び途上国に向けられるべき目が曇ってきている。

それでは、植民地の独立・低開発は何を我々に問題として突きつけてきたのであろうか(3)。朝鮮戦争、インドシナ戦争に相次いで休戦がもたらされた後、ほんの束の間の冷戦の緩んだ間、一九五五年に歴史上初めて新興独立国を中心に二九国を集めてインドネシアのバンドンでアジア・アフリカ会議が開催された。そして、六一年には二五国の参加のもとに第一回非同盟諸国会議が開催され、平和、反帝、反植民地闘争を訴える宣言を採択した。冷戦の中で、しかも、依然として植民地のくびきの強い中で、時代が政治化するのはやむを得なかった。しかし、政治の時代が終り、今、振り返って、植民地が政治的に独立した後の大きな課題は途上国の経済的独立すなわち経済開発にあると考えて、これに焦点を当てて問題を整理しておくのも必要であろう。

この時代には南北問題がすでに指摘され、国連総会は六〇年代を「国連開発の一〇年」に指定した。同年、先進諸国を加盟国とするＯＥＣＤ（経済協力開発機構）がその内部機関としてＤＡＣ（開発援助委員会）をいわば加盟国の経済援助の調整機関として設立し、また、六四年にはＵＮＣＴＡＤ（国連貿易開発会議）が開かれ、途上国の経済開発を討議する場となった。国際社会は、この時期に提起された南北問題に対処するために二つの機関を設けることにより、従来の植民地主義的経済開発アプローチとは異なる地球的視野に立つ国際的な開発協力の基本理念を確立し、これにより途上国経済の発展を図り世界全体の経済状態を改善する体制を整えたと言える。(4) しかし、現実には、途上国の経済開発に計画性と実効性をもたせる新しい試みとして注目された「国連開発の一〇年」も、途上国人口の増加や先進国の協力の消極性のため十分な成果を挙げることはできず、むしろ南北格差は拡大する傾向を示した。七〇年秋、国連は「第二次国連開発の一〇年」を採択し、開発目標と具体的措置を内容とする「国際開発戦略」を決議した。さらに、第一回国連貿易開発会議総会のプレビッシュ（Prebisch）報告において指摘されていた最貧国への特別措置に関連し、「国際開発戦略」では最貧国問題を取り上げ、「中核最貧国」（"hard-core" LDDC）二五国を承認した。八一年のパリ最貧国会議では三一国が指定された。しかし、各種の特別措置も実質的な効果に乏しく、格差は広がる一方である。八五年には最貧国は一人当りＧＤＰ年三五五ドル以下（上限四二七ドル）とされ、四〇国（人口三億一〇〇〇万人）である。パリ会議の時点の公定為替レート換算で最貧国の一人当りＧＤＰは二二〇ドルで、先進諸国の九六八一ドルの約四〇分の一となる。最貧国の成長率はほぼゼロ・パーセントなので、格差は広がるばかりである。

この問題を根本的に解決する方法としての世界の経済貿易体制に対する挑戦が、社会主義国や中進途上国等を中心とする新国際経済秩序の樹立要求となって現れ、一九七四年五月の国連特別総会において「新国際経済秩序の樹立に関する宣言」が採択され、同年一二月の国連総会で「国家の経済的権利義務憲章」が採択された[5]。しかし、いわば体制間対立・競争のなかで実効をもちえないまま今日に至った。経済成長から取り残された途上国の貧困問題が注目されるようになるのは、前述したように、六〇年代後半から七〇年代初めにかけてのことであり、いわば先進国主導であったと言える。一般に絶対的貧困とは、貧困線（the poverty line）とよばれる人間の最低限の生活水準を推定し、その水準を下回る生活状態を指すのが通常である。途上国における絶対的貧困の推計もほとんどが七〇年代に行われている。一九七九年に世界銀行の研究者グループが発表した一九七五年時点の絶対的貧困層の推計は、一日一人当り二一五〇カロリーを必要最小限の栄養と考え、これを摂取するために必要な所得を貧困線と定義して、約七億八〇〇〇万人（中国を除く）としていた。『世界開発報告一九八二』では、中国の一億五〇〇〇万人を含め「地球全体で一〇億人近い人々が絶対的貧困のもとで生活している」と指摘している。こうした絶対的貧困層に一九八〇年から二〇〇〇年までに食糧、飲料水、住居、保健、教育という基本的必要を供給するための推定必要資金額を低所得国が単独でまかなうことはできないと言われていた。二〇〇〇年までにあと四年しかない現在でも事態は変っていない。

冷戦の終結後、ソマリアの事態の解決に平和執行部隊が語られた。しかし、部隊が撤退した後、国際社会の無関心のほか何が残っているであろうか。ダイヤモンドも石油も出ないルワンダにどのような関心が向けられているであろうか。何の資源もないことは彼らの責任ではない。自然も地理も人間には変えられない。生まれる場所も選べない。これらの諸国や人々のために国際制度として何かが構想されているのであろうか。

冷戦の終結後に見えてきたのは、結局、冷戦期間中我々の思考が停止していたということと、現在でもその状態から脱し切れていないということである。冷戦によって見えていなかったことは、非植民地化によって人類がすべて平等になったことである。しかし、形式的平等のみならず実質的平等が実現されなければならない。(5) それには、理性による勝利が必要である。

（1）内田久司「平和共存と国際法」『現代法と国際社会』岩波講座『現代法』第一二巻（岩波書店、一九六五）所収参照。なお内田久司「社会主義世界と国際法」『思想』四九六号（一九六五年一〇月）

参照。

（2）G. Tunkin, "Politics, Law and Force in the Interstate System, "Academie de Droit International *Recueil des Cours*, 1989-Ⅶ pp. 304-308.

（3）人権の視野から論じるものとして、芹田健太郎「地球社会の人権論の構築――国民国家的人権論の克服」国際人権法学会年報『国際人権』創刊号（信山社、一九九〇）所収参照。

（4）とくに日本語文献として、一九七四年の位田隆一「国際経済機構における実質的平等の主張（一）（二）」『法学論叢』九六巻二号、九七巻三号参照。この論稿は一九六四年のＵＮＣＴＡＤ成立までの時期に絞って、先進国志向のＧＡＴＴ等が途上国の貿易・開発問題を適切に扱い得ないことを明らかにし、実質的平等を確保していくための原則や枠組を明らかにしようと試みたものである。

（5）外務省情報文化局編集『南北問題関係資料集』（外交時報社、一九七七）参照。なお、日本語文献として、松井芳郎『現代の国際関係と自決権』（新日本出版社、一九八一）四二頁以下の「新国際経済秩序と自決権」参照。また、新国際秩序における国家平等原則に焦点をあて、その平等の意味とそこで到達した平等を国際農業基金を一つのケース・スタディとして論じた位田隆一「新国際経済秩序の機構的インプリメンテーション――平等参加権と国際農業開発基金」『岡山法学会雑誌』二九巻一号（一九七九年七月）および国家の権利義務憲章を素材として、主権・国際社会・実質的平等を扱う位田隆一「新国際経済秩序の法的構造」岡山大学創立三十周年記念論文集『法学と政治学の現代的展開』所収参照。

三　抽象的国家観と具体的国家観

　さて、一九二七年にローターパクトが「私法法源と国際法の類比」[1]で行ったのとは違う仕方ではあるが、国内法の発展をここであらためて考慮にいれて考察を深めてみたい。特に、国内私法における人間観の展開を中心に近代法と現代法の相違を見ることから始めたい。これについては日本法学界においては一九六五年に『現代法』全一五巻[2]が編まれ、また、約二〇年を経て、一九八三年に『基本法学』全八巻[3]が発表されており、そこの議論を参考にしたい。

⑴　近代法の基盤としての抽象的国家観

　近代私法の第一の特色は、すべての人間の完全で平等な「法的人格」を承認していることである。法的人格とは私法上の権利義務が帰属し得る主体、権利義務の帰属点という意味である。ところで、法的人格が認められるということは、権利義務をもち得る抽象的地位だけが存在して、他にいかなる意味も存在しないということではなく、星野英一は次の特徴を指摘する。[4]第一に各人に帰属するものとして考えられていた権利の中心は、財産に対する権利であったこと。フランス民法典に即して言えば、そこでの権利の中心は、大革命によって封建的負担を払拭され、市民階級に獲得された農地、広くは土地の所有権と、それに関する契約上の権利であった（財産権中心）。そして、第二に、これらの権利は、法的人格自らの力によって取得される場合が多く、法律は権利の取得をこれらの者の自由に任せており、それに介入することをしない。つまり、こうして、法的人格は、とくに相互に結ぶ契約によって、自由に個人間に法律を作る主体とされる。各人は極く狭い意味の公序良俗に反しない限り自由に契約によって自分らの権利義務関係を作ることができる（自由に法律を作る存在）。言うまでもなく、これは、自由主義的資本主義時代のレッセ・フェールの体制・思想に対応するものである。第三に、法的人格はこのようにして自分らの相互間の法律を自由に作るのだが、それは自己の「意思」によってであり、従って、意思の十分でない者は自分らの間に法律を作ることはできない（意思的存在）。第四に、財産法上、人間は、所有権者、抵当権者、売主・買主、賃貸人・賃借人、使用者・労務者、不法行為者といった形で存在しており、人間を具体的に捉えているように見えるが、民法上の資格においては平等のものとして扱われ、それぞれの経済力、社会的勢力、情報収拾能力等の差異は全く問題にされず、民法上はその種々の能力、財力等を捨象した個人として存在する（法的人格の抽象性）。要するに、民法における人間は、一切の権利義務が帰属し得るという意味における平等な抽象的法人格として承認されることに始まったのである。

さて、こうした抽象的法人格の考えは、近代国際法における国家の国際法主体性を考える場合にも示唆を与えるものである。国際法において、国家は抽象的法人格として捉えられてきたと言うことができ、それも、国際法における近代国家が主権独立の領域国家であることは、まさに私法が財産権を中心に権利を考えてきたことに対応する。近代国際法の大原則は領域を中心とする管轄権の配分であり、次に、自分らの法的権利義務関係を条約によって作ることができる立法者としての国家の自由であるからである。ここでは、巨大な軍事力を擁する大国であれ、人口一万人の小国であれ、全く同じ平等の法人格として立ち現れるのである。

当然のことながら、近代私法におけるすべての人間の完全平等な法的人格の承認は西欧の歴史の中でも画期的なことであって、近代以前には、たとえばローマ時代の奴隷、中世の農奴のように、全く権利義務の主体たり得ない者や一部の権利義務しか持ち得ない者もあったことは周知のことである[5]し、近世に至っても、フランス革命までの西欧社会においては一般的権利能力は思想的にも、実際的にも存在しなかった、と言われる。一切の身分関係から解放された独立で平等な等質的個人を単位として成り立つ社会はまだ来ていなかったからである。国際社会においては、すでに検討してきたように、植民地であるとか、保護国であるとか、保護領であるとか、種々の権利主体たり得ない存在があった。しかし、一九六〇年代に入り、これらのすべてに独立する権利（民族自決権）が認められ、独立主権国家になることによって初めて国際法人格となり、国際法上の平等な権利義務主体となったのである。その意味で非植民地化は歴史的に画期的なことであり、最重要の意味をもつ出来事である。

(2)　現代法の基盤としての具体的国家観

ところで、人間の民法上の取扱いにおける現代法への変遷は、まず、すべての人の完全で平等な法人格の承認から人格権の承認へ、ということであり、法的人格については、「自由な立法者から法律の保護の対象へ」「法的人格の平等から不平等な人間へ」「抽象的な法人格から具体的人間へ」といったことである、と星野英一は言う(6)。人格権はさておき、「法律の保護の対象である、不平等な、具体的人間」について次のように言う(7)。

図1　所得別分類

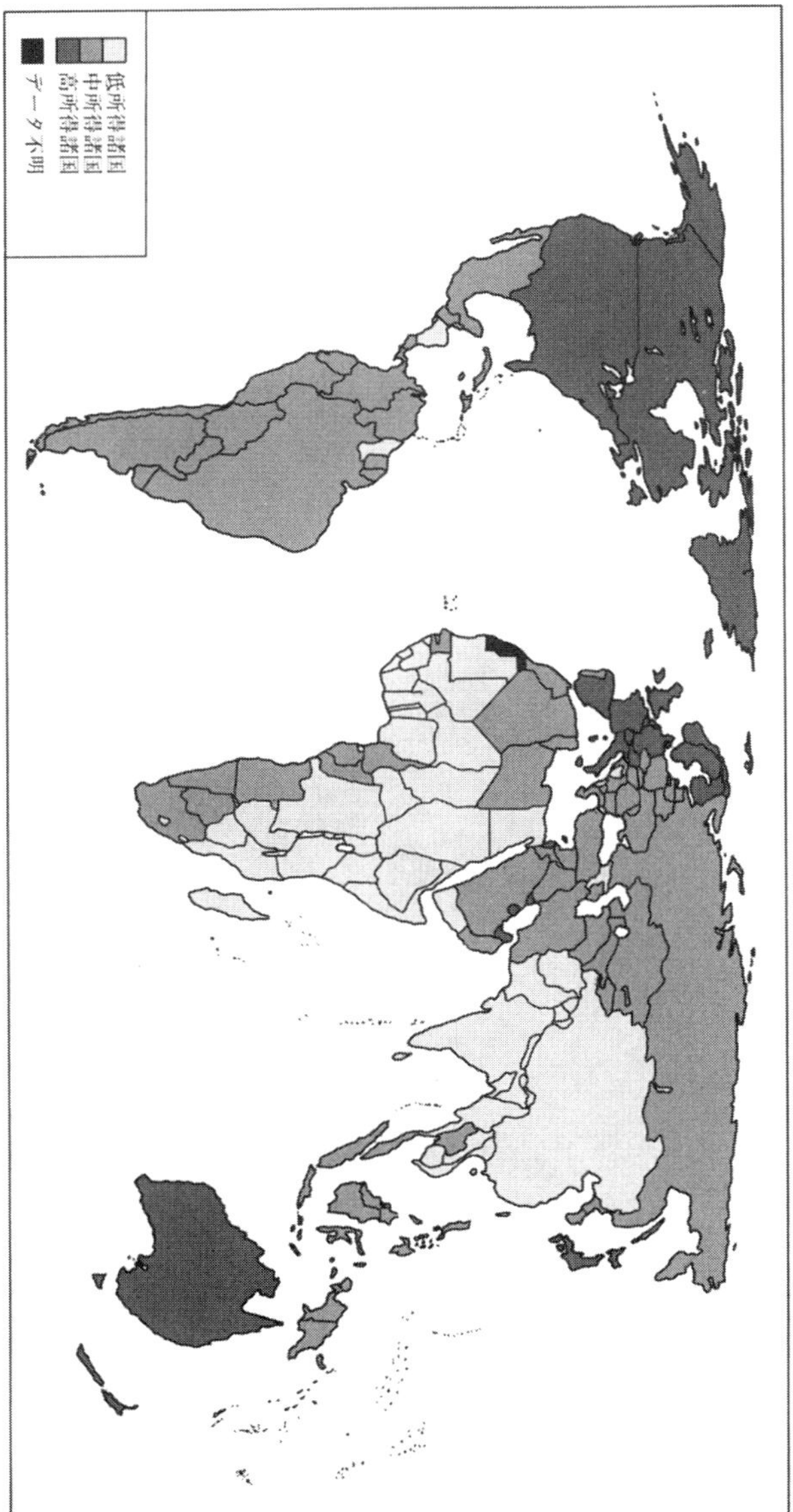

［出典］ *World Development Report 1995, Workers in an Integrating World.* Oxford University Press, New York : 1995.

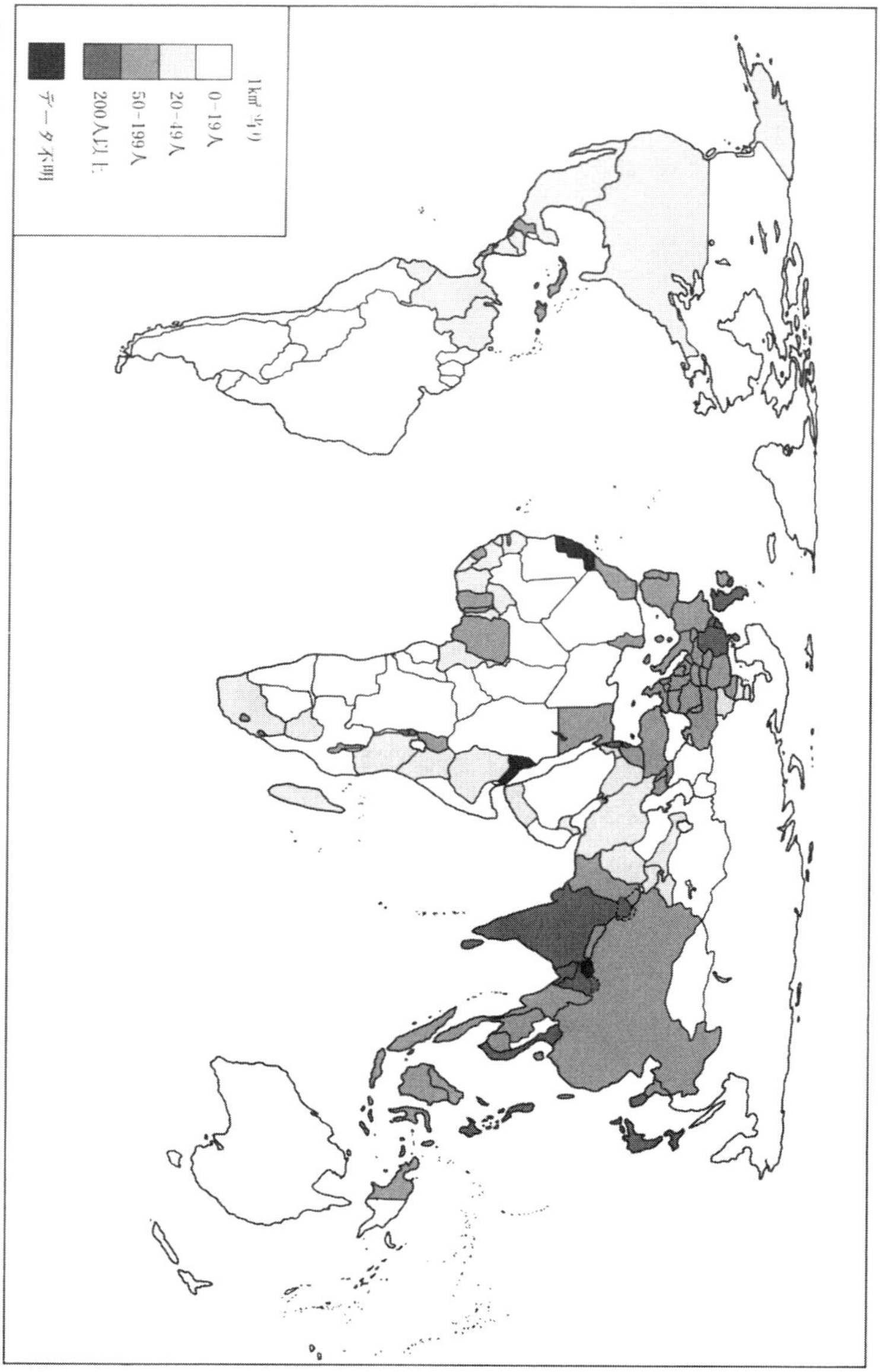

［出典］ *World Development Report 1995.*

図2　人口密度別分類

近代民法典において、人間はその種々の能力を抽象された個人として平等な、かつ自由な意思をもって行動するものと扱われている。このことは、種々の状況のもとで、人間の間の実際上の不平等とりわけ貧富の差から生ずる諸問題をあらわなものとし、耐えがたい結果を生じさせるに至った。これが一九世紀における自由主義的資本主義の行き詰りによる社会問題の発生であること、言うまでもない。これは、近代民法の原理とされる私所有権の絶対と契約の自由との原則の破綻として説かれることが多いが、抽象的な法的人格の平等という考え方も、一つの役割を果したことは否定できないであろう。

特に契約両当事者の平等・自由を前提とする契約諸理論が両当事者の社会的・経済的不平等のために破綻することとなった。星野英一は三つの点からこれを明らかにする。(8) 第一に雇用契約の面に現れ、周知のように、雇用契約は自由な労務者が対等な資格で使用者と締結するものとされていたが、これは幻想であって、そこから「労働法」と呼ばれるものが登場し、使用者と労務者の間にある経済的・社会的な力の不平等を正面から認め、そこから生じる不当な結果を正そうとしている。第二に、契約の目的物の需要供給関係の不均衡のために一方当事者が経済的・社会的に劣位に置かれ、その結果契約内容が不合理、時には一方当事者にとって苛酷となることがある。第三に、大量生産される生活物資（たとえば建売住宅、家具等居住用品、食品、衣料、日用薬品、学用品）の売買については、買主つまり消費者と、売主・生産者たる大企業との間に、目的物の性状・品質等に関して著しい情報ギャップがあり、その結果消費者が極めて不利な立場に置かれることがある。いわゆる消費者保護法の登場である。

このように、人間を自由に行動する立法者である平等な法的人格＝権利能力者として、いわば抽象的に捉えた時代から人間の種々の面における不平等と、その結果生じるある種の者――端的には富者の自由と、他の種の者――端的には貧者・弱者の不自由とを率直に認め、社会的・経済的立場や職業の差異に応じたより具体的な人間としてこれを捉え、そのような弱者を保護する時代に至った、と言えるのである。こうした社会的・経済的弱者層の生存の維持・福祉の向上をはかる目的の諸法律は、体系的に、「社会法」と呼ばれるようになり、近代民法を中心として含む「市民法」という観念が社会法と対立する観念として主張され、両者の差異が指摘されるようになった(9)。社会法の登場について、「法における新しい人間像」を探る佐藤幸治は、これを私的領域に対する公法の浸透、個人の私的権利に対する社会的義務の浸透の象徴と捉え、「置かれている文脈や社会秩序の成員としての立場を抜きにしてとらえられた、個別性なき『人（person）』を対象にして、それで事足りるとするものではなく、社会的文脈の中で人をとらえ、その置かれている具体的立場に応じてきめこまかな規則を試みようとするものである」と言う(10)。ラートブルフの言う「社会法を、たんに、経済的弱者の保障と厚生に思慮ぶかく注意する法だと解するならば、この社会法の発展を根底において理解するものではない。社会法は、むしろ、すべての法的思惟の構造の変化にもとづくものであり、人間についての新しい理解にもとづくものである。社会法は……具体的な社会化された人間を目的とする法である」(11)。「新しい人間像は、自由主義時代の自由、利己および怜俐という抽象的な図式にくらべて、はるかに、生活に密着した類型であって、それにあっては、権利主体の知的・経済的・社会的な勢力関係というものも合わせ考慮されている。爾来、法における人間とは、もはやロビンソンやアダムではなく、つまり、孤立した個体ではなく、社会の中なる人間、すなわち、集合人（Kollektivmensch）なのである[12]」。

さて、こうした国内法の展開は、国際社会が立法機関をもっていないことでもあり、もちろん、そのままの形で国際法学の議論に取り入れることはできない。しかし、重要な点は、社会や人間に対する一般的認識にある。問題を国際法学に移し替えて考えれば、国際社会や国家に対する認識にある。

今日の国際社会では、すでに見てきたように、多くの新国家が植民地から独立を達成した。これらの国を含めて、とくに経済と人口を図示すれば一見して違いが分かる。その他の基本的な指標――領域・年平均インフレ率・平均余命・成人非識字率については図1・図2及び本章末の表1・表2に示す通りである。なお、所得別に国を地域毎に分類したものが表2である。これらのことから分かることは、植民地からの独立国のほとんどが世界銀行のいう低所得国（一九九三年度一人当りＧＮＰ六九五ドル以下）あるいは中所得国の下の国（同、二八〇〇ドル以下）であり、一五歳以上の成人の非識字率も高いことが知れる。いまや、国際法は、こうした状況下にある国家を考慮しなければならない。

近代国際法の大きな支柱である主権平等原則は、周知のように、まずキリスト教諸国の社会で、次いで文明諸国の社会で、これら諸国が政治・経済・社会制度に一定程度の同質性をもっていたので、国内法における「抽象的人間」がそうであったように、いわば「抽象的国家」という形式性をまとって成り立つことができた。しかし、今日の国際社会はあまりにも差異の大きな諸国を含んでおり、抽象的国家を基礎に据えた同等者相互間の利害調整・協調の法としての国際法は変質を迫られている。そこに、いわば「具体的国家」観がみられるようになった。フランス語圏の学者がとくに言い始めた「発展の国際法」（Le droit international du développement）は、こうした具体的国家像を前提にしている。たとえば、アラン・ペレは、"Etat situé"（状況的国家）と表現するし[13]、モーリス・フロリは、今日全く異なる二つの歪みを区別する必要があり、古い力の不平等と新しい発展の不平等がそれであって、発展の不平等という現実から出発するし[14]、また、モハメッド・ベンヌーナは、国際法の第一次主体たる国家の主権平等原則は、異なる社会経済状況の認識も、現行の不平等を減少させるための規範的活動の組織化も許さないので、国家のカテゴリー化が必要であると説き、これが何百万もの人間の運命にかかわっている、と言う[15]。こうして、国際法はより直接に国家の内実にかかわるようになってきたのである。

なお、ここまで伝統的な法主体論の問題点について触れてきたが、すでに論じられてもきたように、国際社会における行動主体として多国籍企業が大きな役割をもっており、これらと主として途上国である新国家との経済協定いわゆる利権契約についても、同じような観点が必要である。

（1）H. Lauterpacht, *Private Law Sources and Analogies of International Law*, Longmans, Green and Co, Ltd., London, 1927.

（2）岩波講座『現代法』全一五巻（岩波書店）。
（3）岩波講座『基本法学』全八巻（岩波書店）。
（4）星野英一「私法における人間」岩波講座『基本法学1―人』所収参照。
（5）ローマ以来の各国の歴史については。エーアリッヒ（川島武宜＝三藤正訳）『権利能力論〔改訳版〕』（岩波書店、一九七五）参照。
（6）星野、前掲論文一四四頁。
（7）同右、一五〇頁。
（8）同右、一五〇―一五二頁。
（9）日本の社会法理論について、とりあえず、片岡曻「社会法の展開と現代法」『現代法の展開』岩波講座現代法1所収参照。
（10）佐藤幸治「法における新しい人間像」岩波講座『基本法学1―人』三四二頁所収。
（11）ラートブルフ（山田晟訳）「個人主義的法から社会法へ」ラートブルフ著作集第八巻『社会主義の文化理論』（東京大学出版会、一九六一）一六六頁。
（12）ラートブルフ（桑田三郎＝常盤忠允訳）「法における人間」ラートブルフ著作集第五巻『法における人間』（東京大学出版会、一九六二）一一頁。
（13）Alain Pellet, *Le droit international du développement*, P. U. F., Paris, 1978, p. 12. なお、第二版の翻訳がある。アラン・ペレ（小谷鶴次他訳）『開発国際法』（文庫クセジュ、白水社、一九八九）。
（14）Maurice Flory, *Droit international du développement*, P. U. F., Paris, 1977.
（15）Mohamed Bennouna, *Droit international Du développemend — Tiers monde et interpellation du droit international*, Berger-Levrault, Paris, 1983, p. 57 et p. 17. なお、日本語文献としては、位田隆一

「開発の国際法における発展途上国の法的地位――国家の平等と発展の不平等」『法学論叢』一一六巻一―六号（一九八五年三月）参照。なおまた、曽我英雄『自決権の理論と現実』（敬文堂、一九八七）も、その第一章において国際法における「第三世界」を分析している。

四　国際法規範の重層性

現代国際法は、すでに見てきたところから、平等の観念を基礎としている個人主義的な近代法の上に、萌芽的にではあるが、調整の観念に基礎を置く社会法的な法規範を含んでいると言えるであろう。前者にあっては、交換的正義が支配し、後者にあっては配分的正義が支配する。(1)

ところで、とくに六〇年代に伝統的国際法を批判する論者たちは、たとえば、前述のソビエト国際法学の泰斗トゥンキン（G. I. Tunkin）が一九六三年の『現代国際法』(2)において行っているように、国際法を三つのカテゴリーに区別する。第一は、伝統的国際法の中で反動的なもの、第二は、伝統的国際法の中に含まれる民主的なもの、たとえば、国家主権尊重の原則、国内事項不干渉の原則、国家平等の原則、国際義務遵守の原則（pacta sunt servanda）などであり、第三は、平和の保障のため本質的に重要な新しいもの、たとえば、不侵略の原則、紛争平和的解決の原則、民族自決の原則、平和共存の原則、軍備撤廃の原則、戦争宣伝禁止の原則である。

しかし、非植民地化を重視する場合でも、石本泰雄のように「転換期国際法」を説く者は、次のように考える。具体的な現れとして一九七四年の国連資源特別総会決議「新国際経済秩序樹立に関する宣言」第四項ｆおよびｈを引きながら、「人民自決権は、人民の政治的自決の達成によって一応は実現される。しかし、長い間にわたって、暴力によって自決権を奪われていたことを考えあわせると、当然に、『現状回復』と『補償』を求める権利がコロラリーとして導き出されるであろう」(3)。なお、石本は、別の観点からではあるが、「二重の規範構造」の現れとして、条約に関する国家承継条約の「新独立国」規定もこの流れに位置づける。そして、石本は、国際法規範の二重性、つまり、現在の国際法がこれまで妥当してきた基本的には形式的・抽象的国家平等に基づく国際法規範と、人民自決権によって独立した諸国に対して権利を回復させ、その地位を復元させる基本的には実質的・具体的な人民平等に基づく国際法規範――いわば補償的不平等観念につらぬかれた国際法規範――からなっていることを転換期国際法の特徴と捉えている。結論として、「古典的国際法を特徴づけていた等価交換観念につらぬかれる国際法規範と、私法原理を止揚した補償的不平等観念につらぬかれる国際法規範との並存が見られるようになりつつある」と言う(4)。石本の場合、「二重の国際法規範が妥当」(5)しているとみている。

もっとも、石本は、多くの各種人権条約を列挙したのち、次のようにも見ている。そして、この見方は、必ずしも、過渡期国際法を捉えるものではなく、国際法の行き先を示すものである。

「このようにみてくれば、これまで国内事項に閉じこめられていた統治権の実質的範囲が音をたててせばめられていることが知られるであろう。それはもはや、あれこれの条約による統治権行使の制限として片づけられるような段階ではない。より一般的に、より大規模に、人権の視点にたつ統治権行使の制限がなされているのである。いったん堰がきられたからには、この傾向はとどまるところを知らない。それは、これまでの『国家』間の利害調節に終始した国際法規範が、いまや『人』レベルに法益を拡大する過程にほかならない(6)」。

これらのことは、国際法が普遍的国際社会の法として機能し始めていることを、萌芽的にであれ、示すものであり、そうした規範群としては、人権保障のほか、環境保護・保全に関わるもの等がすでに存在する。とくにこれらの分野では国際社会の組織化の進展により国際機構が大いに寄与していることを指摘しておかなければならないし、また、個人の国際法直接性が高まり、市民団体・民間団体の活躍が大きい要因であることも事実である。なお、また、国家間の会議においても、国連海洋法会議などが生み出す多数国間条約の中に「人類の共同遺産」など、あるいは、「人類」そのものが条約の規定対象に上がってきていることによっても、こうした傾向に拍車がかかっていると言えるであろう。しかし、これらのことは、トゥンキンのいう民主的な、あるいは平和の保障に重要な、法規範の重要性を強めこそすれ、弱めるものではない。

こうして、現代の国際法は、次のような規範からなる重層的な性格をもつようになってきている。

① 抽象的国家観に基づく国際法規範
② 非植民地化に伴う過渡期の国際法規範
③ 具体的国家観に基づく国際法規範

④　普遍的法への萌芽──環境、人権の国際法規範

伝統的国際法およびその発展の多くの部分、主権尊重、内政不干渉、紛争平和的解決、領域保全などは、第一のカテゴリーとして重要性をもち、第二のカテゴリーの法規範は過渡的な性格であり、その過渡期に続くものとして第三のカテゴリーの規範群は、多国籍企業の行動規範や国際社会福祉あるいは国際社会保障的な法規範群を生み出すものとして重要である。そして、二一世紀には、第三のカテゴリーの法規範群と並んで第四のカテゴリーの法規範群が、人類社会全体としての国際連帯や人類益を示すものとして、ますます多くの法規則によって厚みを増していくものと思われ、またそうであることが強く望まれるところである。そして、これらの規範群は従来の規範群を修正する機能を、現に果たしており、また、さらに果たしていくことになるのである。

（1）ラートブルフ・前掲著作集第五巻一七〇頁。
（2）G. I. Tunkin, *Das Völkerrecht der Gegenwart*, Staatsverlag der Deutschen Demokratischen Republik, Berlin, 1963, S. 28.
（3）石本・前掲論文二八頁。
（4）同右、三五頁。ここでいう「私法原理を止揚した補償的観念」の意味は、しかし、植民地化の反動としての非植民地化から生まれる法規範の部分のみを意味するにとどまらないであろうことを指摘しておきたい。
（5）同右、二九頁。ここで、石本泰雄は、西海真樹「開発の国際法における補償的不平等観念──二重規範論をてがかりにして」『熊本法学』五三号（一九八七）を、G. Feuer の言葉であるが、次のよ

うに引用している。「あらゆる国家間関係を一様に規律してきた単一の規則群に代わって、以後、二つの等価の規則群が並存することを意味する。一方の規則群は先進国関係を規律し、他方のそれは、先進国＝途上国間関係および途上国間関係を規律する」。ただし、ここでは、果たして、単一の規則群に「代わって」、二つの等価の規則群が並存する、のであろうか。国際経済関係にのみ絞って議論をすればそうかもしれないが、国際法全体からすれば、必ずしもそのように捉えることはできないのではないであろうか。

（6）同右、三二頁。

おわりに

周知のように、資本主義社会では個人の生活は個人の責任で行うのが原則である。しかし、労働能力や資産がなく、そのために生活手段を得ることのできない人々に対して、歴史的に、まず、すべての資本主義国は救貧立法によってその生活を保護しようとした。個人の生活は個人の責任で、という個人本意の立場に立脚する資本主義制度のもとでは、こうした生活保護ないし社会扶序は例外であり、極めて制限された範囲に限られる。そこで、労働者は友愛組合や労働組合の共済活動を通じて対処してきた。そして、このような活動に対する国家的資金の援助を要求する運動が強められ、その結果、新しく社会保険制度が発展してくる。しかしながら、第一次世界大戦後における国民生活の窮乏と社会不安は、もはや個々の社会保険の拡充とか旧来の社会扶助の補強によってはとうてい解決不可能な状態にまで悪化し、急迫化し、このような国民生活の窮迫状態が、旧来の社会扶助、社会保険を土台にしつつ、全く新しい問題解決のための国家的体系を必要とした。社会保障制度はこうして登場したのである。第二次世界大戦中に各資本主義国において胚胎した社会保障概念は、一九四四年のILO総会のフィラデルフィア宣言によって国際的承認を受け、第二次世界大戦後に各国において急速に現実化した。こうした社会保障の発展は、貧困が個人の能力や努力の欠如に由来するものではなく、資本主義社会の根本的仕組みに起因するものであるという一般的認識に基づいている(1)。

ところで、貧困が個人の能力や努力の欠如に由来するものではなく、資本主義社会の根本的仕組みに起因するところがあるのと同様に、国際的な場における貧困も個別国家の能力やその努力の欠如に由来するものではなく、国際社会の根本的仕組みに起因するところがあるという一般的認識をもつべきである。こうした認識をもつのはとくに国際法学者には義務であるとさえ言えるであろう。すでに触れたように、資源がないのは彼らの責任ではない。現在の国際制度のもとで彼らが貧困から脱出するのは不可能であろう。それも彼らの責任ではない。国家の異質性認識が重要であり、状況に対応する法制度の重要性は何度繰り返しても足りないほどである。

来るべき世紀へ向けて「未来は明るい」と言えるためには、技術革新や情報革新による社会の変容の恩典をすべての人類が享有できる条件を整えなければならない。今世紀初めに語られた「機会の平等」(2)を、世紀末の今日にあって「条件の平等」あるいは「結果の平等」へと転換させることが必要である。

（１）救貧法→社会保険→社会保障の流れについては、片岡昇「社会法の展開と現代法」岩波講座現代法１『現代法の展開』所収参照。
（２）佐藤幸治「法における新しい人間像」岩波講座『基本法学１――人』所収参照。

（一九九六年三月）

表1　各国・地域の基本指標

	人口（100万人）	面積（1000㎢）	1人当りGNP	年平均成長率（%）	年平均インフレ率（%）		平均余命（歳）	成人非識字率（%）	
	1993年央		1993年	1980—93年	1970—80年	1980—93年	1993年	女性 1990年	計 1990年
低所得諸国	3,092.7 t	39,093 t	380 w	3.7 w	7.3 w	14.1 w	62 w	53 w	41 w
中国・インドを含む	1,016.1 t	26,244 t	300 w	0.1 w	13.4 w	27.1 w	56 w	61 w	49 w
1 モザンビーク	15.1	802	90	−1.5	……	42.3	46	79	67
2 タンザニア	28.0	945	90	0.1	14.1	24.3	52	……	……
3 エチオピア	51.9	1,097	100	……	……	……	48	……	……
4 シエラレオネ	4.5	72	150	−1.5	12.5	61.6	39	89	79
5 ベトナム	71.3	332	170	……	……	……	66	16	12
6 ブルンジ	6.0	28	180	0.9	11.8	4.6	50	60	50
7 ウガンダ	18.0	236	180	……	……	……	45	65	52
8 ネパール	20.8	141	190	2.0	8.5	11.5	54	87	74
9 マラウイ	10.5	118	200	−1.2	8.8	15.5	45	……	……
10 チャド	6.0	1,284	210	3.2	7.7	0.7	48	82	70
11 ルワンダ	7.6	26	210	−1.2	14.3	3.4	……	63	50
12 バングラデシュ	115.2	144	220	2.1	20.8	8.6	56	78	65
13 マダガスカル	13.9	587	220	−2.6	9.9	16.1	57	27	20
14 ギニア＝ビサウ	1.0	36	240	2.8	5.7	58.7	44	76	64
15 ケニア	25.3	580	270	0.3	10.1	9.9	58	42	31
16 マリ	10.1	1,240	270	−1.0	9.9	4.4	46	76	68
17 ニジェール	8.6	1,267	270	−4.1	10.9	1.3	47	83	72
18 ラオス	4.6	237	280	……	……	……	52	……	……
19 ブルキナファソ	9.8	274	300	0.8	8.6	3.3	47	91	82
20 インド	898.2	3,288	300	3.0	8.4	8.7	61	66	52
21 ナイジェリア	105.3	924	300	−0.1	15.2	20.6	51	61	49
22 アルバニア	3.4	29	340	−3.2	……	5.6	72	……	……
23 ニカラグア	4.1	130	340	−5.7	12.6	664.6	67	……	……
24 トーゴ	3.9	57	340	−2.1	8.9	3.7	55	69	57
25 ガンビア	1.0	11	350	−0.2	10.6	16.2	45	84	73
26 ザンビア	8.9	753	380	−3.1	7.6	58.9	48	35	27
27 モンゴル	2.3	1,567	390	0.2	……	13.8	64	……	……
28 中央アフリカ共和国	3.2	623	400	−1.6	12.1	4.2	50	75	62
29 ベナン	5.1	113	430	−0.4	10.3	1.4	48	84	77
30 ガーナ	16.4	239	430	0.1	35.2	37.0	56	49	40
31 パキスタン	122.8	796	430	3.1	13.4	7.4	62	79	65
32 タジキスタン	5.8	143	470	−3.6	1.4	26.0	70	……	2
33 中国	1,178.4	9,561	490[d]	8.2	0.6	7.0	69	38	27
34 ギニア	6.3	246	500	……	……	……	45	87	76
35 モーリタニア	2.2	1,026	500	−0.8	9.9	8.2	52	79	66
36 ジンバブエ	10.7	391	520	−0.3	9.4	14.4	53	40	33
37 グルジア	5.4	70	580	−6.6	……	40.7	73	……	1
38 ホンジュラス	5.3	112	600	−0.3	8.1	8.2	68	29	27
39 スリランカ	17.9	66	600	2.7	12.3	11.1	72	17	12
40 コートジボワール	13.3	322	630	−4.6	13.0	1.5	51	60	46
41 レソト	1.9	30	650	−0.5	9.7	13.8	61	……	……
42 アルメニア	3.7	30	660	−4.2	0.7	26.9	73	……	1
43 エジプト	56.4	1,001	660	2.8	9.6	13.6	64	66	52
44 ミャンマー	44.6	677	……	……	11.4	16.5	58	28	19
45 イエメン	13.2	528	……	……	……	……	51	74	62
中所得諸国	1,596.3 t	62,452 t	2,480 w	0.2 w	22.1 w	90.1 w	68 w	……	17 w

	低・中所得	1,095.8 t	40,604 t	1,590 w	−0.5 w	8.3 w	35.2 w	67 w	……	19 w
46	アゼルバイジャン	7.4	87	730	−3.5	1.7	28.2	71	……	3
47	インドネシア	187.2	1,905	740	4.2	21.5	8.5	63	32	23
48	セネガル	7.9	197	750	0.0	8.5	4.9	50	75	62
49	ボリビア	7.1	1,099	760	−0.7	21.0	187.1	60	29	23
50	カメルーン	12.5	475	820	−2.2	9.0	4.0	57	57	46
51	マケドニア	2.1	26	820	……	……	……	72	……	……
52	キルギス	4.6	199	850	0.1	0.8	28.6	69	……	3
53	フィリピン	64.8	300	850	−0.6	13.3	13.6	67	11	10
54	コンゴ	2.4	342	950	−0.3	8.4	−0.6	51	56	43
55	ウズベキスタン	21.9	447	970	−0.2	1.0	24.5	69	……	3
56	モロッコ	25.9	447	1,040	1.2	8.3	6.6	64	62	51
57	モルドバ	4.4	34	1,060	−2.0	0.9	32.4	68	……	4
58	グアテマラ	10.0	109	1,100	−1.2	10.5	16.8	65	53	45
59	パプアニューギニア	4.1	463	1,130	0.6	9.1	4.8	56	62	48
60	ブルガリア	8.9	111	1,140	0.5	……	15.9	71	……	……
61	ルーマニア	22.8	238	1,140	−2.4	……	22.4	70	……	……
62	ヨルダン	4.1	89	1,190	……	……	……	70	30	20
63	エクアドル	11.0	284	1,200	0.0	13.8	40.4	69	16	14
64	ドミニカ共和国	7.5	49	1,230	0.7	9.1	25.0	70	18	17
65	エルサルバドル	5.5	21	1,320	0.2	10.7	17.0	67	30	27
66	リトアニア	3.7	65	1,320	−2.8	……	35.2	70	……	……
67	コロンビア	35.7	1,139	1,400	1.5	22.3	24.9	70	14	13
68	ジャマイカ	2.4	11	1,440	−0.3	17.0	22.4	74	1	2
69	ペルー	22.9	1,285	1,490	−2.7	30.1	316.1	66	21	15
70	パラグアイ	4.7	407	1,510	−0.7	12.7	25.0	70	12	10
71	カザフスタン	17.0	2,717	1,560	−1.6	0.7	35.2	70	……	3
72	チュニジア	8.7	164	1,720	1.2	8.7	7.1	68	44	35
73	アルジェリア	26.7	2,382	1,780	−0.8	14.5	13.2	67	55	43
74	ナミビア	1.5	824	1,820	0.7	……	11.9	59	……	……
75	スロバキア	5.3	49	1,950	……	……	……	71	……	……
76	ラトビア	2.6	65	2,010	−0.6	……	23.8	69	……	……
77	タイ	58.1	513	2,110	6.4	9.2	4.3	69	10	7
78	コスタリカ	3.3	51	2,150	1.1	15.3	22.1	76	7	7
79	ウクライナ	51.6	604	2,210	0.2	0.1	37.2	69	……	2
80	ポーランド	38.3	313	2,260	0.4	……	69.3	71	……	……
81	ロシア	148.7	17,075	2,340	−1.0	−0.1	35.4	65	……	2
82	パナマ	2.5	76	2,600	−0.7	7.7	2.1	73	12	12
83	チェコ	10.3	79	2,710	……	……	……	71	……	……
84	ボツワナ	1.4	582	2,790f	6.2	11.6	12.3	65	35	26
85	トルコ	59.6	779	2,970f	2.4	29.6	53.5	67	29	19
86	イラン	64.2	1,648	……	……	……	17.1	68	57	46
	高・中所得	500.5 t	21,848 t	4,370 w	0.9 w	36.3 w	158.7 w	69 w	17 w	14 w
87	ベネズエラ	20.9	912	2,840	−0.7	14.0	23.9	72	17	8
88	ベラルーシ	10.2	208	2,870	2.4	0.0	30.9	70	……	2
89	ブラジル	156.5	8,512	2,930	0.3	38.6	423.4	67	20	19
90	南アフリカ	39.7	1,221	2,980	−0.2	13.0	14.7	63	……	……
91	モーリシャス	1.1	2	3,030	5.5	15.3	8.8	70	……	……
92	エストニア	1.6	45	3,080	−2.2	……	29.8	69	……	……
93	マレーシア	19.0	330	3,140	3.5	7.3	2.2	71	30	22
94	チリ	13.8	757	3,170	3.6	186.2	20.1	74	7	7
95	ハンガリー	10.2	93	3,350	1.2	3.4	12.8	69	……	……
96	メキシコ	90.0	1,958	3,610	−0.5	18.1	57.9	71	15	13
97	トリニダード・トバゴ	1.3	5	3,830	−2.8	18.5	4.8	72	……	……

98	ウルグアイ	3.1	177	3,830	−0.1	63.7	66.7	73	4	4
99	オマーン	2.0	212	4,850	3.4	28.0	−2.3	70	……	……
100	ガボン	1.0	268	4,960	−1.6	17.5	1.5	54	52	39
101	スロベニア	1.9	20	6,490	……	……	……	73	……	……
102	プエルトリコ	3.6	9	7,000	1.0	6.5	3.2	75	……	……
103	アルゼンチン	33.8	2,767	7,220	−0.5	134.2	374.3	72	5	5
104	ギリシア	10.4	132	7,390	0.9	14.3	17.3	78	11	7
105	韓国	44.1	99	7,660	8.2	19.5	6.3	71	7	g
106	ポルトガル	9.8	92	9,130[f]	3.3	16.9	16.4	75	19	15
107	サウジアラビア	17.4	2,150	……	−3.6	24.5	−2.1	70	52	38
108	トルクメニスタン	3.9	488	……	……	2.4	16.5	65	……	2
	低・中所得	4,689.0 t	101,544 t	1,090 w	0.9 w	18.5 w	72.8 w	64 w	……	33 w
	サブ・サハラ・アフリカ	559.0 t	24,274 t	520 w	−0.8 w	13.8 w	16.1 w	52 w	62 w	50 w
	東アジアと太平洋	1,713.9 t	16,369 t	820 w	6.4 w	9.7 w	7.1 w	68 w	34 w	24 w
	南アジア	1,194.4 t	5,133 t	310 w	3.0 w	9.7 w	8.6 w	60 w	69 w	54 w
	ヨーロッパと中央アジア	494.6 t	24,242 t	2,450 w	−0.3 w	4.6 w	35.3 w	69 w	……	5 w
	中東と北アフリカ	262.5 t	11,015 t	……	−2.4 w	16.9 w	10.7 w	66 w	57 w	……
	ラテンアメリカとカリブ海国	466.3 t	20,507 t	2,950 w	−0.1 w	46.7 w	245.0 w	69 w	18 w	15 w
	Severely indebted	385.8 t	17,968 t	2,640 w	−1.1 w	52.4 w	302.7 w	67 w	27 w	23 w
	高所得諸国	812.4 t	32,145 t	23,090 w	2.2 w	9.5 w	4.3 w	77	……	……
109	ニュージーランド	3.5	271	12,600	0.7	12.5	8.5	76	g	g
110	アイルランド	3.5	70	13,000	3.6	14.2	4.8	75	g	g
111	スペイン	39.5	505	13,590	2.7	16.1	8.4	78	7	5
112	イスラエル	5.2	21	13,920	2.0	39.6	70.4	77	……	……
113	オーストラリア	17.6	7,713	17,500	1.6	11.8	6.1	78	g	g
114	香港	5.8	1	18,060[h]	5.4[h]	9.2	7.9	79	……	……
115	イギリス	57.9	245	18,060	2.3	14.5	5.6	76	g	g
116	フィンランド	5.1	338	19,300	1.5	12.3	5.8	76	g	g
117	クウェート	1.8	18	19,360	−4.3	21.9	……	75	33	27
118	イタリア	57.1	301	19,840	2.1	15.6	8.8	78	g	g
119	シンガポール	2.8	1	19,850	6.1	5.9	2.5	75	g	g
120	カナダ	28.8	9,976	19,970	1.4	8.7	3.9	78	g	g
121	オランダ	15.3	37	20,950	1.7	7.9	1.7	78	g	g
122	アラブ首長国連邦	1.8	84	21,430	−4.4	……	……	74	……	……
123	ベルギー	10.0	31	21,650	1.9	7.8	4.0	77	g	g
124	フランス	57.5	552	22,490	1.6	10.2	5.1	77	g	g
125	オーストリア	7.9	84	23,510	2.0	6.5	3.6	76	g	g
126	ドイツ	80.7	357	23,560	2.1[i]	5.1[i]	2.8[i]	76	g	g
127	スウェーデン	8.7	450	24,740	1.3	10.0	6.9	78	g	g
128	米国	257.8	9,809	24,740	1.7	7.5	3.8	76	g	g
129	ノルウェー	4.3	324	25,970	2.2	8.4	4.6	77	g	g
130	デンマーク	5.2	43	26,730	2.0	10.1	4.6	75	g	g
131	日本	124.5	378	31,490	3.4	8.5	1.5	80	g	g
132	スイス	7.1	41	35,760	1.1	5.0	3.8	78	g	g
	世界	5,501.5 t	133,690 t	4,420 w	1.2 w	11.4 w	19.6 w	66 w	……	33 w

〔出典〕 *World Development Report 1995, Workers in an Integrating World*, Oxford University Press, New York : 1995.

表2　データ不足・人口100万人以下の国の基本指標

	人口 (thousands) mid-1993	面積 (thousands of sq. km)	1人当りGNP		年平均インフレ率(%)		平均余命 (years) 1993	成人非識字率(%)	
			Dollars 1993	Avg. ann. growth (%), 1980-93	1970-80	1980-93		女性 1990	計 1990
1 ガイアナ	816	215.00	350	−3.0	9.6	34.5	66	5	4
2 サントメ・プリンシペ	122	1.00	350	−3.6	4.0	24	……	……	……
3 赤道ギニア	379	28.00	420	1.2	……	−0.6	48	63	50
4 コモロ諸島	471	2.20	560	−0.4	……	5.2	55	……	……
5 アフガニスタン	17,691	652.10	b	……	……	……	44	86	71
6 ブータン	……	47.00	b	……	……	8.1	……	75	62
7 ボスニア・ヘルツェゴビナ	3,776	51.10	b	……	……	……	72	……	……
8 カンボジア	9,683	181.00	b	……	……	……	52	78	65
9 エリトリア	……	125.00	b	……	……	……	……	……	……
10 ハイチ	6,893	27.70	b	……	9.3	9.5	57	53	47
11 リベリア	2,845	97.70	b	……	9.2	……	56	71	61
12 ソマリア	8,954	637.70	b	……	15.2	49.7	47	86	76
13 スーダン	26,641	2,505.80	b	……	14.5	42.8	53	88	73
14 ザイール	41,231	2,344.90	b	……	31.4	……	52	39	28
15 キリバス	76	0.70	710	0.5	10.6	5.4	……	……	10
16 ソロモン諸島	354	28.90	740	2.6	8.4	12.1	71	……	……
17 ジブチ	557	23.20	780	……	……	3.6	49	……	……
18 モルディブ	238	0.30	820	7.2	……	10	63	……	……
19 カーボベルデ	370	4.00	920	3.0	9.4	8.7	65	……	……
20 西サモア	167	2.80	950	……	……	11.2	……	……	30
21 スリナム	414	163.30	1,180	−2.0	11.8	11.8	71	5	5
22 スワジランド	880	17.40	1,190	2.3	12.3	13.3	58	……	……
23 トンガ	98	0.70	1,530	0.6	……	10.2	……	……	……
24 バヌアツ	161	12.20	1,230	0.5	……	5.3	66	……	30
25 セントビンセントおよびグレナディーン諸島	110	0.40	2,120	5.0	13.8	4.6	……	……	……
26 フィジー	762	18.30	2,130	0.5	12.8	5.6	72	……	……
27 グレナダ	92	0.30	2,380	3.8	……	4.6	……	……	……
28 ベリーズ	204	23.00	2,450	2.9	8.6	3.4	74	……	……
29 ドミニカ国	71	0.70	2,720	4.6	16.8	5.5	……	……	……
30 アンゴラ	10,276	1,246.70	c	……	……	……	47	72	58
31 クロアチア	4,511	56.50	c	……	……	……	72	……	……
32 キューバ	10,862	110.90	c	……	……	……	76	7	6
33 イラク	19,465	438.30	c	……	17.9	……	66	51	40
34 北朝鮮	23,036	120.50	c	……	……	……	71	……	……
35 レバノン	3,855	10.40	c	……	……	……	69	27	20
36 マーシャル諸島	51	0.20	c	……	……	……	……	……	9

37 ミクロネシア連邦	105	0.70	c	……	……	……	……	……	……
38 北マリアナ諸島	45	0.48	c	……	……	……	……	……	……
39 シリア	13,696	185.20	c	……	11.8	15.5	68	49	36
40 西岸ガザ	……	6.10	c	……	……	……	……	……	……
41 新ユーゴスラビア	10,566	102.17	c	……	……	……	72	12	7
42 セントルシア	142	0.60	3,380	4.4	……	3.5	……	……	……
43 セントキッツ・ネイビス	42	0.40	4,410	5.4	……	6.3	……	……	……
44 バルバドス	260	0.40	6,230	0.5	13.5	4.3	76	……	……
45 セイシェル	72	0.45	6,280	3.4	16.7	3.2	……	……	……
46 アンティグア・バーブーダ	65	0.40	6,540	5.2	……	5.9	……	……	……
47 マルタ	361	0.30	7,970	3.2	4.2	2.3	76	……	……
48 バーレーン	533	0.70	8,030	−2.9	……	−0.3	72	31	23
49 米領サモア	51	0.20	d	……	……	……	……	……	……
50 アルバ	69	0.20	d	……	……	……	……	……	……
51 仏領ギアナ	134	90.00	d	……	……	……	……	……	……
52 ジブラルタル	28	0.01	d	……	……	……	……	……	……
53 グアドループ島	413	1.70	d	……	……	……	75	……	……
54 グアム	143	0.50	d	……	……	……	76	……	……
55 マン島	72	0.57	d	……	……	……	……	……	……
56 リビア	5,044	1,759.50	d	……	18.4	0.2	64	50	36
57 マカオ	381	0.02	d	……	……	8.5	……	……	……
58 マルチニーク島	371	1.10	d	……	……	……	76	……	……
59 マイヨット島	101	0.37	d	……	……	……	……	……	……
60 蘭領アンティル	195	0.80	d	……	……	……	73	……	……
61 ニューカレドニア	176	18.60	d	……	……	……	72	……	……
62 レユニオン島	633	2.50	d	……	……	……	74	……	……
63 キプロス	726	9.20	10,380	4.9	……	5.2	77	……	……
64 バハマ	268	13.90	11,420	1.4	6.4	4.2	73	……	……
65 カタール	524	11.00	15,030	−7.2	……	……	72	……	……
66 アイスランド	263	103.00	24,950	1.2	35.0	25.4	78	……	……
67 ルクセンブルク	396	3.00	37,320	2.8	6.9	5	76	……	……
68 アンドラ	61	0.40	e	……	……	……	……	……	……
69 バミューダ島	62	0.05	e	……	8.4	9.1	……	……	……
70 ブルネイ	274	5.80	e	……	12.6	−5.1	74	……	……
71 ケイマン諸島	29	0.30	e	……	……	……	……	……	……
72 チャネル諸島	146	0.19	e	……	……	……	……	……	……
73 フェロー諸島	47	0.40	e	……	……	……	……	……	……
74 仏領ポリネシア	211	4.00	e	……	……	……	70	……	……
75 グリーンランド	57	341.70	e	……	……	……	……	……	……
76 サンマリノ	24	0.10	e	……	……	……	……	……	……
77 米領バージン諸島	104	0.30	e	……	6.9	3.9	……	……	……

［出典］ *World Development Report 1995.*

表３　諸国の所得・地域別分類（1995 年）

所得別	サブ分類	サブ・サハラ・アフリカ 東・南部アフリカ	サブ・サハラ・アフリカ 西アフリカ	アジア 東アジアと太平洋	アジア 南アジア	ヨーロッパと中央アジア 東ヨーロッパと中央アジア	ヨーロッパと中央アジア その他のヨーロッパ	中東と北アフリカ 中東	中東と北アフリカ 北アフリカ	南北アメリカ
低所得		ブルンジ コモロ諸島 エリトリア エチオピア ケニア レソト マダガスカル マラウイ モザンビーク ルワンダ ソマリア スーダン タンザニア ウガンダ ザイール ザンビア ジンバブエ	ベナン ブルキナファソ 中央アフリカ チャド コートジボワール 赤道ギニア ガンビア ガーナ ギニア ギニア＝ビサウ リベリア マリ モーリタニア ニジェール ナイジェリア サントメ・プリンシペ シエラレオネ トーゴ	カンボジア 中国 ラオス モンゴル ミャンマー ベトナム	アフガニスタン バングラデシュ ブータン インド ネパール パキスタン スリランカ	アルバニア アルメニア ボスニア・ヘルツェゴビナ グルジア タジキスタン		イエメン	エジプト	ガイアナ ハイチ ホンジュラス ニカラグア
中所得	下	アンゴラ ボツワナ ジブチ ナミビア スワジランド	カメルーン カーボベルデ コンゴ セネガル	フィジー インドネシア キリバス 北朝鮮 マーシャル諸島 ミクロネシア連邦 北マリアナ諸島 パプアニューギニア フィリピン ソロモン諸島 タイ トンガ バヌアツ 西サモア	モルディヴ	アゼルバイジャン ブルガリア クロアチア チェコ カザフスタン キルギス ラトビア リトアニア マケドニア モルドバ ポーランド ルーマニア ロシア スロバキア トルクメニスタン ウクライナ ウズベキスタン 新ユーゴスラビア	トルコ	イラン イラク ヨルダン レバノン シリア 西岸ガザ	アルジェリア モロッコ チュニジア	ベリーズ ボリビア コロンビア コスタリカ キューバ ドミニカ国 ドミニカ共和国 エクアドル エルサルバドル グレナダ グアテマラ ジャマイカ パナマ パラグアイ ペルー セントビンセントおよびグレナディ諸島 スリナム

	上	モーリシャス マイヨット島 レユニオン セイシェル 南アフリカ	ガボン	米領サモア グアム 韓国 マカオ マレーシア ニューカレドニア		ベラルーシ エストニア ハンガリー スロベニア	ジブラルタル ギリシア マン島 マルタ ポルトガル	バーレーン オマーン サウジアラビア	リビア	アンティグア・バーブーダ アルゼンチン アルバ バルバドス ブラジル チリ 仏領ギアナ グアドループ島 マルチニーク島 メキシコ 蘭領アンテイル プエルトリコ セントキッツ・ネイビス セントルシア トリニダード・トバゴ ウルグアイ ベネズエラ
高所得	OECD諸国			オーストラリア 日本 ニュージーランド			オーストリア ベルギー デンマーク フィンランド フランス ドイツ アイスランド アイルランド イタリア ルクセンブルク オランダ ノルウェー スペイン スウェーデン スイス 英国			カナダ 米国
	非OECD諸国			ブルネイ 仏領ポリネシア 香港 シンガポール 台湾			アンドラ チャネル諸島 キプロス フェロー諸島 グリーンランド サンマリノ	イスラエル クウェート カタール アラブ首長国連邦		バハマ バミューダ諸島 ケイマン諸島 米領バージン諸島
計	210	27	23	34	8	27	28	14	5	44

［出典］ *World Development Report 1995.*

第四章　グローバリゼーションの国際法秩序形成に及ぼす影響

はじめに

二〇世紀に国際法秩序形成に大きな影響を与えた二つの現象がある。一つは六〇年代にピークを迎えた非植民地化（decolonization）であり、他は九〇年代に入りとくに語られるようになったグローバリゼーション（globalization 世界化）である。非植民地化は、周知のように、大航海時代に端を発するヨーロッパの膨張、拡大から生まれた植民地が一八～一九世紀の南北アメリカ諸国の独立という第一次非植民地化を経て、第二次世界大戦の後、いわば第二次の全面的な非植民地化が始まり、今日に至ったものである。記念碑的文書としてわれわれは一九六〇年に国連総会の採択した植民地独立付与宣言（A/Res/1514(XV)）をもっている。これに対して、グローバリゼーションはヨーロッパ諸国の膨張と同じ時期を並行的に進んできたヨーロッパの近代化の帰結として現在あるが、冷戦終了後には冷戦体制に替わる世界体制としても論じられるようになり、その意味は論者により必ずしも一定ではない。グローバリゼーションの始期について一六世紀をあげる論者からすれば、そして、グローバリゼーションが近代化の帰結ないし強化であるとすれば、ヨーロッパの近代化の生み出した一つがヨーロッパによる植民地化であり、他の一つがグローバリゼーションということになる。その意味ではいずれもヨーロッパの近代化の所産であり、植民地が解放され植民地支配がほぼ終焉を迎えつつある時期に急速に広がりと深まりを見せてきたグローバリゼーションに新植民地主義の臭いを嗅ぎ取るのも無理からぬことである。本稿では意義の必ずしも定まっていないグローバリゼーションについて考察を進め、その現象面から入って国際法秩序形成に与える影響について考えようとするものである。しかし、世界法学会の二〇〇四年研究大会の統一テーマの包括的・結論的報告としてテーマを与えられ考察を進めてきたとはいえ、なお覚書の域を出ていないことをはじめに告白しておかなければならない。

一　グローバリゼーション

グローバリゼーションという用語は、社会科学では、記述的な意味でも、規範的な意味でも、用いられる。

グローバリゼーションは、科学技術の発達の結果、人間、財、情報などが地球の遠隔地間を短時間ないし瞬時に移動できるようになった状態、あるいはこれに伴って、地球的な規模でさまざまな現象の間に関係が生まれ、地球上のすべての地点間に、社会的・文化的・経済的・軍事的な相互依存関係が成立する状態をいう、と、とりあえず言うことができる。武者小路によれば、「このような状態は、歴史的には、一六世紀に西欧で始まった近代国家と資本主義経済が、全地球をその国家間＝国際社会と世界市場の中に包み込むに至った段階の特色であるということができる」（武者小路二〇〇三、一五頁）。

(1)　一九世紀中葉の国際法の世界化

ところで、国際法学では問題をどのように捉えているのか。周知のように、日本は幕末に開国した。この開国は一八五四年の神奈川条約、一八五六年の安政条約という条約の締結によってなされたもので、欧米諸国間に適用されてきたのと同一の基準つまり国際法基準に基づいて日本は、それまでの東アジア社会のルールを離れ、初めて条約を結び、「国際社会」に入った。それまでのヨーロッパは拡大を続け、植民地化や開国によって国際法の適用範囲を広げ、太平洋の東と西から延びてきた鎖が日本の開国によって結ばれ、環になったのである。それまでの国際法は欧米のものであったが、日本が入ることによって、国際法の普遍化が実現した。全世界が一つの国際法の下に立ったのである。

当時の現実的な基盤を技術革新の点から見れば、日本の開国を迫った黒船つまり蒸気船は、北海・英仏海峡＝ニューヨーク間を、一八四〇年に帆船で一四日要していたものを、一八八〇年には七日で走った。一八六九年にスエズ運河が開通するや、ロンドン＝日本間は、約一〇〇日の旅程から四七日となったのである。

(2)　九・一一のニューヨークの映像の世界同時性

さて、(二〇〇一年）九月一一日夜私は珍しく自宅のソファーにくつろぎながらテレビを見ていた。そこへ飛行機が世界貿易センタービルに突っ込んでいく映像が飛び込んできた。そしてビルの崩壊である。衝撃であった。ニューヨークのあの映像の世界同時性が現代を写しだしている。宇宙衛星技術の登場によって、Herring と Litan の調査（IMF 1997 World Economic Outlook May, 46）では、ニューヨークからロンドンへの三分間の通話料金は、一九三〇年に二四四・六五ドルであったものが、一九七〇年には三一・五八ドルとなり、一九九〇年にはわずか三・三二ドルになっている。私は、一九六九年―七一年のフランス留学の折り、東京の家族に電話するのに郵便局まで出向き電話を申し込んでしばらく待って、高い料金を払っていたことを思い出す。

現代は、このように、科学技術の発達の結果、人間、財、情報などが地球の遠隔地間を短時間ないし瞬時に移動できるようになったし、これにともなって、地球的な規模でさまざまな現象の間に関係が生まれ、地球上のすべての地点間に、社会的・文化的・経済的・軍事的な相互依存関係が成立する状態になっている。前述のように、このような状態がグローバリゼーションと呼ばれる。

(3)　一九九〇年代末のアジア経済危機——国家のコントロールの限界

一九九七年夏から始まったアジア通貨危機は、比較的健全な財政バランス、物価の安定、高い貯蓄率を維持していた東アジア諸国を襲ったという点で、従来の途上国の通貨・債務危機とは様相が大きく異なっていた。一九九七年前半からタイ・バーツに対する売り圧力から、夏にはタイ政府はバーツ切り下げに追い込まれた。このころから、フィリピン・ペソ、マレーシア・リンギット、インドネシア・ルピアに対する売り圧力も強まり、これらの通貨も切り下げを余儀なくされた。台湾ドルが下落した一〇月下旬から韓国ウオンも一一月下旬に至り切り下げざるを得なかった。これらの現象は、周知のように、バーツの切り下げをきっかけに、アジア各国からの資本流出が強まり次々と通貨金融危機に陥ったものである。アジア通貨危機はラテンアメリカや東欧諸国、ロシアにも通貨の売り圧力として伝播した。本稿はアジア通貨危機の原因やその影響について論じるものではない。そもそも筆者にはその力もない。ただ確認したいことは、この危機に際して国家は為すすべを知らなかったということである。

こうした国家の限界を示すものは他に多くの例を引くことができる。スーザン・ストレンジは『国家の退場』のなかで、グローバル経済の新しい主役たちとして、衰退しつつある国家権威を語り、経験的な証拠を掲げ、国家を超える権威、テレコム――コミュニケーションの管理、組織犯罪――マフィア、保険ビジネスーリスク・マネジャー、ビッグ・シックス――六大監査法人、カルテルと私的保護主義、国際機構――経済貴族、に各一章をあてて論じている。国家の変容は明らかである。

(4)　いくつかの議論

以上のように、グローバリゼーションという用語はいろいろな意味で用いられる。

記述的用語としては、「社会相互間の関連性が増加し、その結果、世界の一部で起きた出来事がはるか離れた場所の人々や社会に対して与える影響が増加していくプロセス」を意味し、「社会関係および経済活動の空間的組織の変革を具現するプロセス（または複数のプロセスの組）であって、その広がり（extensity）・強度（intensity）・速度（velocity）・そして効果（impact）の点から評価され、大陸または地域にまたがる、活動・相互作用およびパワー行使のネットワークとフローを生み出すもの」と定義される（佐藤誠・安藤次男二〇〇四、三一一頁（シャーニー））。

また、経済用語としては、国際的な貿易、金融、情報のフローが単一の統合された世界市場において拡大・深化することを意味する。

さらに、政治的には、政治構造の民主化・権利法制の標準化を含んでいる。そして、国家および開発志向エリートにとっては、グローバリゼーションは、規範的に用いられる語であって、政策的オプションを示すもので、貿易・金融および情報の自由なフローによって成長と人間福祉にとって最良の結果がもたらされるであろうという信念によって、国内市場および世界市場の自由化が好ましい政策とされるのである。（同上、三一一頁（シャーニー））。

こうしたことはいろいろな論者によって語られる。ミッテルマンによれば、グローバル化の現象は、「生産の空間的再組織化、国境横断的な産業の相互浸透、金融市場の拡大、同一消費財の遠隔諸国への拡大、大量の人口移動の結果としての移民、以前にはしっかり組み立てられた近隣集団における確立された共同体との紛争、世界大の（普遍的ではないが）民主主義への選好の発生」である。（ミッテルマン二〇〇二、二一頁）

文化帝国主義を論じ、グローバリゼーションを取り上げるトムリンソンは言う。

グローバリゼーションとは、近代の社会生活を特徴づける相互結合性と相互依存性のネットワークの急速な発展と果てしない稠密化を意味する（トムリンソン二〇〇〇、一五頁）。マグルーはグローバ

リゼーションについて、「単にグローバルな相互結合性の強化を意味するにすぎない」と述べ、さらに、それが内包する結びつきの多様性を強調する。「今日においては、商品、資本、人材、知識、イメージ、犯罪、汚染物質、麻薬、ファッション、信仰などといったものがみな、容易に地域の境界線を越えて流れる。多国間のネットワーク、社会的な運動や関係は、学問的な領域から性的な領域に至るまで、ほとんどすべての領域に広がっているのだ」（McGrew 一九九二、六五、六七頁）。ここに示唆されている結びつきは、トムリンソンによると（一五―一六頁）、数多くの異なる様式で存在するということである。その様式は、世界的に増幅しつつある個人と集団の社会的・制度的関係から、国境を越える商品や情報や人材や慣習の「流れ」の増大という概念、さらには高速な航空運輸の国際的システムや、文字どおり「電線で結ばれた」電気通信システムなどといったテクノロジーの発達によって与えられたより「具体的」な様式に至るまで、実にさまざまなものがある。

またトムリンソンは言う（五七頁）、グローバリゼーションは我々が「文化」を概念化しようとするときの邪魔になる。なぜなら、文化というのは、長い間、固定されたローカル性という概念に結びつけられてきたからである、「一つの文化」という考え方は、意味構築をいつの間にか特定の場所と結びつけてしまう。イードの言うように、「文化の概念の社会学的な取扱いにおいては、昔から、境界があることや団結していることを強調するのが主流であった」。特に、集団的な意味構築を、おもに社会の統合という目的に役立つものとして扱う機能主義の伝統においてはそうである。ゆえに、「一つの文化」とは、境界のあるものとしての「一つの社会」という問題の多い概念と並行するもの

(Mann 一九八六) であり、それは政治的領土 (おもに国民国家) として地図に描かれる物理的領土を占有し、個人の意味構築をこの境界線のある社会的・政治的空間に縛りつけるものであると考えられる。グローバリゼーションは多様なローカル性が場所に縛り付けられた意味の中に侵入して来るばかりではなく、文化と場所の固定制を最初からセットにする考え方を危うくしてしまうからである。

ところで、法は文化であり、法の世界とくに国内法における近代法・現代法論争とは異なり、グローバリゼーションについては、ギデンズのように、グローバリゼーションとは近代性のグローバルな拡大であると強く主張する論者がある (ギデンズ一九九三)。このことはトムリンソンもギデンズのことを「最も強力な唱道者」と認めている (トムリンソン二〇〇〇、一一〇頁)。ギデンズはモダニティは本来的にグローバル化する、という。ギデンズはモダニティ徹底化論者である (グローバリゼーションはモダニティの直接の産物であるとするギデンズの論には宗教的要因等が欠けているとして強く批判するローランド・ロバートソン一九九七参照)。

グローバルな近代性の中心的概念は、時間と空間の社会的組織化というエポック的な変化をきっかけに進展してきた社会的・文化的状況であり、今の時代の複合的結合性を理解するための非常に強力な手がかりである (トムリンソン二〇〇〇、一二六頁)。

国際法学においては、周知のように、近代法と現代法の区別については、いくつかの分類基準が論じられ、国際法における力＝武力の位置づけ、キリスト教国・文明国・平和愛好国という文明史的議論、あるいは、非植民地化による国際社会の変容が論じられた (芹田一九九六)。

ポスト・モダニティ論では、大量生産――大量消費に焦点が当てられ、Fordism（フォード方式）――Post-Fordism が論じられる。これは時代的には一九七〇年代のオイルショックを境にしており、グローバリゼーション前夜のことと言えよう。

さて、国際法および国際関係論の立場は国民国家システムの発達の観点であった。ギデンズによれば、国際関係論者は、ヨーロッパにおける国民国家システムの起源とその後の世界規模での国民国家システムの普及を分析しようとしている。国民国家は、国際社会という舞台で互いに、さらには、国境を越えた他の組織――政府間組織や非国家的行動体とかかわり合いをもつ行為者とみなされる。そして、独立主権国家は、最初、自国領土内でほぼ完全な管理的手段を保有する個別の存在として多くの場合出現していったと考えられている。しかし、やがて政府間組織が急速に増加する傾向となるのである（ギデンズ一九九三、八七頁）。なぜそうなるのか、たとえばウォーラーシュタイン（北川稔訳『近代世界システム』（岩波書店、一九八一）は、世界資本主義経済を中心に据えて論じる。すでに国民国家だけでは説明できないからである（ギデンズによる批判については、ギデンズ一九九三。ウォーラーシュタインについては、本田健吉他訳『脱＝社会科学――一九世紀パラダイムの限界』（藤原書店、一九九三）参照）。

確かに、近代社会の特徴を示すものは、資本主義、国民国家であるが、それのみならず近代の文化的状況を決定する要因としてのマスコミもある。近代資本主義は科学技術や経済の面では強いが、文化の面では「弱い」（トムリンソン一九九三、三三八―三三九頁）。トムリンソンによると、グローバリゼーションは、一九六〇年代までの近代を特徴づけてきた「帝国主義」にかわるものだが、この上なく一貫性のない、あるいは文化的目標を持たないプロセスであるという点で、帝国主義と異なる。確かに、帝国主義は経済的、政治的な意味では曖昧なものであるが、少なくとも目的を持った企てという概念、ある権力中枢から地球全体に向かって一つの社会体制が意図的に拡張されるという考え方だけは持っている。他方、グローバリゼーションは地球上のあらゆる地域の相互連絡や相互依存を意味するが、帝国主義よりもはるかに無目的な方法で行われる。これらの作用は、経済活動や文化活動の結果として生じるものであるが、そうした活動自体は決して世界統合などを目指したものではない。さらに重要なことは、あらゆる国民国家の文化的一貫性を弱める効果があることである（トムリンソン一九九二、三四二頁）。

しかし、一九九五年にニューヨーク・タイムズの『世界の動き』のコラムを書き始めたトーマス・フリードマンは、最初「冷戦後の世界」という言葉を用いていたが、冷戦システムに替わる有機的な仕組みとして明確に「グローバル化システム」を捉え、すべての国の国内政策と外交政策を方向づけるものと認識している。彼は、次のように見ている。国際システムとしての冷戦には、外交政策としてはどちらの超大国も相手側の縄張りを侵さないなど独自のルールがあった。技術的には核兵器と第二次産業革命という特徴があった。また、核による絶滅の不安があった。これに対し、グローバル化システムは、変化のない冷戦システムとは異なり、絶えず進行形の動的プロセスであり、市場、国家、技術の情け容赦ない統合を伴い、これを推し進める概念としては自由市場資本主義があり、自由貿易と自由競争に開放すればするほど経済効果も上がり景気が良くなると考える。そして経済の開放、規制緩和、民営化といった独自の経済法則がある。また、独自の支配的な文化があり、世界の均質化を推し進めている。コンピュータ化、小型軽量化、デジタル化、衛星通信、光ファイバー、インターネットなどの特徴的な技術がある（フリードマン二〇〇〇上、二八―三〇頁）。

また、次のようにも見ている。冷戦システム下で多額の小切手を振り込んだソ連や米国はもはやない。国が多額の小切手をもらいに行ける先は、ただひとつ、電脳投資家集団だけ、彼らは一国の愛情や同盟を勝ちとるために白地小切手を振り出しはしない、利益を得るために投資の小切手を切る（下、二一頁）。電脳投資家たちは、国家のように戦争をしかけたり、他の国を侵略したりはできないが、多くの領域で国家の動向を決めることができる。だからこそ、フリードマンは、冷戦システムが国家間のバランスに基づいたシステムであるのに対して、グローバル化システムは、国家間のバランスに加え、国家と電脳投資家集団と超大市場との間のバランスに基づくシステムだ、と主張する（上、一五六頁）。

富を得る鍵が国がどのように領土を獲得して、所有し、搾取するかである世界から、国または企業がどのように知識を蓄積して、共有し、収穫するかである世界へと移行しているのである。大戦争が起きるのはひとえに大国がこれを望むからであるが、今日のグローバル化システムの中にいる大国の第一の本能は、争いに首を突っ込まない、である。今日の地域軍事紛争は、冷戦時代のようにおのずとグローバル化するのではなく、ゲットー化する傾向がある。ドミノ理論は、かつて政治の世界に属したが、今日では金融の世界に属している（下、二五頁）。

また戦争について、フリードマンは、ツキディデスがペロポネス戦争の歴史を語る中で国々は、名誉、恐怖、利害の三つの理由のどれかによって戦争に向かう、と述べているのに言及し（下、一〇）、しかし、戦争に訴える国々の代価を今日のグローバル化システムが著しく引き上げている、と言う（下、一二）。たとえば、両岸関係について、グローバル化時代には中国と台湾には経済の相互確証破壊があって両国ともそれを承知している、と言うのである（下、二三頁）。

グローバリゼーションには、このように、いくつもの議論がある。現象としては、地球の縮みを言うことができるであろう。

二　国際法の基本観念に対する影響

(1)　The Global Community の成立

国際社会をどういうものとして理解するかは論者によって異なる。国際法が、しかし、一七世紀のウェストファリア条約によってその誕生を確認された主権国家からなるヨーロッパ社会で生成発展してきたこと、および、主として主権国家間の利害の調整のための法であったことは否定されない。「共存の国際法」と「協力の国際法」の併存を認める小寺彰も「第二次大戦後は政府間国際組織の活動が活発化し、また最近ではＮＧＯ等の非国家行為主体の活動が盛んになってきたが、国家によって構成されるという国際社会の基本構造は現在でも原則的に維持されている。国際法は、このような国家によって織りなされる国際社会を規律する法である」（『パラダイム国際法』6）と認識している。そこで、「諸国の共通利益」と「国際社会の一般利益」とを区別するが、前者が条約当事国に共通の利益であり、後者は「国際社会全体の利益」と称するものの、全国家に関わる利益のことであり、国家を離れた人類社会の利益というものでは必ずしもない。もちろん、理想的な人類社会の法のみを語ることはできない。現実は、国家からなる国際社会と、国家を離れたところにある人類社会とのせめぎ合いのなかにある、というのが正確なところであろうか。しかし、そのように考えなければ、たとえ国家による立法であっても、人類の良心の表明とか、人類の遺産とか、の名において語られるものの支持基盤は危うい。

ところで、人類社会つまり世界共同体という意味での普遍的国際社会は成立しているのであろうか。本当に国家を離れた、あるいは国家を脱した、つまり国家間社会とは異なる社会が地球規模で存在するのであろうか。その萌芽はあるのであろうか。少なくとも、二〇世紀はじめでさえ、「人類の福利」とか「文明の要求」あるいは「人道の法則」「公共良心の要求」（陸戦の法規慣例に関する条約前文）ということが語られているのであるから、二〇世紀はじめとは異なる共同体意識の醸成が今日見られるのかを検証しなければならないであろう。

宗教に大きな役割を認めるローランド・ロバートソンは、グローバリゼーションが概念的に「世界の圧縮と世界を一つの統一体として見る意識の強化の双方を指す」（Robertson 1992 : 8）という。また国際法学者であって社会学者ではないが、グエン・コク・ディンは、一九八七年の著作のなかですでに次のように述べている（芹田一九九六、一八二頁）。

諸国民の間の相違があるにしても、それは諸国が一緒に生きようとする意思から生じる必然的主観的要素を排除してしまうものではない。他の共通信念――倫理観の一般的同一性、正義の一般的感情、平和への一般的希求、経済的相互依存、低開発に対する闘争の必要性の普遍的承認がこれを強化している、諸国民の連帯は世界規模では弱いかもしれない。しかし、国際共同体（communauté）（あるいは国際利益社会（société））の存在とその結合力とを混同してはならない。また、どの程度のものであれ、「国際共同社会」と「国際利益社会」という表現は、今日競合的に使用されている。「国際共同社会」という表現が人々にますます意識され、事実において絶えず進展している国際連帯を一層強調しているのは確かである。

すでにいくつかの議論で紹介してきたが、とくにグローバリゼーションのもつ脱領域化現象や地球の縮み現象は少なくとも萌芽的ではあれ人類社会が存在し、それを支える共同体意識が醸成されていることを示していると言えよう。その昔、田中耕太郎は、満州事変勃発の翌年一九三二年に『世界法の理論』第一巻を上梓し、世界法の世界社会的基礎を論じ（新版、春秋社、一九五四）、国際法が国際社会の発達とその組織化および国際的正義観念の徹底により、超国家的基礎を得、萬国法化すなわち世界法化しつつある、と述べ、「国際法の超国家性は世界各国民の間の連帯関係に世界経済の存在よりして認め得らるるのであるが、斯くの如き実証的見地のみに立つに於いては、各国民の連帯関係、殊に世界経済は、事実に於いて全世界を網羅するものでないから、国際法は世界全人類を網羅するに至らないこと、エリネック流の法実証主義の見地に於けると異なるところはないのである」（第三巻、三五八―五九）と批判し、自然法の立場に就かなければならないことを表明した。しかし、経済のグローバリゼーションの現状は、田中の言う実証的見地からでも十分に証明されることを示している。

(2)　グローバリゼーションと具体的国家観

グローバリゼーションは市場主義や民主主義といった普遍化のための強制を伴い政治的干渉がしばしば行われている。新たな衣をまとった植民地主義にもなりかねないし、国際法の内容を希薄化させ、形式化させてもいる。

ところで、二〇世紀の前半に国際法の内容の希薄化、形式化に対して強烈に抵抗したのは、その善し悪しは別として、第一次世界大戦の敗戦後天文学的賠償を課せられたドイツの学者カール・シュミットであった。シュミットは「域外列強の干渉禁止を伴う国際法的広域秩序」（シュミット・シュテルス一九七六、一〇四頁）において、「普遍主義的、世界包括的概念は国際法において干渉主義の典型的武器であ」り、「ローズベルトとウィルソンによるモンロー主義の普遍化は、不干渉という真の広域原理を無制限な干渉主義へと改竄するものである」（同一一一頁）と言い切った。歴史的に、モンロー主義と大英世界帝国交通路安全保障原則（広域原理・生存圏と通路、地域思惟と通路思惟）を対比し、普遍主義＝人道主義的世界法と具体的広域内において思考される国際法の相違を考え、「（イギリスのような）世界帝国に必要なものは、国際法ではなくして普遍的な世界法と人類法なのである。にもかかわらず、国際法学の体系的、概念的作業は、……従来一般にライヒを知らず、国家を知るのみであった。政治史の現実には勿論常に指導的大国が存在した。……しかし法的概念形成は『国家』という一般概念を、そしてすべての独立・主権国家の法的平等に固執した。国際法主体の真正な序列は、国際法学では原則上無視された。事実上の質的差異は、幾多の道理に適った議論にもかかわらず、（イギリス、フランス等の牛耳る）ジュネーヴ国際連盟法学の下ではいかなる率直かつ一貫した承認も与えられなかった――国際法的平等の擬制が、正にジュネーヴ国際連盟において、英仏の公然たる覇権の下であらゆる真理と現実を絶えず踏みにじったにもかかわらず」という（同一一二頁）。

このくだりは、私の「具体的国家観」（芹田一九九六）の主張に類似しているように思えるが、シュミットのライヒは広域原理の下での指導的国家、保障国家、保護国家であり、第二次世界大戦の折りの日本の広域国際法、大東亜共栄圏と指導国家日本の主張につながり、この議論は到底認め難いが、シュミットの主張をいま少し聞いてみよう。

シュミットは次のように言う。「我々の空間概念の尺度と規準は実際上根本的に変化した。このことは国際法の発展にとっても、決定的意味を持っている。脆弱な中欧と西欧列強を背景にした一九世紀のヨーロッパ国際法は今日では巨人の陰に蔽われた小世界のように見える。その境界はもはや現代考えられる国際法には適合しない。今日我々が考えるのは地球的にであり広域的にである。……来るべき地域計画は不可避なものである。この状況においてドイツ国際法学に課せられた課題は、従来の国家間的思惟の単なる保守的な持続と西欧民主主義諸国の推進する普遍主義的世界法への非国家的かつ非民族的な移行との間において、そのいずれにも就かずかつ我々の今日の世界像の空間的尺度および国家と民族に関する我々の新しい概念にともに適合する具体的な広域秩序の概念を見いだすことにある。それは我々にとって、一定の世界観的理念および原理により支配された――域外列強の干渉を排除しかつこの任務に堪えると認められる民族を保障者、監護者とする――広域秩序としてのライヒの国際法概念でしかあり得ないのである」（同一二九―一三〇頁）。

ところで、なぜ二一世紀の今日カール・シュミットをもちだすのか。それは、グローバリゼーションを推し進めるアメリカが、とくにいわゆる九・一一以後国際社会との協調ではなく単独行動で世界をリードする傾向が強く、志を同じくする国家で組む有志連合の形で具体的に物事を進めようとする指導的国家の道を歩いているかに思えるからであり、また普遍主義を標榜しているかに見えてアメリカの国益を前面に押し出しているからである。そして何よりも、グローバリゼーションに対抗する地域的大国が地域的ヘゲモニーを握るリージョナリズムの傾向が見えるからである。こうしたアメリカに対する批判としてもカール・シュミットの論法は鋭いものがある。しかし、周知のように、「広域とライヒ」とは、カール・シュミットが断言するところによれば両者は「何ら帝国主義と共通するものをもたない」にもかかわらず、歴史が示すように、ドイツ武装資本主義（Rustungskapitalismus）の採る経済的・資本主義的膨張を支持する代表的理論となったのであった（シュルテスによるシュミット批判：シュミット・シュテルス一九七六、二一〇頁）。

したがって、シュミットの言う「国際法学では原則上無視された」「国際法主体の真正な序列」や

「事実上の質的差異」は考慮に値するが、出発点としての国家平等は譲ることができない。近代国際法の大きな支柱である主権平等原則は、ヨーロッパ諸国が政治・経済・社会制度に一定の同質性をもっていたので、国内法における「抽象的人間」がそうであったように、いわば「抽象的国家」という形式性をまとって成り立つことができたのである。しかし、今日の国際社会はあまりにも差異の大きい諸国を含んでおり、抽象的国家を基礎に据えた同等者相互間の利害調整・協調の法としての国際法は変質を迫られている。

国内法においては、人間を自由に行動する立法者である平等な法的人格＝権利能力者として、いわば抽象的に捉えた時代から、人間の種々の面における不自由と、その結果生じるある種の者――端的には富者の自由と、他の種の者――端的には貧者・弱者の不自由とを率直に認め、社会的・経済的立場や職業の差異に応じたより具体的な人間としてこれを捉え、そのような弱者を保護する時代に至ったのであり、社会法が登場したのである。ラートブルフの言うように、「社会法を、たんに、経済的弱者の保護と厚生に思慮深く注意する法だと解するならば、この社会法の発展を根底において理解するものではない。社会法は、むしろ、すべての法的思惟の構造の変化にもとづくものであり、人間についての新しい理解にもとづくものである。社会法は、……具体的な社会化された人間を目的とする法である」(「個人主義的法から社会法へ」ラートブルフ著作集第八巻所収)。この意味で、強者・富者に有利に働く抽象的国家観に基づく形式的平等から具体的国家観に基づく実質的平等へと、国際法も歩まねばならない。グローバリゼーションに対抗して囁かれるローカリゼション・地域化が地域の大国による囲い込みとならないためにも必要なことである（なお、大東亜共栄圏論における普遍主義批判の批判的検討について、松井芳郎「グローバル化する世界における『普遍』と『地域』」『国際法外交雑誌』一〇二巻四号参照）。

(3)　territorial sovereign State 観への影響

国際法は主権領域国家をその基盤として成立してきた。このことは国際法における管轄権の配分が場所を第一原則としていること（属地主義）にも現れており、管轄権の配分は続いて人的、事項的に定められている（属人主義、保護主義）。こうした国際法の territorial 原則に対して、グローバリゼーションの脱領域的 de-territorial な作用はどのような影響を及ぼすのであろうか。

経済的には国家を超える私企業はいわゆる多国籍企業として数多く存在する。経済力で測ればG－8に続く多国籍企業も存在する。しかし、企業と国家との決定的相違は、かつての東インド会社を別とすれば、企業は領域も暴力手段も有していないことであり、暴力手段の管理は今でも国民国家の独占である（ギデンズ一九九九参照）。確かに経済活動の面ではすでに国境の壁は低くなり、経済活動は脱領域化している。いずれか一つの国家の規制に服させることはできない。これはいわゆる国内法の域外適用の問題として俎上にのった。問題の核心にあるのは域外適用を認めても執行できるかであり、アメリカを除く多くの国は域外適用の結果を域内では執行できない。アメリカに事業拠点や多額のドル資産をもつ多国籍企業を中心にするアメリカ主導のグローバリゼーションによる

de-territorialな作用であるとすれば、それは紛争の増大を生み出すであろう。

法は、しかし、先述のように、文化であり、文化を論じるトムリンソンに言わせれば、脱領域化は、グローバルな近代に特有の文化的経験の様式を理解するための一つの妥当な考え方だと思える。そしてその様式は、歴史上どの文化も持っていると考えられる流動性や移動性や相互作用などの一般的特性と区別されるべきものである（トムリンソン二〇〇〇、二二五頁）。

脱領域化の経験とは、強みと弱み、チャンスとリスクが複雑に混じり合った、非常に曖昧なものである（同二三四頁）。脱領域化を経験するにあたって決定的に重要なのは、豊かさのレベルではなく、グローバルな近代性のさまざまな影響を受けた結果として、地域の束縛から「引き抜かれた」生活を送っているかどうかである（同二三七頁）。これは第一世界に住む人だけにかぎられず、第三世界の住人の一部はまさにこの不均等なグローバリゼーションのプロセスの中に置かれているだけに第一世界の人よりも敏感に痛切に受けとめている（同二三七頁）。雑種性は、異文化同士の交流が活発化することによってもたらされる。異なる領士の文化同士の混じり合いであり、交流は移民のプロセスを指し、グローバルな近代が生み出したものである（同二四八頁）。

脱領域化が文化にあたえる影響が地域の文化に支えられた法文化を世界標準に近づけるものであるとすれば、ローカルな特色を維持し続ける素晴らしい法文化を創ることになる。この点では、いち早く世界法の理論を唱えた田中耕太郎が商法学者であったことは注目に値するし、「人権」が世界を巡ったことも指摘しておかなければならない（芹田二〇〇三「日本による人権の受容と実施」参照）。

(4)　国際法主体の多様化
――社会権力の行動規範と市民社会（civil society）の役割の重要性

国際法主体の多様化の議論はすでに六〇年代に始まっていた。たとえば、国際法の構造変化を六〇年代に説いたウオルフガング・フリードマンは、「行動主体のタイプと行動主体の役割の増大」と言い、その他にも「国際社会の行動主体の多様化」が論じられた（芹田一九九六、一七九頁）。当初は、国際機構や民族解放団体、さらに個人の国際法主体性が論じられ、次いで、企業が、そして、NGOが論じられるようになった。現在では、利益を追求する私的セクター（private sector）や統治に関わる公的セクター（public sector）を除く、家族・友人・企業の外の市民団体である市民社会（civil society）の役割が論じられている。国連事務総長の求めで国連の支持母体である市民社会との連携の強化・深化の必然性を指摘した〇四年六月一一日の国連の Cardozo 報告（A/58/817）によれば、市民社会とは、私的セクターと公的セクターと並ぶものとされ、とくに公益的NGO、たとえば環境、開発、人権、平和NGOがこれには含まれるのである。国連の場合は国連が国際組織であることから当然のことながら第一の支持母体は国家であるが、国家間組織としての機能を超えて人類社会の組織としての性格を近年著しくもつようになってきたので、国家と並ぶ市民社会に拠り所を求めざるを得ないのである。

ところで、企業とくに多国籍企業の国際法主体性の議論は、こうした企業が途上国の天然資源開発や公共事業に携わってきたことから、先ず、国家と企業の間で結ばれるコンセッション協定の法的地位を巡って争われ、次いで、こうした企業による人権侵害事例の多発がＮＧＯによって報告されるようになって企業責任が問われるようになった。企業の行動規範については、周知のように、国連やＯＥＣＤなどの場で種々の試みが行われてきた。最近には、一九九九年のダボス会議（世界経済フォーラム）でアナン国連事務総長が提唱して設けられたグローバル・コンパクト（企業による国際的行動規範の履行を確保する枠組み）がある。しかし、単なる倫理規定には限界があり、法的メカニズムを設けるべきであるとする動きは絶えず、国連人権小委員会は多国籍企業作業部会を設け二〇〇三年に「人権に関する多国籍企業その他の企業の責任に関する規範」を採択した（以上について一般に、アジア太平洋人権情報センター『アジア太平洋人権レビュー二〇〇四――企業の社会的責任と人権』現代人文社参照）。

さて、この人権小委員会の提案の運命がどうなるかは別として、多国籍企業が社会的権力として活動していることから、何らかの国際法的規制は必然であろう。国内法の場合、企業の人権侵害の責任を問う法理は確立してきており、国際法においては、これまで多国籍企業が経済力において国家を凌ぐ事実上の権力を行使していることに対してその権利保障のための法理が論じられてきた。その延長上で考えれば、責任についても、多国籍企業を事実上の権力、憲法学にいう社会的権力として位置づけることから出発するのがよいのであろう。その際重要な働きをするのは、同じく国家の枠を超えて行動するＮＧＯである。国内社会において行政・企業・市民社会という三つのセクターが重要な働きをしているように、国際市民社会が重要になってくる。そこでは人権ＮＧＯなどの市民社会組織

（civil society organizations）の活躍が多国籍企業に行動規範に沿った活動をするように促すことになるし、地球社会あるいは人類社会をいわば代表する形で更なる規範設定にも重要な役割を担うことになる。このことにより明確に協調型の参加型民主主義が実現するようになるであろう。こうして国際法もすでに存在する企業の行動規範を明確化し、深めるようになる。

なお、上述との関連で国連はグローバルな機関たりうるのか、という問いに対して、トムリンソンは、国連とその機関がグローバルな機関とは区別される国際的な（＝国家間の：芹田）機関であり、国民国家システムの構造に依存しているので、「グローバルなアイデンティティを真剣に構築しようとする試みが、現存する国際的機関を基盤として生まれてくるとはとても思えない」（トムリンソン二〇〇〇、一八〇—一八一頁）という。この言は正鵠を射た議論ではあるが、第一に国際公務員制度が中立性をもっていること、また、現在は国際機関とくに国連が「現場」をもち、開発分野や人道分野などで活躍していることから、国連自体が変容してきていること、また、先に引いたCardoso報告にみるように、国連が国家のみならず、市民社会をその支持基盤としており、今やこれとの連携の深化・強化をはかっていることなどからすれば、現状でグローバルな機関の可能性を秘めているのは国連をおいて他にはない、と言わねばなるまい。

また、国連開発計画の報告（UNDP 1998 Human Development Report, 30）によれば、世界の最裕福な二二五人が世界人口の四七％に当たる二五億人の最貧層の年間所得と等しい複合資産をもっており、また、最裕福な三人の資産だけで最貧国四八国の総ＧＤＰを凌ぐといわれる。確かにこれは市場の拡大から得られた代価ではあるが、それでは倫理的にすませないのではないか、というような倫理観を世界は今や共有しつつあり、こうしたことも前述の議論を後押しするであろう。

三　グローバリゼーション症候群

グローバリゼーション・シンドロームというのは、ミッテルマンの二〇〇〇年の書名である。シンドローム、症候群というのは、一般には、周知のように、いくつかの症状や徴候がいっしょに現れ、原因が複雑で独特の臨床像をもつ病気（『日本語大辞典』）のことを指すが、ミッテルマンは次のように言う（ミッテルマン二〇〇二、四頁。ただし本稿は筆者訳）。

グローバリゼーションは単独の統一された現象ではなく諸過程や活動の syndrome（ギリシャ語の語源からは「集合」の意。芹田）であるというのが本書の核となる議論である。ここで用いられる「シンドローム」の語は、人間の条件、より特化していえば世界政治経済の一連の関連する諸特徴を指している。左翼も右翼も若干の批評家たちはグローバリゼーションを病理現象とみなしているが、われわれの文脈では「シンドローム」は何かの病気の徴候という医学的意味を伝えようとするものではない。なぜならグローバリゼーションは決して異常ではないからである。むしろ、グローバリゼーションは、後に示すように偽りの普遍主義として異議申し立てられているとはいえ、支配的な一組の理念および政治枠組として通常化してきている。グローバリゼーション症候群にインテグラルなのは、労働と権力の世界的分割（ＧＤＬＰ）、新地域主義および抵抗政治の間の相互作用である。これらは世界秩序の変容の唯一の要因というのではないが、中心的なものとして際立っているのである。

本稿では、しかし、グローバリゼーション自体は中立的なものであるとしても、種々の病的現象をも引き起こしており、グローバリゼーションが不可避なものであるとすれば、これを世界秩序の中にうまく取り入れていかねばならない。そうしなければ、グローバリゼーションに巧く乗った人々のみが勝ち残り、人類は死に絶えると言うことにもなりかねない。「グローバル化に伴う人間の不安全」を生み出すグローバル危機は、武者小路によると、政治経済の危機、文明の危機、生活・生命の危機の三つの危機が複雑に組み合わさっている（武者小路二〇〇三、一〇九頁）が、ここでは、移住労働者、貧困とジェンダー、民主化、環境、人種の諸問題に関連して問題点を素描しておきたい。この点では、武者小路公秀のほか、緒方貞子・アマルティア＝セン共同議長の人間の安全保障委員会の報告書が大いに役立つ。

(1)　移住労働者

多くの人々は暮らしの改善や新たな機会を求めて移動するし、また、貧困からの逃避のために移動する。二〇世紀は人の移動の世紀であった。人間の安全保障委員会の報告によれば、二〇世紀末時点で世界人口の三％に当たるおよそ一億七五〇〇万人が国境を越えて移動する人々であり、こうした人々の約六〇％の一億四〇〇〇万人が先進国に、残りの七一〇〇万人が途上国に向けて移動している。うち約九％に当たる一六〇〇万人が二〇〇〇年には難民であった。二〇〇一年には先進国の三九％が制限的な移民政策を採っており、人身売買や密入国の仲介による移動が急増している。一五〇〇万〜三〇〇〇万人といわれる世界の非合法移民の半数以上が密入国業者の仲介によるか、人身取引を行う犯罪者によって移動を強いられたと推定されている。

グローバル経済競争によって南北間の貧富の差はますます拡大し、人の移動も激しさを増しており、グローバリゼーションが密入国や人身取引などインフォーマル化を伴っていることが分かる。

こうした移動する人々に対する国際法規範は存在せず、唯一、一九九〇年の移住労働者および家族の権利条約（二〇〇三年一二月発効）があるが、当事国も少なく実効性に乏しい。

「経済のグローバリゼーションは、国民経済を脱国家化し、それとは対照的に、移民は、政治を再国家化する」（サッセン一九九九、一二九頁）。つまり、近代国家の顕著な特徴である排他的な領域性が経済のグローバリゼーションによって不安定化させられ、国家領域の脱国家化が進行しているのに対し、人の移動に関しては自国の国境管理という主権国家の権利を強く主張しているのである。この主権保護と人権保護の緊張関係が各国の移民政策に反映されており、実効性の乏しさとなっている。しかし、経済の脱国家化あるいは多国籍化は別としても、国際社会の流れは国際人権規範が強化され、いわば国際人権レジームが優位になってきていることであり、移民や難民の存在によって国籍を中心とする国家を超えた法意識が醸成され国家の変容が迫られていることを指摘しておきたい。田中耕太郎の言うように（『続世界法の理論』（上）、四〇頁）、「開放された全体」（ジャック・マリタン）と考えられる人間存在は、その祖国の国境を越えて世界のどことでも接触し得る。人間は、個人として、国家的価値のみならず、国際的価値をも担っており、人間は尊重され、その権利および自由は人間が生活するどのような場所においても保護されなければならない、という意識ははるかに強く現在では浸透している。

(2)　貧困とジェンダー

最も大きな人の移動は最貧国からではなく中所得国から生まれているが、貧困が人の移動の主要な要因であることには変わりがない。その意味では貧困削減策こそが求められる。他方、グローバリゼーションは途上国に利益をもたらしている。しかし、多くの論者が指摘するように、南の中に北を作り出してはいるが、南の中の南はさらに貧困に追いやられているという現実も指摘されている。また、貧困のしわ寄せは女性と子どもに現れている。毎年七〇万人もの人が人身取引の対象となっているがそのほとんどは女性と子どもであり、大多数が南アジアと東南アジアを起点とする売買と言われるし、年間およそ五万人の女性と女児が性的搾取を目的に米国に売られているという報告もある（人間の安全保障委員会報告）。さらに、出稼ぎ労働者の場合は男性が多く女性は本国に取り残されている。

なお、読み書き能力は生活の質を改善するものであるが、世界の約七億七五〇〇万人の初等教育就学年齢にある児童のうち、一九九九年には一億一五〇〇万人以上が学校に行っておらず、そのほぼ全員と言える九七％の児童が途上国に住んでおり、しかも六〇％は女児であった。

(3) 民主化

アメリカン・スタンダードのグローバリゼーションによる民主主義の押しつけは論外としても、ニューヨーク・タイムズのフリードマンの観察によれば、「電脳投資家集団」と「超大市場」が民主化に大きく貢献している反面、正反対の効果も生じている。特に民主主義国の中に、たとえ国内に民主主義があっても、国民は自分たちの生活を制御できなくなっており、自分たちが選出した代議士でさえ誰からも選出されていない市場独裁者に屈しなければならないのだから、間違いなく、グローバル化システムでは、国家権力と「超大市場」の権力が以前よりも対等になってきて、一定の範囲の意思決定が各国の政治的領域から抜け落ち、グローバル市場の領域へ、誰も、どの国も、どの機関も（さしあたって、まだ）排他的な政治支配力を行使できない場所へと、移行している（上、二四六頁）。そこで、グローバル化時代の政治理論にとって最大の課題のひとつは、国民が自国政府に対してのみならず、グローバルな勢力に対しても、少なくとも部分的には自分たちの意思を働かせ得るというシステムをどう構築するかである。市場の勢力や機関は倫理に無関心であるから不公平を防止する方策を考えることが必要である。一つの試みは前述の多国籍企業の行動規範の設定であろう。

(4)　環　境

環境問題は今に始まったものではない。しかし、グローバリゼーションのなかで、地球温暖化、オゾン層破壊、種々の生物の急激な消滅、酸性雨のような国境を越えた汚染、こうした個別的現象というより複合的な、と言うべき現象が加速度的に増加してきている。その他にも地下水の汚染、有害物の溶解、有害廃棄物の持ち込みによる健康不安など、世界の経済生産が大規模に上昇することに伴って起きてきた問題は多い。すでに個々に国際的規制がなされているものもあるが、地球社会の問題として、あるいは人類の存亡をかける問題として論じるのでなければ解決はおぼつかないところにまで人類は来てしまっている。

(5)　人　権

多国籍企業による人権侵害の事例についてはすでに環境侵害の例とともに報告されてきており、単に責任の問題としてではなく、前述のように、企業が事実上の権力であり、これを社会権力と位置づけ、社会権力のもつ人権保護義務が語られなければならないであろう。

四　国際法規範の重層性の深化

国際法規範は重層的であり、伝統的国際法およびその発展の多くの部分、国家平等、主権尊重、内政不干渉、紛争平和的解決、領域保全などの慣習法規範は国際法の一般原則であり、確立したものである。そして、これらの法原則の周りにいくつもの規則群がある。これらは海洋法や宇宙法であり、経済法であり、あるいは人権法であり、特別の独自の法関係をなしている。いずれにしろ、これらから分かることは、国際法規範が重層的であるということである。

非植民地化がほぼ完成した現在においては、国際法の第一次的法主体とされる国家は誕生の時から国際法主体であるか否かは国際法学の大問題ではない。国家が具体的には大国・小国、強国・弱国、豊かな国・貧しい国、資源国・無資源国、沿岸国・内陸国などとして存在しており、そうした具体的国家がどのような権利義務をもつかこそが大問題である。伝統的国際法は国家が個別国家の能力等を抽象した国家として平等な、かつ自由な意思をもって行動するものとして取り扱ってきたのであり、いわば抽象的国家観に基づいて抽象的平等を保障し、自由な立法者として国家を扱う法規範を設けてきた。しかし、今日、国際法学は、抽象的法主体の一般的権利義務を論ずることから脱し、具体的法主体の個別的権利義務を検討し、国内法が抽象的人間観の上に築いた法理のほか、具体的人間観に基づいた法理を組み立てているように、具体的国家観に基づく国際法規範をも明確に打ち立てるべきであり、すでにそうした法規範も見られる。とくに多くの新国家が植民地から独立を達成し、今日の国際社会はあまりにも発展段階に差のある、あらゆる面において大きな差異のある諸国を含んでおり、とくに発展の国際法と呼ばれる法分野はこうした具体的国家観に基づく法規範を成立させてきた。

しかし、これらの法規範は国際社会を国家間社会と認識していても生まれるものである。グローバリゼーションが地域社会を生み出すものであるとすれば、そこには人類社会全体としての国際連帯や人類益に基づく法規範群が登場してくる。多国籍企業の行動規範や、国際社会福祉あるいは国際社会保障的な法規範群がそうであるし、人権保障のほか、環境保護・保全に関わるもの等はすでに存在している。

もっとも、グローバリゼーションのもつ画一化あるいは均一化傾向に関連して、普遍性と個別性について議論を深めておかなければなるまい、文化とのかかわりではあるが、文化帝国主義論からグローバリゼーションを論じるようになったトムリンソンは、「有益な普遍性」と「悪しき普遍性」を区別する。トムリンソンのいう「有益な普遍性」とは、地球上の全人類の底流に、文化的個別性とは関係なく、何か共通の存在条件のようなものがあり、その共通性に基づいて誰もが認める何らかの価値が構築されるのではないかという認識のことである。

こういう誰もが認める価値を、たとえば普遍的な人権という政治的・法律的な言説や、共通の環境問題を扱うグローバルな政治の中に見出そうとする試みは、たしかに正しいことであり、それは必ずしも差異の抑圧を伴うものではない、と言う。

あるいは、トムリンソンは言う。普遍的な人間の利害というような考え方がグローバルな近代における地域のアイデンティティの再埋め込みのプロセスの中にもともと含まれているのだとさえ言えるかも知れない。ここで思い出されるのは、たとえばローランド・ロバートソンが「ローカル性の『国際的』な組織化と促進」と呼んだものである。ロバートソンがここで「グローカリゼーション」（ロバートソン一九九七、一六頁）という大きな範疇を使いながら示そうとしたのは、各地域に住む人々の法的権利や文化的アイデンティティがグローバルなレベルの政治的運動の中で一斉に向上していこうとする傾向である（トムリンソン二〇〇〇、一二五頁）（グローバルとローカルについて、芹田二〇〇二参照）。なお、文化の主たる役割は、差異の確立と維持ではなく、むしろ人間としての存在条件を示す意味の構築であるといった方がよい（トムリンソン二〇〇〇、一二三―一二四頁）。したがって、もし文化が本質的に差異と結びつくものではないとすれば、当然普遍性そのものと対照をなすものでもないということになる。このことを認識すれば、我々は文化帝国主義の「悪しき普遍性」や、西洋文化の押しつけや、文化的均質化などといったものと、そうではないより有益な普遍性とを区別することができるようになる（同一二四―一二五頁）。

こうした認識は、しかし、国家間社会からは生まれ難い。ここでは、市民団体・民間団体の活躍つまり「市民社会」が重要な役割を演じることになる。すでにオタワ・プロセスへのＮＧＯの参加はよく知られるところであるし、障害者権利条約作成過程へのＮＧＯの参加も活発である。確かに市民社会組織は誰を代表するのかなど、議論も多い。しかし、民主国家の民主的正当性を体現するとする政府が国民の多数の意思に基づくのに対し、市民社会組織がこの多数では代表されない少数の意思を代表し、あるいは、未来の人々の意思を代表しうるのであれば、その限りで、人類社会の声として大きな意味を持ちうるのである（なお、少数者に注目することの意味について、芹田二〇〇三、および同「国際社会の平和と人権」『国際協力論集』一二巻一号参照）。

こうして現代の国際法は次のような規範からなる重層的な性格をもつようになってきている。

（一）抽象的国家観に基づく国際法規範
（二）具体的国家観に基づく国際法規範
（三）社会権力の行為に関する国際法規範
（四）普遍的法への萌芽としての国際法規範

こうして生まれる法規範は従来の規範群を修正する機能を現に果たしているし、また、果たしていくことになる。国際法は必ずしも国家間の合意にのみ基づくものではない。この点、たとえば、ブライアリーが夙に、国際司法裁判所規程三八条一項cの法の一般原則の挿入について、「この規定の挿入は、国際法は国家の同意した規範によってのみ形成されると説く実証主義学説を拒否するものとして重要である」(J. L. Brierly, The Law of Nations, 6th ed. edited by H. Waldock, 1963, p. 63) と述べていたことを指摘しておきたい。

普遍法はまさに普遍的地域社会のものであり、人類の法意識の中から生み出され、国家が形成する形式を通して、地域全体の連帯に支えられ、強く国家を拘束することとなる。

（参考文献）
芹田健太郎一九九一『永住者の権利』（信山社）
同　一九九六『普遍的国際社会の成立と国際法』（有斐閣）
同　二〇〇一『二一世紀の国際化論』（ひょうご双書、兵庫ジャーナル社）
同　二〇〇三『地域社会の人権論』（信山社）

C・シュミット／K・シュテルス一九七六『ナチスとシュミット』（服部、宮本、岡田、初宿訳）（木鐸社）
M・マクルーハン一九八七『メディア論』（栗原裕・河本伸聖訳）（みすず書房）
ジョン・トムリンソン一九九三『文化帝国主義』（片岡信訳）（青土社）
アンソニー・ギデンズ一九九三『近代とはいかなる時代か？　モダニティの帰結』（松尾精文・小幡正敏訳）（而立社）
ウォーラーシュタイン一九九三『脱＝社会科学――一九世紀パラダイムの限界』（本田健吉他訳）（藤原書店）
田口富久治一九九四『近代の今日的位相』（平凡社）
ローランド・ロバートソン一九九七『グローバリゼーション：地域社会の社会理論』（阿倍美哉）（東京大学出版会）
マーチン・ショー一九九七『グローバル社会と国際政治』（高尾定國・松尾眞訳）（ミネルヴァ書房）
スーザン・ストレンジ一九九八『国家の退場』（桜井公人訳）（岩波書店）
サスキア・サッセン一九九九『グローバリゼーションの時代――国家主権のゆくえ』（伊豫谷登士翁訳）（平凡社）
アンソニー・ギデンズ一九九九『国民国家と暴力』（松尾精文・小幡正敏訳）（而立社）
ジョン・トムリンソン二〇〇〇『グローバリゼーション文化帝国主義を越えて』（片岡信訳）（青土社）
トーマス・フリードマン二〇〇〇『レクサスとオリーブの木（上）（下）――グローバリゼーションの正体』（東江一紀・服部清美訳）（草思社）

アンソニー・ギデンズ二〇〇一『暴走する世界――グローバリゼーションは何をどう変えるのか』（佐藤隆光訳）（ダイヤモンド社）
ジェームズ・H・ミッテルマン二〇〇二『グローバル化シンドローム』（田口富久治他訳）（法政大学出版局）
人間の安全保障委員会報告書二〇〇三（緒方貞子・アマルティア・セン共同議長）『安全保障の今日的課題』（朝日新聞社）
武者小路公秀二〇〇三『人間安全保障論序説――グローバル・ファシズムに抗して』（国際書院）
佐藤誠・安藤次男編二〇〇四『人間の安全保障』（東信堂）

Anthony Giddens, The Consequences of Modernity, Stanford UP, 1990.
John Tomlinson, Cultural Imperialism, The Johns Hopkins UP, 1991.
Roland Robertson, Globalisation-Social Theory and Culture, SAGE Publication, 1992.
Susan Strange, The retreat of the State-The diffusion of power in the world economy, Cambridge UP, 1996.
Saskia Sassen, Losing Control? — Sovereingty in an age of globalization, Columbia UP, 1996.
Ian Clark, Globalization and Fragmentation — International Relations in the Twentieth Century, Oxford UP, 1997.
John Baylis and Steve Smith ed., The Globalization of the World Politics-an introduction to International Relations, Oxford UP, 1997.
Richard Falk, Predatory Globalization-a critique, Polity Press, 1999.

James H. Mittelman, The Globalization Syndrome–Transformation and Resistance, Princeton UP, 2000.
Jan Aart Scholte, Globalizations–a critical introduction, St. Martin's Press, 2000.
Shelley Wright, International Human Rights, Decolonisation and Globalisation–Be coming human, Routledge, 2001.
Philippe Moreau Defarges, La mondialisation, Que sais-je?, PUF, 1997.
Francois Crepeau (direct.), Mondialisation des échanges et fonctions de l'Etat, Bruyant, 1997.
Pierre de Senarclens, Mondialisation, souveraineté et théories des relations internationals, Armand Colin, 1998.
Monique Chemillier-Gendreau et Yann Moulier-Boutang (direct.), Le droit dans la mondialisation, PUF, 2001.
Charles-Albert Morand (direct.), Le droit saisi par la mondialisation, Bruyant, 2001.
Daniel Mockle (direct.), Mondialisation et Etat de droit, Bruyant, 2002.
Michel Camdessus, Organisations internationals et mondialisation, Recueil des Cours, 2002.

（二〇〇五年三月）

第五章　二一世紀における国際法の役割〔中国社会科学院 講演〕

本日（一九九六年一〇月七日）は中国社会科学院においてお話しする機会を与えていただき、大変に光栄に思っております。その労をおとり下さった白鋼先生をはじめとする先生方に、まず、御礼申し上げます。

さて、私は国際法を専門としておりますので、本日は、現代国際法というのはどのようなものか、二一世紀に国際法はどのような役割を果たし得るのか、について私の考えていることをお話ししたいと思います。私が直接教えを受けた学者等の意見に耳を傾ければ、たとえば、一九八四年のフランス国際法年鑑刊行三〇周年記念に、パリ大学教授スザンヌ・バスチッドは同年までの画期となる出来事として一九五五年のバンドン会議、一九五七年のローマ条約、一九七四年の新国際経済秩序宣言を挙げているし、一九九一年のユネスコ版「国際法その総括と展望」の編者である現国際司法裁判所長ベジャウィは、国際法を特別な、未完の、絶えず変化するもの、と特徴付け、今日の国際法が基本的には国家間関係における国家の管轄権を規制するものではあるが、寡頭制的法から共同体の法へ、さらに、諸国家の法から全人類の法へ、調整の法から究極目的実現の法へ、向かっていることを指摘し、非植民地化、民主化を大事にしている。また、元国際司法裁判所長ラックスは、一九九二年一月にコレージュ・ド・フランスで、「黎明期にある二一世紀国際法」と題して講演し、二〇世紀初頭の国際法の展開はヨーロッパ中心的性格の維持として特徴づけられるが、二〇世紀の特徴は民族自決権原則の発展、一〇〇か国以上の国家の誕生、人の権利・基本的自由の承認、すべての人に平等と正義を約束する新しい政治経済制度の出現と展開を挙げる、そして、最近の重要な出来事としてマースリヒトとアルマータを挙げている。

ご承知のように、国際法の際だった特徴は、個人の行為ではなく、国家の行為を規律することを主目的としている。国内法ではその主たる法主体は個人であり二次的法主体として法人があるのに対し、国際法の主たる法主体は国家である。国際法主体が国際法に基づきどのような行為ができるのか、どのように行為すべきであるのか、という点からみれば、国際法規則の主たる部分は国家の行為規範である。国内法が国内社会の権力集中を背景にして立法、行政、司法の三権分立の秩序をもっているのに対し、国際社会にはそうした権力集中はなく、国際法は権力の分散を背景にしているので、国内社会同様の統一的な立法、行政、司法の体系をもっていない。これらの特徴は、国際社会の成立を示す一六四八年のウエストファリア条約以来何ら変わってはいない。

しかし、両大戦を通じて国際法における力の位置は根本的に変わった。武力の行使と武力の威嚇が禁止されたからである。そして、一九六〇年代に多くの国が植民地から独立した。こうしたことから、すでに、一九六四年には、たとえば米国のフリードマン教授は、「国際社会の能動的立法者が西洋諸国の小さなクラブから全人類と種々の文明へと拡大し（水平的拡大）、国際的法関係の内容が外交的な国家間関係の規制から、従来は範囲外であった増大一方の社会・経済関係へ、と拡大し（垂直的拡大)」、国際法の社会的道義的基礎が変化しつつあることを指摘していた。しかし、冷戦が終わった今日の視点から問題を見直すために、本日は、歴史的に振り返りながらお話ししたいと思います。

一　近代国際法の歴史的展開過程について語るとき、これまでの多くの論者は、少なくとも第一次世界大戦前までは一六、七世紀のヨーロッパ国際社会を基盤として誕生した国際法の発展・拡大として理解することができる、としてきた。周知のように、第一次世界大戦までの国際社会は、資本主義体制を基調とするヨーロッパの近代国家を類型とする同質性をほぼ保っていた。しかし、ソビエト革命によってこれまでの国家とは社会体制を全く異にする社会主義国が国際社会に登場し、国際社会に異質なものが入ってきたことを契機に国際社会が変容したと考えられたのである。そして、もう一つの異質なものは、植民地から独立した諸国の登場である。

ところで、近代国際法思想は、国家の主権・独立の観念を基本的な前提として、国家が合理的な判断に基づき選択・形成したものが国際法であると考えている。しかし、それがはっきりとしたイデオロギーとしてのかたちをととのえるのは、だいたいにおいて、一八世紀になってからの現象であった。そして、それは、イデオロギー的には、啓蒙期自然法思想の影響によるものであったが、社会的基盤としては、一八世紀に入り、勢力均衡によるヨーロッパ国家系が確固たるものになってきたこと、それと同時に、産業資本の成熟を一般的な背景として、絶対主義国家の胎内から、絶対主義権力に対抗しそれを批判するものとして、市民階級が次第に成長し、政治的自由を要求するそのイデオロギーが漸次国際法思想の上にも反映するに至ったこと、そうした事情によるものであった。

しかし、そうした国際法思想の華やかな展開にもかかわらず、少なくとも一九世紀に入るまでは、現実の国際法の形成は著しく立ち遅れていた。国際法は、多くの論者が認めるように、一九世紀に入って、それも特にその後半に飛躍的に発展したのである。なぜそうであったのか。基本的な要因として、先ず、産業革命による機械制大工業の出現による近代資本主義の非常な発達と、交通、通信技術の飛躍的な進歩によって、国際貿易の内容が急激に拡大し、それによって、国家間の経済的な相互依存関係が深まる反面、国際競争を激化する新しい要因が生まれ、その合理的な調整の必要が増大してきたことが挙げられる。次いで、政治的には、近代市民国家が形成せられることによって、国家の国際的実践の上にも、市民階級の利害が強く反映し、市民階級の対外的な活動ことに経済活動の自由を保障し、その障害を極力排除するための、合理的な国際法体系の形成が強く要求されたこと、さらに、法意識の面においても、商品交換を基盤とする近代的な市民法の体系や、それにともなう近代法意識が各国共通のものとなり、普遍化することにより、国際的な同質性が実現され、それによって、国家間の合理的秩序としての国際法の発展を支える条件が作られたことが指摘できる。

このように、近代国際法は各国の同質性の上に飛躍的に発展してきたのである。ところが、一九世紀には一八五六年のパリ条約によってトルコが「ヨーロッパ公法とヨーロッパ協調の利益に参加すること」(participer aux avantages du droit public et du concert europeens) が認められたし、中国は一八四二年の英中間の南京条約、日本は一八五四年の日米間の神奈川条約によって欧米に門戸を開き、国際法関係に入った。つまり、国際法の妥当範囲が極東諸国にまで拡大されたのである。

一九世紀にこのように展開した国際法について最も注目されることは、自助の手段として戦争が一般に合法とされていたことである。一つには、この時期が国民国家と帝国主義的権力政治を基礎づけた時期でもあり、また、勃興期の資本主義を担う市民階級が自国産業を外国商品や資本の進出から守ったり、在外資産や商業ルートの保全、商品市場・原料供給地としての植民地・半植民地国家を確保するために絶えず国家権力の擁護を必要としたという事情があったからである。こうしてナショナル・インタレストが前面に押し出され、諸国は遂には第一次世界大戦に突入することとなった。その結果、しかし、国際連盟が誕生し、武力の行使と威嚇が制限され、第二次世界大戦後には戦争の全面的禁止が成立したのであった。近代国際法の特質は、何よりも、国家主権を中心にして国際法が形成され、適用され、執行されるというところにあったのである。

二　近代国際法の基礎となった国際社会を構成した独立主権国家は、第二次世界大戦が始まったとき、六六を数えた。

しかし、現在の国際社会の核である国民国家によって国際社会体制がになわれるようになる一八一五年には、そうした西欧的国際体制の構成員は二一国（非ヨーロッパの国として米国のみを含む）であり、しかも、一九世紀後半にドイツ・イタリアの統一によってそれぞれに含まれることとなる諸国を除くとわずか一〇国であった。

主権国家の国民が世界人口に占める比率という点からみると、主権国家の国民は、やや時期がずれるが、一八六五年には世界人口の一五％にすぎず、第一次世界大戦初期で五〇％、そして、一九六〇年代後半になりほぼ一〇〇％に達した。ここに始めて、世界のすべての人間の平等が実現した。ご承知のように、一九六〇年代には、実に、一挙に四四国もが独立を達成し、現在では独立国は二〇〇国にも達しようとしている。非植民地化は、先ず、いわば第一次植民地化の波に洗われた新大陸で一九世紀前半に実現し、次いで、第二次植民地化の波に襲われたアジア・アフリカで二〇世紀後半に実現し、今や将に完成しようとしている。

さて、現代国際法への転換がいつ始まったかについては、いくつかの考え方がある。この転換が国際法の規制対象の量的増加を軸とするものでないことは言うまでもない。ある学者は、第一次世界大戦を境に国際法における力の地位が変わったことに注目し、国家による力の自由な行使が制限され国際社会による統制を受けるようになった、いわゆる戦争の違法化を理由に現代法に転換したと捉える。私の恩師、田畑茂二郎教授は、社会主義国の登場という国際社会の構造変化に注目する。オランダの平和学者レリング教授のように、キリスト教国の時代、文明国の時代、平和愛好国の時代と区分し、第二次世界大戦を大きな転換点とする者もある。

ところで、一九六〇年代から八〇年代までの多くの論調は、国際法の変容が社会主義諸国の誕生や、植民地解放にともなうアジア・アフリカ諸国の独立という国際法主体の文字通りの世界的規模への拡大を主要な契機とするというものであった。米国のフリードマン教授や日本の田畑教授などがそうであった。私はこの点、社会主義諸国が既存の欧州諸国の中に登場したこともあって、人類の歴史からみると、非植民地化現象を最重要なものと捉えてきた。「植民地からの解放」が国際社会において「人間の解放」を意味するとすれば、現代国際法は第二次世界大戦から始まる。そして、第二次世界大戦は、人類の歴史で始めて、人間として当然有する権利という意味の人権が掲げられて闘われた戦争であったのである。欧州の社会主義連邦諸国の解体が起きてみると、非植民地化こそが重要な視点であるということが一層はっきり見えてきたといって良いであろう。

三　さて、それでは、冷戦終結後に何が見えてきたのか。

一九五六年の第二〇回党大会で打ち出された非スターリン化以降の旧ソ連の国際法の理論的指導者であったグレゴリー・トゥンキンは、一九八九年のハーグ・アカデミーの講義のなかで、二〇世紀の国際法の変化を振り返り、次のように言っている。

第一次世界大戦は歴史上始めて戦争が引き合わないこと、双方が傷つくことを示した。第二次世界大戦におけるナチス・ドイツと日本に対する資本主義国・社会主義国を含む連合国の勝利と国際連合の創設が世界政治を大いに変え、国際法の重要な発展に導いた。不幸なことに間もなく一つの制度が他の制度に勝利するという古いイデオロギー的仮説が復活し新しい「冷戦」という現象が世界政治に入り込み、二つの制度の対立は八〇年代後半まで続いた。同時に植民地制度の崩壊によって新しい国家が登場し、六〇年以降あらゆる世界的国際組織で多数を占め、NATO、ワルシャワ条約機構に対し、非同盟運動を組織した。これらの国際法における主な主張は、天然資源に対する主権と新国際経済秩序に向けられ、国際の平和と安全、国際法の発展と法典化をおおむね支持した。そして、これに続いて、科学技術革命が来て、社会の経済的基盤のみならず社会そのものを変えた。最後に一九八五年に始まったペレストロイカである。これはスターリンが創った全体主義的制度の清算を含むだけでなく、民主主義、言論の自由の導入、経済制度の再構築、政治の新思考、新外交政策、これらが東西の対立の清算へと向かわせたのである。ペレストロイカは世界政治の顔を変え、政治における国際法の優位（the primacy of international law in politics）を生む機会を創り出した。一九九二年の大統領選挙キャンペーンでブッシュ大統領は米国が「冷戦」に勝利したと声明したが、この声明はまさに冷戦の精神から出たものであり、ほぼ七〇年の間にいかに我々の心の奥深くまで対立と一つの制度・イデオロギーの他への勝利という考えが浸透してきていたかを示している。冷戦の終わりは理性の勝利（a victory of Reason）と考えなければならない。

ところで、新国際法と呼ぶか現代国際法と呼ぶかは別にして、これが古典的国際法とは基本的に異なることをトゥンキンは指摘し、国際法の安定化役割と創造的役割等を説く。ペレストロイカをどう評価するかは別にして、冷戦終結が理性の勝利であるとみなされなければならないという考えは高い評価に値する。しかし、欧州の社会主義連邦諸国の解体とともに、冷戦後に見えてきたのは、冷戦によって抑え込まれていたナショナリズムであり、冷戦を有利に闘うために両陣営が途上国の取り込み合戦をしていたという事実である。その間には、従って、冷静な眼で途上国の現実を見ることをしていなかった、といっても言い過ぎではあるまい。そして、いま、今度は社会主義連邦諸国の解体によって誕生した諸国の市場経済化と民主化援助に先進諸国の目が向くことによって、再び途上国に向けられるべき目が曇ってきている。

それでは、植民地の独立・低開発は何を我々に問題として突きつけてきたのであろうか。朝鮮戦争、インドシナ戦争に相次いで休戦がもたらされた後、ほんの束の間の冷戦の緩んだ間、一九五五年に歴史上始めて新興独立国を中心に二九国を集めてインドネシアのバンドンでアジア・アフリカ会議が開催された。そして、六一年には二五国の参加のもとに第一回非同盟諸国会議が開催され、平和、反帝、反植民地闘争を訴える宣言を採択した。

この時代には南北問題が既に指摘され、国連総会は六〇年代を「国連開発の一〇年」に指定した。同年、OECD（経済協力開発機構）が、いわば加盟国の経済援助の調整のため、その内部機関としてDAC（開発援助委員会）を設立し、また、六四年にはUNCTAD（国連貿易開発会議）が開かれ、途上国の経済開発を討議する場となった。国際社会は、この時期に提起された南北問題に対処するために二つの機関を設けることにより、従来の植民地主義的経済開発アプローチとは異なる地球的視野に立つ国際的な開発協力の基本理念を確立し、これにより途上国経済の発展を図り世界全体の経済状態を改善する体制を整えたと言える。しかし、現実には、途上国の経済開発に計画性と実効性をもたせる新しい試みとして注目された「国連開発の一〇年」も、途上国人口の増加や先進国の協力の消極性のため十分な成果をあげることはできず、むしろ南北格差は拡大する傾向を示した。七〇年秋、国連は「第二次国連開発の一〇年」を採択し、開発目標と具体的措置を内容とする「国際開発戦略」を決議した。さらに、第一回国連貿易開発会議総会のプレビッシュ Prebisch 報告において指摘されていた最貧国への特別措置に関連し、「国際開発戦略」では最貧国問題を取り上げ、「中核最貧国」（〝hard-core〟LDDC）二五国を承認した。八一年のパリ最貧国会議では三一国が指定された。しかし、各種の特別措置も実質的な効果に乏しく、格差は広がる一方である。八五年には最貧国は一人あたりＧＤＰ年三五五ドル以下（上限四二七ドル）とされ、四〇国（人口三億一千万人）である。パリ会議の時点の公定為替レート換算で最貧国の成長率はほぼゼロ・パーセントなので、格差は広がるばかりである。

この問題を根本的に解決する方法としての世界の経済貿易体制に対する挑戦が、社会主義国や中進途上国等を中心とする新国際経済秩序の樹立要求となって現れ、一九七四年五月の国連特別総会において「新国際経済秩序の樹立に関する宣言」が採択され、同年一二月の国連総会で「国家の経済的権利義務憲章」が採択された。しかし、冷戦下、両体制間の対立・競争のなかで実効をもちえないまま今日に至った。経済成長から取り残された途上国の貧困問題が注目されるようになるのは、六〇年代後半から七〇年代初めにかけてのことであり、いわば先進国主導であった。一般に絶対的貧困とは、貧困線（the poverty line）とよばれる人間の最低限の生活水準を推定し、その水準を下回る生活状態を指すのが通常である。途上国における絶対的貧困の推計もほとんどが七〇年代に行われている。一九七九年に世界銀行の研究者グループが発表した一九七五年時点の絶対的貧困層の推計は、一日一人あたり二、一五〇カロリーを必要最小限の栄養と考え、これを摂取するために必要な所得を貧困線と定義して、約七億八千万人（中国を除く）としていた。『世界開発報告一九八二』では、中国の一億五千万人を含め「地球全体で一〇億人近い人々が絶対的貧困のもとで生活している」と指摘している。こうした絶対的貧困層に一九八〇年から二〇〇〇年までに食糧、飲料水、住居、保健、教育という基本的必要を供給するための推定必要資金額を低所得国が単独でまかなうことはできないと言われていた。二〇〇〇年までにあと四年しかない現在でも事態は変わっていない。

冷戦の終結後、ソマリアの事態の解決に平和執行部隊が語られた。しかし、部隊が撤退した後、国際社会の無関心のほか何が残っているであろうか。ダイヤモンドも石油も出ないルワンダにどのような関心が向けられているであろうか。何の資源もないことは彼らの責任ではない。自然も地理も人間には変えられない。生まれる場所も選べない。これらの諸国や人々のために国際制度として何かが構想されなければならない。

冷戦の終結後に見えてきたのは、結局、冷戦期間中我々の思考が停止していたということと、現在でもその状態から脱し切れていないということである。冷戦によって見えていなかったことは、非植民地化によって人類がすべて平等になったことである。しかし、形式的平等のみならず実質的平等が実現されなければならない。それには、理性による勝利が必要である。

四　(1)　さて、一九二七年に英国のローターパクト教授が「私法法源と国際法の類比」で行ったのとは違う仕方ではあるが、国際法の基礎にある国家観を検討するために、とくに、国内私法における人間観の展開を中心に近代法と現代法の相違を見ることから始めたい。近代私法の第一の特色は、すべての人間の完全で平等な「法的人格」を承認していることである。法的人格とは私法上の権利義務が帰属しうる主体、権利義務の帰属点という意味である。ところで、法的人格が認められるということは、権利義務をもち得る抽象的地位だけが存在して、他にいかなる意味も存在しないということではなく、東京大学の民法学教授星野英一は次の特徴を指摘する。

第一に各人に帰属するものとして考えられていた権利の中心は、財産に対する権利であったこと。フランス民法典に即して言えば、そこでの権利の中心は、大革命によって封建的負担を払拭され、市民階級に獲得された農地、広くは土地の所有権と、それに関する契約上の権利であった（財産権中心）。

そして、第二に、これらの権利は、法的人格自らの力によって取得される場合が多く、法律は権利の取得をこれらの者の自由に任せており、それに介入することをしない。つまり、こうして、法的人格は、特に相互に結ぶ契約によって、自由に個人間に法律を作る主体とされる。各人は極く狭い意味の公序良俗に反しない限り自由に契約によって自分らの権利義務関係を作ることができる（自由に法律を作る存在）。言うまでもなく、これは、自由主義的資本主義時代のレッセ・フェールの体制・思想に対応するものである。

第三に、法的人格はこのようにして自分らの相互間の法律を自由に作るのだが、それは自己の「意思」によってであり、従って、意思の十分でない者は自分らの間に法律を作ることはできない（意思的存在）。

第四に、財産法上、人間は、所有権者、抵当権者、売主・買主、賃貸人・賃借人、使用者・労務者、不法行為者といった形で存在しており、人間を具体的に捉えているように見えるが、民法上の資格においては平等のものとして扱われ、それぞれの経済力、社会的勢力、情報収拾能力等等の差異は全く問題にされず、民法上はその種々の能力、財力等を捨象した個人として存在する（法的人格の抽象性）。

要するに、民法における人間は、一切の権利義務が帰属し得るという意味において平等な抽象的法人格として承認されることに始まったのである。

さて、こうした抽象的法人格の考えは、近代国際法における国家の国際法主体性を考える場合にも示唆を与えるものである。国際法において、国家は抽象的法人格として捉えられてきたと言うことができ、それも、国際法における近代国家が主権独立の領域国家であることは、まさに私法が財産権を中心に権利を考えてきたことに対応する。近代国際法の大原則は領域を中心とする管轄権の配分であり、次に、自分らの法的権利義務関係を条約によって作ることができる立法者としての国家の自由であるからである。ここでは、巨大な軍事力を擁する大国であれ、人口一万人の小国であれ、全く同じ平等の法人格として立ち現れるのである。

当然のことながら、近代私法におけるすべての人間の完全平等な法的人格の承認は西欧の歴史の中でも画期的なことであって、近代以前には、たとえばローマ時代の奴隷、中世の農奴のように、全く権利義務の主体たり得ない者や一部の権利義務しか持ち得ない者もあったことは周知のことであるし、近世に至っても、フランス革命までの西欧社会においては一般的権利能力は思想的にも、実際的にも存在しなかった、といわれる。一切の身分関係から解放された独立で平等な等質的個人を単位として成り立つ社会はまだ来ていなかったからである。国際社会においては、植民地であるとか、保護国であるとか、保護領であるとか、様々な権利主体たり得ない存在があった。しかし、一九六〇年代に入り、これらのすべてに独立する権利（民族自決権）が認められ、独立主権国家になることによって始めて国際法人格となり、国際法上の平等な権利義務主体となったのである。その意味で非植民地化は歴史的に画期的なことであり、最重要の意味をもつ出来事である。

(2)　ところで、人間の民法上の取扱いにおける現代法への変遷は、先ず、すべての人の完全で平等な法人格の承認から人格権の承認へ、ということであり、法的人格については、「自由な立法者から法律の保護の対象へ」「法的人格の平等から不平等な人間へ」「抽象的な法人格から具体的人間へ」といったことである。人格権はさておき、「法律の保護の対象である、不平等な、具体的人間」についてはどうか。

近代民法典において、人間はその種々の能力を抽象された個人として平等な、且つ自由な意思をもって行動するものと扱われている。このことは、種々の状況のもとで、人間の間の実際上の不平等とりわけ貧富の差から生ずる諸問題をあらわなものとし、耐えがたい結果を生じさせるに至った。これが一九世紀における自由主義的資本主義の行き詰りによる社会問題の発生であること、いうまでもない。これは、近代民法の原理とされる私所有権の絶対と契約の自由との原則の破綻として説かれることが多いが、抽象的な法的人格の平等という考え方も、一つの役割を果したことは否定できないであろう。

とくに契約両当事者の平等・自由を前提とする契約諸理論が両当事者の社会的・経済的不平等のた

めに破綻することとなった。第一に雇用契約の面に現れ、周知のように、雇用契約は自由な労務者が対等な資格で使用者と締結するものとされていたが、これは幻想であって、そこから「労働法」と呼ばれるものが登場し、使用者と労務者の間にある経済的・社会的な力の不平等を正面から認め、そこから生じる不当な結果を正そうとしている。第二に、契約の目的物の需要供給関係の不均衡のために一方当事者が経済的・社会的に劣位に置かれ、その結果契約内容が不合理、時には一方当事者にとって苛酷となることがある。第三に、大量生産される生活物資、たとえば建売住宅、家具等居住用品、食品、衣料、日用薬品、学用品の売買については、買主つまり消費者と、売主・生産者たる大企業との間に、目的物の性状・品質等に関して著しい情報ギャップがあり、その結果消費者がきわめて不利な立場に置かれることがある。いわゆる消費者保護法の登場である。

このように、今日では、人間を自由に行動する立法者である平等な法的人格＝権利能力者として、いわば抽象的に捉えた時代から、人間の種々の面における不平等と、その結果生じる富者の自由と、貧者・弱者の不自由とを率直に認め、社会的・経済的立場や職業の差異に応じたより具体的な人間としてこれを捉え、そのような弱者を保護する時代に至った。こうした社会的・経済的弱者層の生存の維持・福祉の向上をはかる目的の諸法律は、体系的に、「社会法」と呼ばれるようになり、近代民法を中心として含む「市民法」という観念が社会法と対立する観念として主張され、両者の差異が指摘されるようになった。社会法の登場について、京都大学の憲法学教授佐藤幸治は、これを私的領域に対する公法の浸透、個人の私的権利に対する社会的義務の浸透の象徴と捉え、「置かれている文脈や社会秩序の成員としての立場を抜きにしてとらえられた、個別性なき「人（person）」を対象にして、それで事足りるとするものではなく、社会的文脈の中で人をとらえ、その置かれている具体的立場に応じてきめこまかな規則を試みようとするものである」と言う。ドイツの法学者ラートブルフの言うように、「社会法を、たんに、経済的弱者の保障と厚生に思慮ぶかく注意する法だと解するならば、この社会法の発展を根底において理解するものではない。社会法は、むしろ、すべての法的思惟の構造の変化にもとづくものであり、人間についての新しい理解にもとづくのである。社会法は……具体的な社会化された人間を目的とする法である」。「新しい人間像は、自由主義時代の自由、利己および怜悧という抽象的な図式にくらべて、はるかに、生活に密着した類型であって、それにあっては、権利主体の知的・経済的・社会的な勢力関係というものも合わせ考慮されている。爾来、法における人間とは、もはやロビンソンやアダムではなく、つまり、孤立した個体ではなく、社会の中なる人間、すなわち、集合人（Kollektivmensch）なのである」。

さて、こうした国内法の展開は、国際社会が立法機関をもっていないことでもあり、もちろん、そのままの形で国際法学の議論に取り入れることはできない。しかし、重要な点は、社会や人間に対する一般的認識にある。問題を国際法学に移し替えて考えれば、国際社会や国家に対する認識にある。

今日の国際社会では、多くの新国家が植民地から独立を達成した。これらの国を含めて、とくに経済と人口中心にその他の基本的な指標――領域・年平均インフレ率・平均余命・成人非識字率についての世界銀行『世界開発報告　World Development Report 1995』の各種のデータを見て分かることは、植民地からの独立国のほとんどが世界銀行のいう低所得国（一九九三年度一人あたりＧＮＰ六九五ドル以下）あるいは中所得国の下の国（同、二八〇〇ドル以下）であり、一五歳以上の成人の非識字率も高いことが知れる。いまや、国際法は、こうした状況下にある国家を考慮しなければならない。

近代国際法の大きな支柱である主権平等原則は、周知のように、先ず、キリスト教諸国の社会で、次いで、文明諸国の社会で、これら諸国が政治・経済・社会制度に一定程度の同質性をもっていたので、国内法における「抽象的人間」がそうであったように、いわば「抽象的国家」という形式性をまとって、成り立つことができた。しかし、今日の国際社会はあまりにも差異の大きな諸国を含んでおり、抽象的国家を基礎に据えた同等者相互間の利害調整・協調の法としての国際法は変質を迫られている。そこに、いわば、「具体的国家」観がみられるようになった。フランス語圏の学者がとくに言い始めた「発展の国際法」（Le droit international du développement）は、こうした具体的国家像を前提にしている。たとえば、アラン・ペレ教授は、"Etat situé"（状況的国家）と表現するし、モーリス・フロリ教授は、今日全く異なる二つのゆがみを区別する必要があり、古い力の不平等と新しい発展の不平等がそれであって、発展の不平等という現実から出発する。こうして、国際法はより直接に国家の内実にかかわるようになってきたのである。

五　現代国際法は、すでに見てきたところから、平等の観念を基礎としている個人主義的な近代法の上に、萌芽的にではあるが、調整の観念に基礎を置く社会法的な法規範を含んでいると言えるであろう。前者にあっては、交換的正義が支配し、後者にあっては配分的正義が支配するのである。

ところで、とくに六〇年代に伝統的国際法を批判する論者たちは、たとえば、前述のソビエト国際法学の泰斗トゥンキン（G. I. Tunkin）が一九六三年の『現代国際法』において行っているように、国際法を三つのカテゴリーに区別する。第一は、伝統的国際法の中で反動的なもの、第二は、伝統的国際法の中に含まれる民主的なもの、たとえば、国家主権尊重の原則、国内事項不干渉の原則、国家平等の原則、国際義務遵守の原則（pacta sunt servanda）などであり、第三は、平和の保障のため本質的に重要な新しいもの、たとえば、不侵略の原則、紛争平和的解決の原則、民族自決の原則、平和共存の原則、軍備撤廃の原則、戦争宣伝禁止の原則である。

しかし、非植民地化を重視する場合でも、「転換期国際法」を説く者は、次のように考える。一九七四年の国連資源特別総会決議「新国際経済秩序樹立に関する宣言」を引きながら、「人民自決権は、人民の政治的自決の達成によって一応は実現される。しかし、長い間にわたって、暴力によって自決権を奪われていたことを考えあわせると、当然に、「原状回復」と「補償」を求める権利がコロラリーとして導き出されるであろう」。そして、こうした学者は、国際法規範の二重性、つまり、現在の国際法がこれまで妥当してきた基本的には形式的・抽象的国家平等に基づく国際法規範と、人民自決権によって独立した諸国に対して権利を回復させ、その地位を復元させる基本的には実質的・具体的な人民平等に基づく国際法規範——いわば補償的不平等観念につらぬかれた国際法規範——からなっていることを転換期国際法の特徴と捉えている。結論として、「古典的国際法を特徴づけていた等価交換観念につらぬかれる国際法規範と、私法原理を止揚した補償的不平等観念につらぬかれる国際法規範との並存が見られるようになりつつある」と考え、「二重の国際法規範が妥当」していると見ている。

もっとも、現在では、非常に多くの人権条約が締結されており、これらの条約を考慮すれば、「これまで国内事項に閉じこめられていた統治権の実質的範囲が音をたててせばめられていることが知られるであろう。それはもはや、あれこれの条約による統治権行使の制限として片づけられるような段階ではない。より一般的に、より大規模に、人権の視点にたつ統治権行使の制限がなされているのである。いったん堰がきられたからには、この傾向はとどまるところを知らない。それは、これまでの「国家」間の利害調節に終始した国際法規範が、いまや「人」レベルに法益を拡大する過程にほかならない」ことをこれらの学者も認めている。

これらのことは、国際法が普遍的国際社会の法として機能し始めていることを、萌芽的にであれ、示すものであり、そうした規範群としては、人権保障のほか、環境保護・保全に関わるもの等が既に存在する。とくにこれらの分野では国際社会の組織化の進展により国際機構が大いに寄与していることを指摘しておかなければならないし、また、個人の国際法直接性が高まり、市民団体・民間団体の活躍が大きい要因であることも事実である。なお、また、国家間の会議においても、国連海洋法会議などが生み出す多数国間条約の中に「人類の共同遺産」など、あるいは、「人類」そのものが条約の規定対象に上がってきていることによっても、こうした傾向に拍車がかかっていると言えるであろう。しかし、これらのことは、民主的な、あるいは平和の保障に重要な、法規範の重要性を強めこそすれ、弱めるものではない。

こうして、現代の国際法は、次のような規範からなる重層的な性格をもつようになってきている。

(1)　抽象的国家観にもとづく国際法規範

(2)　非植民地化に伴う過渡期の国際法規範

(3)　具体的国家観にもとづく国際法規範

(4)　普遍的法への萌芽——環境、人権の国際法規範

伝統的国際法およびその発展の多くの部分、主権尊重、内政不干渉、紛争平和的解決、領域保全などは、第一のカテゴリーとして重要性をもち、第二のカテゴリーの法規範は過渡的な性格であり、その過渡期に続くものとして第三のカテゴリーの規範群は多国籍企業の行動規範や国際社会福祉あるいは国際社会保障的な法規範群を生み出すものとして、重要である。そして、二一世紀には、第三のカテゴリーの法規範群と並んで第四のカテゴリーの法規範群が、人類社会全体としての国際連帯や人類益を示すものとして、ますます多くの法規則によって厚みを増していくものと思われ、またそうであることが強く望まれるところである。そして、これらの規範群は従来の規範群を修正する機能を、現に果たしており、また、更に果たしていくことになるのである。

終わりにあたって、一言つけ加えさせていただきます。ご承知のように、一九九六年三月一日およ

び二日の両日、第一回アジア欧州首脳会議（ＡＳＥＭ）がタイの首都バンコクにおいて開催された。東南アジア諸国連合（ＡＳＥＡＮ）が欧州に呼びかけ、アセアン諸国に日本、中国、韓国、ベトナムを加えたアジアの一〇カ国と欧州連合（ＥＵ）一五カ国の首脳が一同に会したものである。議長声明では、植民地時代の歴史を乗り越えた「対等の関係」をうたいあげ、「さらなる成長のためのアジア欧州パートナーシップ」を作り上げた、と宣言した。まさに新時代の到来である。しかし、新時代にはそれにふさわしい法を作り上げなければならない。来るべき世紀へ向けて「未来は明るい」と言えるためには、技術革新や情報革命による社会の変容の恩典をすべての人類が享有できる条件を整えなければならない。今世紀初めに語られた「機会の平等」を、世紀末の今日にあって、「条件の平等」あるいは「結果の平等」へと転換させることが必要である。新しい法を作り上げていく上で、中国の果たす役割は大きい。最後にその点を指摘して私の話を終わりたいと思います。ご静聴有り難うございました。

（中国社会科学院講演・北京、一九九六年一〇月七日）

※中国語は、「二十一世紀国際的作用」『外国法 CASS Jounal of Foreign Law, 1977. 1』所収。

第六章　地球環境保全・生物多様性確保への道——文学作品に読む

(3) 田中正造と谷中村

おわりに

はじめに

人類は、紆余曲折を経て、一進一退を繰り返しながらも、確実にひとつの社会、人類共同体への歩みを続けている。世界から暴力は確実に少なくなっている、信じられないことかもしれないが、われわれは今人類史上最も暴力のない世界を生きている、と述べるのはスティーブン・ピンカーである（『暴力の人類史』）。環境についても、悪化に歯止めがかかって来ている。人類の環境保全や生物多様性の保全の枠組み設定への努力は、少数の心の叫びとして鋭く文学作品の中に現れ、はじめは少数の叫びでしかなかったものも多数の人の共感となり、法的枠組み設定の後押しとなる。国際社会は、一九七二年のストックホルム人間環境会議の宣言・計画に基づいて設立した国連環境計画（ＵＮＥＰ）のイニシャチヴによる、二〇一二年設置の「生物多様性及び生態系サービスに関する政府間科学政策プラットフォーム」（ＩＰＢＥＳ）が気候変動政府間パネル（ＩＰＣＣ）と並んで、各種のデータを基に、警鐘を鳴らし続けている。法的議論をすれば、これらはソフトローの基礎でもある。そうした原動力ともなったと思われる作品を取り上げてみたい。

作品論をする力はないし、文脈も異なるが、しかし、心に引っかかる作品として取り上げるのは、先ず、アメリカのスタインベック『怒りのぶどう』（The Grapes of Wrath, 1939）であり、次に、レイチェル・カーソン『沈黙の春』（Silent Spring, 1962）および日本の石牟礼道子『苦海浄土』（一九七二）、立松和平『毒：風聞・田中正造』（一九九七）の四冊である。読み手それぞれの、いわば勝手読みの勧めでもある。とはいえ、先ず、地球環境の中で人類が誕生して以来今日までの歴史を、特に近現代については、それぞれの作品と作家の背景を踏まえて、概観しておきたい。

なお、聖書的世界観が取り上げられることも多く、とくに欧州、中南米で大きな影響力をもつカトリック教会の現教皇フランシスコは「ラウダート・シ」（Laudato si. あなたは讃えられますように）（アシッジの聖フランシスコの賛歌）で始まる回勅を二〇一五年五月二四日に発し、母なる地球が「わたしたちの共通の家（our common home）」であることを強く訴えた。「地球はわたしたちを養い、治め、また、さまざまな実と色とりどりの草花を生み出す」。しかし、「神が与えた良きものをわたしたち人間が無責任に使用・濫用し地球に負わせた傷によって地球は叫び声をあげている。自らをわたしたちは地球を意のままに略奪できる支配者や所有者とみなすようになっている」と始めるこの回勅は、環境回勅とも言われ、世界が核戦争の危機にあった一九六三年に、平和を強く訴えた教皇ヨハネ二三世の「パーチェム・イン・テリス」（Pacem in terris、平和を地上に）と同様、世界の良心の指針となっていることも指摘しておこう。

1　自然と人間

人間は、すべての生物・無生物とともに、環境の中に、環境と共に、いる。一九七二年のストックホルム人間環境会議で採択された「人間環境宣言」は冒頭で次のように宣言する。

「人間は環境の創造物であるとともにその形成者である（Man is both creature and moulder of his environment)」。

また、二〇年後の一九九二年六月五日にリオ・デ・ジャネイロで採択された生物多様性条約は前文で言う。

「生物の多様性が有する内在的な価値並びに生物の多様性及びその構成要素が有する生態学上、遺伝上、社会上、経済上、科学上、教育上、文化上、レクリエーション上及び芸術上の価値を意識し、生物の多様性の保全が人類の共通の関心事であることを確認し」た。

二〇〇二年の「持続可能な開発に関するヨハネスブルク宣言」が「われわれの起源から将来へ」と

題する冒頭第六項で「人類発祥の地であるこの大陸」と言及しているように、人類は、地球誕生から四〇億年も経ってから、アフリカで誕生し、すなわち、四〇億年を暦の一年に例えれば、一年が終わろうとする三一日夜の除夜の鐘が鳴り始めたころに生まれ、まだ一〇万年ほどしか経っていない。誕生後徐々に世界の各地に広がり、土地を基盤に生活するようになると、年年歳歳、日、週、月、季節、年で過ごす生活を繰り返してきた。人類史の中で、現代につながる大変動は、一五世紀のいわゆる新世界の発見、一八世紀に始まる産業革命、市民革命によってもたらされた。とくにヨーロッパを中心におおよそ一八世紀を境に繰り返しの効かない未知の文明と環境に入り込んだとみられ、「一八四八年にヨーロッパは、過去と意識的に訣別した。これは革命の年の忘れられない業績であった」（河野健二『現代史の幕開け』）。

(1)　聖書的世界

創世記は言う。神は自分のかたちに人を創造された……神のかたちに創造し、男と女に創造された。神は彼らを祝福して言われた。『生めよ、ふえよ、地に満ちよ。地を従わせよ。』また『海の魚と、空の鳥と、地に動くすべての生き物を治めよ』（第一章二七—二八）。また言う。『全地のおもてにある種をもつすべての草と種のある実を結ぶすべての木とをあなたがたに与える。これはあなたがたの食物となるであろう』（同二九）。

しかし、二一世紀を迎えるにはまだ三〇年もある一九七〇年代初めに、創世記を念頭に置き、人類が一九七〇年当時のような農業や牧畜技術を用い、植物の有機物生産能力に依存して食料を得ている限り、地球の養える人口には限界がありそうで、その意味で、創世記の神話は終わった、と論じられもした。

根拠は、地球の陸地の全面積のうち食糧生産に利用できるのはせいぜい四分の一強で、しかもその半分は、すでに当時農耕地として使われていたので、残る半分を開拓し尽くしてやっと、三〇年後の二一世紀初頭に達するであろう世界人口を養える勘定であり、人類が五千年以上もかけて開拓してきた当時の農耕地を三〇年で倍増させるのは、いかに技術革新の時代とは言え困難であろう、と思われていたからである。また、人口密度の点からは、当時の東京が一平方キロ当たり五千三五七人、日本全体なら二七二人であり、南極やサハラも含めた陸地に東京の密度で住むとすれば世界の総人口は現在の二二三倍となり、日本全体の密度であれば一一倍程度。米国は三二人、フランスは九一人であるので、アメリカ的生活なら地球はすでに満員、フランス的なら三・八倍までの増加は見込める、と計算された（梅棹忠夫・川喜多二郎・仲尾佐助たちとともにいた吉良竜夫『生態学からみた自然』）。

前世紀にはこうしたことが論じられていた。このように、人は自然の中で生き、自然が人を養うことができた。人は自然に改良を加えながら生きてきた。しかし、二〇世紀も後半になると、神話的調和は終わったとして、地球に定員はあるか、という問いが発せられるようになったのであった。

もっとも食料と人口との関連では、現在いわゆるフードロスからも論じられている。国連食糧農業機関（ＦＡＯ）によると、世界の食料廃棄量は年間約一三億トンあり、これは生産される食料の三分の一に当たるといわれる（国際農林業協働協会訳『世界の食料ロスと食料廃棄』）。他方で、二〇一七年現在の世界人口は約七六億人で、五〇年には九八億人と推計され、約三割近くが増加する（World Population Prospects, 2017 Revision）。

そこで、そうした議論はさておき、先ず、世界の人口に焦点をあててみよう。国家らしきものの発生は、紀元前四〇〇〇年ないし前三〇〇〇年頃に始まったと言われる。国家の成立と文明の発生は、周知の通り、土地が広大で肥沃であり、灌漑農耕に適した水陸交通の要衝ともなった大河の地域に見られ、世界最古の四大文明は、ナイル川流域のエジプト、チグリス・ユーフラテス川流域のメソポタミア、インダス川流域のインド、黄河流域の中国に生まれた。ヌスバウム等によって記録に残る世界最古の条約として引かれるのが、ラガシュとウンマとの間の約束である（A. Nussbaum. A concise history of the law of nations）。これらは、メソポタミアのうち現在のバグダッドの南のバビロニアのさらに南のシュメール地方にあり、紀元前にウル、ラガッシュのほか、ウンマなど多くの都市国家があった。

ところで、これら都市の人口は、紀元前二五〇〇年から前三〇〇〇年頃のラガシュが六万人、ウンマが四万人ほどであった、とみられている（ジョージ・モデルスキーの推定（ウキペディア「歴史上の推定人口」））。もちろん、人口統計があるわけではないので、歴史的な人口は、遺跡の面積や人口密度、その他、都市周辺の生産力から推定されるし、都市の中の神殿や教会などの特殊建造物の数からも推定されている。

⑵　新世界への移動と開拓

今日のような一体的な世界が形成される契機となったのは、歴史をずーっと下がって、一四九二年にヨーロッパ人による、いわゆる新世界の発見があってからのことである。この年以降、ヨーロッパ人が新世界へと殺到した。北米には特にオランダ人、スペイン人、イギリス人、フランス人などあらゆる国からやってきた。オランダ人のニューアムステルダム（イギリス人による占領後ニューヨークと改名）、スペイン人のフロリダ（一八一九年二月の条約でアメリカに割譲）、フランス人のルイジアナ（一八〇三年四月、ナポレオンが独立したアメリカに売却）などに植民した。イギリスは、一六〇七年のヴァージニアに始まり、一七三二年のジョージアにいたる北米大陸東海岸に一三植民地を形成し、それぞれがイギリス国王に結び付き、イギリス帝国の構成分子であった。

ところが、ヨーロッパ大陸の七年戦争（一七五六―六三年）は、北米大陸での英仏の植民地争奪の戦いとも連動し、『沈黙の春』のレイチェル・カーソンが生まれた現在のペンシルバニア州アルゲニー川地域での紛争を発端として、いわゆるフレンチ・インディアン戦争となり、この戦争はイギリスの勝利となって一七六三年二月に終結した。しかし、イギリスはこの軍事費の負担を北米一三植民地への課税と支配強化によって賄おうとし、ボストン茶会事件等のアメリカ側の反抗を招き、アメリカは独立へと向かった（アーネスト・Ｒ・メイ編、中屋健一監訳『アメリカの外交』）。ヴァッテルは、この戦争の最中一七五八年に彼の『国際法』（E. de Vattel, Le Droit des Gens）を刊行したのである。アメリカが独立宣言をしたときは東部のアパラティヤ山脈までの狭い地域に限られていたが、独立戦争で英に勝利し、一七八三年パリ条約によってミシシピー川東岸地域を譲渡され、一九世紀に入るといわゆる西部開拓の時代に突入し、ミシシッピー川を越えて、さらに西へ西へと向かうことになる（猿谷要『西部開拓史』、中屋健一『アメリカ西部史』、視覚的に、そこに住む人びとの生活の様子を鮮やかなイラストで示す、スコット・スティードマン文・マーク・バーギン画、猿谷要・清水真理子訳『アメリカ西部開拓史』）。しかし、いずれの時期にも後から移住してきたヨーロッパ人たちは原住のアメリカ・インディアンと衝突を繰り返していたことを忘れることができない。

一七世紀にグロチウスが絶対主義の国際法を書いたのに対し、一八世紀にヴァッテルは政治的自由の国際法を書いたと評された（A. de La Pradelle, Maitres et Doctrines du Droit des Gens）その書物は、アメリカ独立戦争の勝利を確実にした米仏同盟条約をまとめたフランクリンに絶賛された（本著作集第1巻第二章「国際法における人間」）。しかし、「土地を耕作する自然の義務」（Liv. I, Ch. 7, s. 81）を措定し、「労働を避けるために狩猟と牧羊のみで生活しようとする民族は、今日人口が増えてきたので、不当に土地を手に入れていることになり、狭隘な土地に閉じ込められている国民がやってきてその土地の一部を占めるとしても不平を言うことはできない」とし、「ペルーやメキシコのような秩序ある帝国の征服は言語道断な簒奪であったが、他方、北米大陸におけるいくつかの植民地の建設は、正当な限界の内に抑えられているため、完全な正当性をもつことができたのである。この広大な地域の諸民族は、そこに居住していたというより、そこを歩き回っていたのである」と述べている。ヴァッテル執筆時の人口も明確ではないが、ヨーロッパで一億五千万人程度で南北アメリカの一〇倍の人口を擁していたであろうか。

(3)　産業革命

一八世紀の産業革命以降に世界人口の増加ペースは速くなってきた。そして二〇世紀に人類は人口爆発と呼ばれる人類史上最大の人口増加を経験した。一九〇〇年にはおよそ一六億人だったのに対し、特に第二世界大戦後の増加が著しく、一九五〇年にはおよそ二五億人となり、世紀末にはおよそ六〇億人と言われるに至った。二〇一七年現在七五億五千万人である。国連の「世界人口展望」によると、二〇三〇年には八六億人にも達するのではないかと推測されている（World Population Prospects, 2017 Revision）。

ところで、一九世紀の北米では、一八二一年にメキシコがスペインから独立した。一八三六年には米国人が多く移り住んでいたメキシコ北部のテキサスが分離独立し、アメリカはこれを併合した。一八四六―四八年の米墨戦争でメキシコは敗北し（『アメリカの外交』）、四八年二月二日にグアダルーペ・イダルゴで調印された条約でメキシコはカリフォルニアを割譲した。『怒りのぶどう』のスタインベックは、カリフォルニア州モントレーの田舎町サリナスに生まれた。父は南軍の兵士として参戦した経験をもつ。

一八四八年一月に金鉱が発見され、ゴールドラッシュとなり、世界中から移民が殺到し人口が急増した。これらの人たちは、四九年にちなみ、フォーティナイナー（49er　forty-niner）と呼ばれた。

鎖国中の日本・土佐の漂流漁民ジョン万次郎は、幕末に、アメリカに向かう幕府の咸臨丸に乗り勝海舟に同行することになるが、漂流中を捕鯨船に救助されマサチューセッツ州で勉学に励み、帰国資金を得るためにもサンフランシスコに渡り金鉱探しをしたと言われる（井伏鱒二『ジョン万次郎漂流記』）。一八五〇年にカリフォルニアを連邦に編入する際、南部の奴隷州と北部の自由州が対立したが、自由州とされた。一八六〇年一一月の大統領選で奴隷制反対のリンカーンが当選。翌年二月南部連邦結成。三月リンカーン大統領就任、四月に南北戦争勃発。一八六五年に南北戦争は終了した。

この頃、世界最大の都市ロンドンは二三〇万人もの人口を抱え、江戸も八〇万人に迫る人口を抱えていた。幕末の日本へは、一八五三年にペリーが来航し、一八五八年には最初の開国条約である安政条約が結ばれた。日本人の生活等について、一八五六年に下田に着任したハリス始め、多くの外国人が書き残している（ハリス『日本滞在記　上・中・下』、オールコック『大君の都　上・中・下』、なお、これらについて、渡辺京二『逝きし世の面影』）。

一八六八年の明治維新後の日本は富国強兵・殖産興業をスローガンとし近代化にひた走ることになる。日本初の公害鉱毒事件を生んだ足尾地区は江戸時代から銅を産出していたが、明治維新後に民間に払い下げられ、西洋の近代鉱山技術の導入・開発により、一八八五年には渡良瀬川の鮎の大量死や足尾の木が枯れ始めていく様子が報じられている（二〇歳の荒畑寒村が書いた熱血の書『谷中村滅亡史』）。日本窒素水俣工場が空中窒素固定法による石灰窒素の製造を開始したのは一九〇八（明治四一）年のことであった。

(4) 環境法の歴史と発展

産業革命は人口増加も促し、また、それにに伴う科学技術の急激な発展の中で環境問題も発生させた。最初に産業革命を経験したイギリスは、イギリスの繁栄の絶頂期を象徴するヴィクトリア女王（在位一八三七―一九〇一）の時代、一方の華やかな繁栄の陰で、貧困に喘ぐ人たちが貧民窟にあふれ、「霧の町ロンドン」は、観察者ディケンズに言わせると「大気汚染の町ロンドン」であり、「入ってくる人間を片っ端からむさぼり食う飢えた獣である」超格差社会であった（ワーナー、ウィリアムズ共著、松尾恭子訳『写真で見るヴィクトリア朝ロンドンの都市と生活』（原題は、『ディケンズのヴィクトリア期ロンドン一八三九―一九〇一』）。一八四五年に始まる、ジャガイモの凶作に端を発したアイルランド大飢饉では、百万人もの死者がでたほか、食い詰めた百万人以上の移住者がアメリカ等へ向かったと言われる（勝田俊輔・高神信一編『アイルランド大飢饉』）。

ここまで書き進めてきて、何の脈絡もなく、二〇世紀初めにダブリンで生まれたサミュエル・ベケットの『ゴドーを待ちながら』という不条理劇を京都先斗町の歌舞練場で観たことを思い出した。極度に発達した欧米の物質文明を背景に、二人の浮浪者（民芸の宇野重吉と米倉斉加年）が一本の枯れ木の下でゴドーを待ちながら（En Attendant Godot）、言葉の意味もなく、物語性もなく、おしゃべりをしていて終わる。ゴドーは来ない（『民芸の仲間』八二号）。

ロンドンやマンチェスター等の都市は別として、しかしながら、郊外には、足繁く通ったテート・ギャラリーに飾られているターナーの描く、モネたちフランス印象派を先取りしたと評される、光と雲に表現される美しい風景が広がっていたのも事実である。この時代には単なる同業組合にとどまらず、労働組合の結成、労働運動を生み出し、原型となる生活協同組合の結成やＹＭＣＡなども設立されている（拙著『国際人権法』）。

公害や貧困、さらに食糧としての魚、鳥獣の捕獲等への対応は国内法によっていた。北米もそうであり、乱獲から規制が始まった。例えば、ラッコやオットセイの毛皮は重宝され高い値が付き、一攫千金を狙う密猟者たちが増え絶滅の危機に瀕したことから、生息地周辺のロシア、日本、カナダ、米国の四国は一九一一年にオットセイ保護の国際条約を結び、乱獲に歯止めを掛けようとした。各国同様に日本も条約実施のためラッコ・オットセイ猟獲取締法を制定した。

捕鯨は、洞窟壁画や遺跡に残された骨の分析から先史時代から見られるようである。食用のほか、灯油用の鯨油の利用が盛んになり、北米でも当初は沿岸捕鯨から始まったが、やがて資源の枯渇により遠洋に進出し遠洋捕鯨が始まった。丁度その頃石油が発見された。『白鯨』を書いたメルヴィルもアメリカ船の乗組員であった。二〇世紀に入ると南極海にまで広がったが、いわば石油のおかげで、採油など鯨油生産調整の国際的規制も始まった。第二大戦後も日本のようなタンパク資源利用の捕鯨はあったが、ここに鯨類最大の危機の時代は終わった。第二大戦後一九四六年の国際捕鯨取締条約によって設立された国際捕鯨委員会（ＩＷＣ）によって禁止されているのは商業捕鯨であり、先住民生存捕鯨は認められている。

現在の環境問題は、公害に始まる。具体的な公害に直面して救済法、そして公害を起こさないようにする規制法が生まれた。

石油はアメリカでは第二大戦前から海底地下まで掘削することが可能になっていた。海底掘削については連邦政府と州政府の権限関係が明確ではなかったが、大戦後いち早くアメリカが大陸棚資源を強く主張し、一九五八年の大陸棚条約はこうして成立した。しかし、陸上では以前から地下深く掘削されていた。ホックシールドは『壁の向うの住人たち』で「州―地下一二〇〇メートルの市場を支配する」として、二〇一二年のルイジアナ州南部メキシコ湾岸バイユーコーンの湿地帯に巨大な陥没穴ができた事故をとりあげている。彼女の関心は、共和党を支持する傾向にある、いわゆる赤い州において環境破壊が著しく見られるのに、なぜ連邦の介入を嫌うのか、にあるが、ここでは、単に、大事故発生前に住民たちがぶつぶつと上がる泡や石油の臭いに気付いていたにもかかわらず、大規模陥没事故となり、アメリカではシンクホールが多く見られるからであろうか、世界的なニュースとはならなかった点を指摘しておきたい。

世界の関心が環境問題に向かうのは、英仏海峡に大量の石油が流出した一九六七年の英仏海峡で起きたトリーキャニオン号事件と、一九六九年のカリフォルニア州サンタバーバラ沖の油井事故からであった（本著作集第7巻）。英仏海峡は欧州の幹線であり、アメリカ西海岸カリフォルニア州サンタバーバラはアメリカの保養地、海鳥たちの天国としても知られており、テレビニュースが世界中を駆け巡った。それまでは、一九五八年の公海条約が〝海水油濁防止と放射性廃棄物の廃棄による汚染防止を定め、主として海運界の関心事に過ぎなかった。

日本で百年公害と言われた足尾鉱毒事件は、当初、一八七八年には渡良瀬川の鮎の大量死、さらに一八八五年には足尾の木が枯れ始めていることが報じられて世間の知るところとなった。村人たちや田中正造の決死の訴えがあった（荒畑寒村『谷中村滅亡史』）。しかし、一九七四（昭和四九）年五月一一日、総理府中央公害審査委員会（現・総務省公害等調整委員会）(＊)が古河工業を加害者と認定し、その加害責任を認めたことによって、ピリオドが打たれたのであったが、問題は未解決のまま、明治、大正、昭和と国内問題として引き継がれてきたのである。

（＊）一九五一年に総理府外局として土地調整委員会が設けられ、その後、一九七〇年総理府機関としての中央公害審査委員会、七二年の総理府外局公害等調整委員会を経て、二〇〇一年の中央省庁再編により総務省外局となり、現在。

当初の水俣病もそうであった。水俣病が「水俣湾産の魚介類を長期かつ大量に摂取したことによって起こった中毒性中枢神経系疾患である。その原因物質は、メチル水銀化合物であ(る)」と認める政府見解を発表したのは一九六八（昭和四三）年九月のことであった。

自然保護については、しかし、明治政府の富国強兵のための殖産興業政策の下で自然景観や貴重な動植物が急速に失われたため、一八九五（明治二八）年に野生鳥獣保護の狩猟法、一八九七（明治三〇）年に森林保全の森林法、一九一九（大正八）年に史跡名勝天然記念物保護法を、一九三一（昭和六）年に国立公園法が制定され、その後も整備されてきた。一九六〇年代の高度経済成長、国土開発に対処するため、自然保護の理念を明確にし、一九七二(昭和四七)年、自然環境保全法が制定された。

ところで、日本において公害が公害として注目を集めるようになったのは一九六〇(昭和三五)年以後のことであり、環境権が最初に唱えられたのは一九七〇(昭和四五)年であるといわれる。同年末のいわゆる公害国会において一四件に及ぶ新立法と法律改正が行われ、翌年環境庁（現環境省）が設置された。一九七二年のストックホルム人間環境会議は、一九六八年に会議開催を国連の場でスエーデンが提唱したのであるが、そのスエーデンも水銀問題を抱えていたのである（拙稿「海洋汚染の防止と海洋環境の保全」および「わが国海洋汚染防止法令の概要」本著作集第7巻所収）。

一九七二年のストックホルム人間環境会議を画期として環境権は登場した。会議の場では、現実的な、先進国の「公害」（polution）と途上国の「貧困」（poverty）の二つのＰが問題とされたが、この会議を契機として、七〇年代に、七四年世界人口会議、世界食糧会議、七五年世界婦人年世界会議、ハビタット、七七年国連水会議、国連砂漠化会議がたて続けに開催され、八〇年代にも国際人口会議ほか、九〇年代に入り、九二年にリオデジャネイロでの国連環境開発会議が開かれるなど、環境概念のもつ広がりが理解できる。このことを人間環境宣言は次のように言う。

「環境は人間の生存を支えるとともに、知的、道徳的、社会的、精神的な成長の機会を与えている。地球上での人類の苦難に満ちた長い進化の過程で、人は、科学技術の加速度的な進歩により、自らの環境を無数の方法と前例のない規模で変革する力を得る段階に達した。自然のままの環境と人によっ

て作られた環境は、ともに人間の福祉、基本的人権ひいては生存権そのものの享受のため基本的に重要である」。そして、

「われわれは地球上の多くの地域において、人工の害が増大しつつあることを知っている。その害とは、水、大気、地球、および生物の危険なレベルに達した汚染、生物圏の生態学的均衡に対する大きな、かつ望ましくないかく乱、かけがえのない資源の破滅と枯渇および人工の環境、とくに生活環境、労働環境における人間の肉体的、精神的、社会的健康に害を与える甚だしい欠陥である」。いまや「われわれは歴史の転換点に到達した……無知、無関心であるならば、われわれは、われわれの生命と福祉が依存する地球上の環境に対し、重大かつ取り返しのつかない害を与えることになる……現在および将来の世代のために人間環境を擁護し向上させることは、人類にとっての至上の目標、すなわち平和と、世界的な経済社会的な発展の基本的かつ確立した目標と相並び、かつ調和を保って追及されるべき目標となった」。

こうして原則一は言う。

「人は、尊厳と福祉を保つに足る環境で、自由、平和および十分な生活水準を享受する基本的権利を有するとともに、現在および将来の世代のために環境を保護し改善する厳粛な責任を負う」。

さて、環境が一九七二年に国際的な関心事となったのはなぜか。水銀が一つの直接的な契機であったことはすでに触れた。さらに一九六七年のトリーキャニオン号事件と一九六九年のサンタバーバラ

油井事故が大きな警鐘を鳴らしたのも事実であろう。他方で、六〇年代に植民地から独立し、国連に加盟することとなった国々が南北問題に大きな発言権を持ったことも指摘しておきたい（戦後の植民地の独立について、本著作集第10巻）。

今考えなければならないことは、地球上のあらゆる自然現象は一つの巨大なシステムを構成しており、人類の活動は、この地球自然システムのあらゆる部分に影響を与えているので、自然における現代人類の地位を考え抜くことである（吉良竜夫「自然における人間の地位」『自然保護の思想』）。

なお、冒頭にソフト・ローについて触れたので、法源論について簡単に触れておきたい。国際社会には、国内法のような制定法はなく、国際法学は、成立形式からみて法源を、慣習として存在する法と、諸国が締結する条約として存在する法に二分して論じてきた。そして、慣習法成立要件として、諸国の慣行と法的確信を挙げる（慣習法成立要件について、本著作集第４巻）。しかし、慣習法の成立には時間を要し、普遍的多数国間条約の締結も困難が伴う。そこで、国際社会の組織化が進むに伴い、国際機関や国際会議で採択される法宣言が注目され、慣習法でも条約法でもない、その前段階にあるものとして、ソフト・ローの議論が、特に最初は環境法分野から始まった（「日本と環境問題」米国国際法学会ＡＪＩＬサンフランシスコ総会議事録、Rems on Japan and environmental problem, 1977P 163-5）。その意味で、法的確信の促進の意味でも、社会学的には、世論が大きな役割を果たしていることを指摘しておきたい。

2　文学作品に読む

1　スタインベック『怒りのぶどう』（The Grapes of Wrath, 1939）

スタインベック『怒りのぶどう』（The Grapes of Wrath, 1939/4, 石一郎訳、河出書房出版社、一九六二）については、数えきれないほどの評論があり、いろいろの角度から読み込まれてきている。同書が発表された翌四〇年にはジョン・フォード監督によって映画化された（『ジョン・フォード伝』）。アメリカ中部に砂嵐地帯と呼ばれる乾燥地帯があり、同書は、この乾燥と貧困が多くの農民の生活を不能にし、自然の猛威と貧困に追われて、一九二九年に始まる大恐慌下に安住の地カリフォルニアに向けて、新しい家を求めて、オクラホマから旅に出る農民一家、ジョード家の物語である。同書は三〇章からなるが、「物語章」と物語に挿入される計一六の「中間章」から構成されると言われる。この物語章と中間章を緊密に結ぶ構成により一小作農家ジョード家の物語がアメリカの「西進」の歴史を想起させるものとなり、聖書のイメージや聖書への言及によって普遍的な意味を持たせている。全体構成は、「旱魃」「旅」「カリフォルニア」の三つの大きな部分に分かれ、それぞれは、旧約聖書のエジプトにおける圧政、エジプトからの脱出とシナイの荒れ野の旅、約束の地カナンでの滞在に対応し、第一の部分は一〇章まで、第二の部分は一七章まで、そして第三の部分、カリフォルニア、という聖書的構成をとっているという（ピーター・リスカ「小説としての『怒りのぶどう』」（森政勝訳）「アメリカ近代語学文学協会ＬＸＸＩＩ（一九五七年三月）および倉橋健「解説」）。

中間章には主人公一家のみならず、その他の一家も顔を出さない。中間章の役割のひとつは物語の社会的背景を与えることであり、たとえば、同書の冒頭は、ジョード一家をやむなくその土地から離脱させることになる旱魃について概略を述べるように、次のように始まる。

「オクラホマの赤ちゃけた土地と、そうして灰色の土地の一部分に、最後の幾雨《いくさめ》かがやさしくやってきた。最後の雨は、傷だらけの大地を掘り抜きもしなかった。小川になって流れた跡を鋤が横ぎってあちこちを掘りおこした。最後の幾雨かは、トウモロコシを急速にのばし、道の両側に雑草の群落や草地などをまき散らした。そこで灰色の土地と赤黒い土地は緑におおわれ、姿を消しはじめた。五月の終わりころ、空はしだいに白っちゃけ、春は長いこと空に高くぱっとかかっていた雲も、消え失せた。太陽は、生《お》いのびるトウモロコシを一日また一日とざらざら照りつけた。はては銃剣のようにとがった緑の一葉一葉の緑に沿って、茶色の筋がのびひろがった。雲は現われ、そして消えていった。もはや当分の間現れもせず、むろん消えようとはしなかった。雑草は身を守るために、しだいに濃く緑を増した。が、それ以上のび広がりはしなかった。地表はこわばったどろ土におおわれた。薄い固い皮だ。空が白っちゃけるようになると、大地も色艶《いろつや》を失うようになった。赤ちゃけた土地では桃色に、灰色の土地では白っぽくなるのだった。

流水に掘りぬかれた涸れ谷の中では、土塊《つちくれ》が水のない小さな流れのようにつづけさまにおちた。地ネズミとアリ地獄が小さな土くずれをおこした。こうして鋭い太陽が一日一日と照りつけてくる。若いトウモロコシの葉は、頑強な力を失い、いっそううなだれるようになるのだ。はじめはゆるい曲線をつくって身を曲げる。やがて、力のはいった葉脈の中心部がしだいに弱く、どの葉もぐったりたれた。すると六月だった。太陽はさらに激しく照りつけた……

二頭立ての馬車がすすみ、車輪が地面をくだいた。馬のひづめが地面をたたく。そういう路上では、どろ土の皮が破れ、砂ぼこりが生まれた。動くものすべてが砂ぼこりを空中にまいあげた。歩く男は、薄い砂ぼこりの層を腰のあたりまでまいあげた……」


第一章では三〇回近くも「砂ぼこり」について触れられており、土地そのものを表すとともに、同書の背景にある基本的な社会的状況を示している。七章、九章では移住に必要な中古車のことやその購入、旅に必要な家庭用品の選び出しと売却の話がなされるが、十一章では砂嵐地帯で見捨てられ、朽ち果てた家のことが綴られる。しかし、その他一九、二一、二五の中間章はカリフォルニアにおける土地所有権の拡大やそれに伴う移住労働者の拡大、従来の小規模な土地の労働集約的農業から、土地の集約化と大型農業機械を駆使する資本集約的な農業への転換が語られる。

最終章第三〇章の物語の結末部分は、死産で子供を失ったばかりのローズ・オブ・シャロン（訳書では「シャロンのバラ」）が飢えた老人に乳房をふくませる象徴的な場面で終わっている。社会科学者としては、その意味について論じるのは荷が重すぎる。その論点については、解説の倉橋健その他に譲るとしよう（仲地弘善「『怒りのぶどう』、読みの層、そして最終場面」（沖縄キリスト教学院論集 Okinawa Christian University Review (1):59–69）。

スタインベック『怒りのぶどう』を取り上げたのは、最も激しく大砂塵に見舞われていたオクラホマやカンザスを中心にした中部大草原地帯は、年間を通じ降水量が少なく耕作に適しない土地であり、人びとの入植前は植生に適した大草原が広がっていたのであるが、そこに入植し開拓したことにより一時的には、生産量が高まり、確かにとくに第一大戦中にはヨーロッパへの輸出で多大の利益を上げた。しかし、他方で露出した土地が旱魃により乾燥し、砂塵として舞い上がったのであり、農民たちを土地から追い立てた要因である大砂塵は単なる自然の猛威によるのではなく、その生態系の破壊によるものであることに注目したからに他ならない。

それにしても、なぜ、『怒りのぶどう』なのか。倉橋健の「解説」によると、女流歌人ジューリア・ウオード・ハウが南北戦争の折に人間の自由の神聖さについて歌った「共和国の賛歌」のなかの「怒りのぶどうの貯えられし甕を主は踏みしぼりたまい。」からとられたもので、ぶどうは豊穣の象徴であるとともに、暴虐に対する神の怒りの発酵を意味している」という。

ヨハネ黙示録一四章一八―一九節のぶどうの収穫の描写は、旧約聖書イザヤ書、エレミヤ書によるようであるが、天使が熟したぶどうを刈り入れて「神の怒りの大きなぶどうのしぼり桶（the wine press of God's furious anger, la cuvé de la colère de Dieu、神の怒りの醸造桶）に投げ込んだ」とある。ヨハネ黙示録は難解だが、イザヤ書やエレミヤ書では特に異教徒に対する罰を指すために用いられているようで、スタインベックはとくにカリフォルニアにおける移住労働者の悲惨な状況を生み出している社会の仕組みに対する怒りを示したものと思われる。解説の倉橋健は「単純で、貧しくはあるが、善良で、本質的には高貴な性質をもった農民たちや、大地と結びついた素朴な生活のなかに汚れない人間の美しさを描き出したスタインベック」「持てる者の一流の貪欲さと機械文明のからくりによって大地から追い出された虐げられたひとびとの実情を見て、彼らにたいして深い同情を、そして彼らをそういう状態に追い込んだひとびとに対して激しい怒りを感じたのは当然」と表現する。

一九三九年には早くも、同書を原作としてジョン・フォード監督により映画化され、四〇年一月にニューヨークの劇場で幕を開け、連日大入り満員の列をなした。孫のダン・フォードは、「封切りを前にして待機中の一九三九年秋、リベラル派の新聞各紙はザナックが原作にある政治的含みを〝きれいに洗濯〟してしまったらしいという憶測の記事で賑わった。」と書いている（『ジョン・フォード伝』）。

スタインベックは、既にふれたように、一八四八年にアメリカ領土となったカリフォルニアの田舎町サリナスで、ドイツ人の父、アイルランド人の母の下に生まれ、育った。名前から想像されるのはユダヤ系である。一八四九年にゴールドラッシュがあった。

同書刊行時の一九三九年はアメリカの不況の時代下にあった。また中央部の大草原は三〇年代断続的に砂嵐に見舞われていた。

一九三三年から三九年にかけて、断続的に、北のカナダとの国境から南のテキサス州に至るアメリカ中央部の大平原地帯を砂嵐―「黒い大吹雪」が襲い、オクラホマを含むこの地域一帯の農地を砂丘と化してしまった。これは、家畜飼育と牧羊業が表土を繋ぎとめている天然の芝や低木を西部から奪い取ってしまったのであり、環境を無視した耕地化が原因と考えられる。つまり、白人入植者たちが作物を植えるために、表土を抑えていた草をすき込み、はぎとることによって地表を露出させ、地表は直射日光に曝され、乾燥した土地になりドライ・ダウンバーストによって表土が吹き飛ばされた。地主はこの機に小作人から土地を取り上げ、大規模農業経営へ向かい、農民は困窮のどん底へ落とされるに至った。

同書は、一九二九年の大恐慌を受け、一九三二年にその職に就いたルーズベルト大統領のニュー・ディール（New Deal）政策の理念と不思議に一致しており、社会の改革による進歩へのゆるぎない信念、伝統的な民主主義の理想主義、精神的な孤独と疎外感がいりまじったアメリカ的な作品と評価されているようである。

ルーズベルト大統領のNew Dealは、多くの自然環境のバランスを修復する政府プロジェクトを実施し、一九三三年九月一三日に土壌保護局（Soil Conservation Service, SCS）（クリントン大統領期の一九九四年に自然資源保護局（Natural Resources Conservation Service, NRCS）に改組）を設立した。

なお、同書の聖書的構成について、倉橋健は、砂嵐と地主の圧迫、国道66号線のトラックの旅、カリフォルニア滞在（地主・銀行家＝エジプト人）を『出エジプト記』のイスラエル人に対するエジプト人による圧政と苦難、エジプトを脱出し、シナイの荒れ野、砂漠を旅するイスラエル人、そして、約束の地カナアン滞在、にその原型を見るようである。しかし、この点の議論は、作品論に関わるが、解説の倉橋健に譲ろう。

2　レイチェル・カーソン『沈黙の春』(Silent Spring, 1962)

(1)　序

レイチェル・カーソン『沈黙の春』(Silent Spring, 1962)（斎藤築一訳・新潮社、一九八七（新版）、新潮文庫二〇〇四（六三刷））。

日本語訳初版は『生と死の妙薬』として一九六四年四月に出版され、一九八七年五月新装版で『沈黙の春』とされた。

海洋生物学者として出発したレイチェル・カーソンは、米国ペンシルベニア州ピッツバーグ近郊の小さな町スプリングデールで生まれた。ネイティブアメリカンの言葉で、「美しい川」という意味をもつアルゲニー（Allegheny）川沿いにある、当時人口約二五〇〇人の小さな町であった（多田満『レイチェル・カーソンはこう考えた』、同『レイチェル・カーソンに学ぶ環境問題』）。そこに広がる森には小川が流れ、小鳥がさえずり、花々の中を虫が飛び交う田園の中で育った。それが『沈黙の春』の冒頭の章「明日のための寓話」に描かれた原風景であろう。

同書が出版されるや、「環境保護運動が燎原の火のように燃え広がり」、当時のケネディ大統領は、農薬の危険性を調査するために科学諮問委員会に農薬委員会を設置した。

一九七二年に設置されたた米国環境庁（ＥＰＡ）は、その起源を語るのに、レイチェル・カーソンの『沈黙の春』から始め、一九六九年一月に起きたカリフォルニア州サンタバーバラ沖の油井事故に触れる。米国環境庁が誕生したのは、一九七二年一二月二日ニクソン大統領のイニシアチブによる省庁再編の結果である（The Guardian: Origins of the EPA, EPA's Web Archive による）。

なお、一九七〇年四月二二日に初の「アース・デイ」が米国全土で開催された。

(2)　概　要

レイチェルは、一九六二年のはしがきを次のように始めた。

「一九五八年の一月だっただろうか。オルガ・オーウェンズ・ハキンズが手紙を寄こした。彼女が大切にしている小さな自然の世界から、生命という生命が姿を消してしまったと、悲しい言葉を書きつづってきた。まえに、長いこと調べかけてそのままにしておいた仕事を、またやりはじめようと、固く決心したのは、その手紙を見たときだった。どうしてもこの本を書かなければならないと思った。」

同書十七章の最初の章「明日のための寓話」の始まりはこうである。

「アメリカの奥深く分け入ったところに、ある町があった。生命あるものはみな、自然と一つだった。町のまわりには、豊かな田畑が碁盤の目のようにひろがり、穀物畑の続くその先は丘がもりあがり、斜面には果樹がしげっていた。春がくると、緑の野原のかなたに、白い花のかすみがたなびき、秋になれば、カシやカエデやカバが燃えるような紅葉のあやを織りなし、松の緑に映えて目に痛い。丘の森からキツネの吠え声がきこえ、シカが野原のもやのなかを見えつかくれつ音もなく駆け抜けた。

道を歩けば、アメリカシャクナゲ、ガマズミ、ハンノキ、オオシダがどこまでも続き、野花が咲きみだれ、四季折々、道行く人の目をたのしませる。冬の景色も、すばらしかった。枯れ草が、雪の中から顔を出している。その実やベリー（漿果）を求めて、たくさんの鳥たちが、やってきた。いろんな鳥が、数えきれないほどくるので有名だった。春と秋、渡り鳥が洪水のように、あとからあとへと押し寄せては飛び去るころになると、遠路もいとわず鳥見に大勢の人たちがやってくる。釣りにくる人もいた。山から流れる川は冷たく澄んで、ところどころに淵をつくり、マスが卵を産んだ。むかしむかし、はじめて人間がここに分け入って家を建て、井戸を掘り、家畜小屋を建てた、そのときから、自然はこうした姿を見せてきたのだ。

ところが、あるときどういう呪いをうけたのか、暗い影があたりにしのびよった。いままで見たこともきいたこともないことが起こりだした。若鶏はわけのわからぬ病気にかかり、牛も羊も病気になって死んだ。どこへ行っても、死の影。農夫たちは、どこのだれが病気になったというはなしでもちきり。町の医者は、見たこともない病気があとからあとへと出てくるのに、とまどうばかりだった。そのうち、突然死ぬ人も出てきた。何が原因か、わからない。大人だけではない。子供も死んだ。元気よく遊んでいると思った子供が急に気分が悪くなり、二、三時間後にはもう冷たくなっていた。

自然は沈黙した。……」

「本当にこの通りの町があるわけではない。だが、多かれ少なかれこれに似たことは、合衆国でも、ほかの国でも起こっている」と書き、「害虫」駆除の農薬使用、一般的に化学肥料使用に大きな警鐘を鳴らした。

そして、最終章で「〈自然の征服〉——これは、人間が得意になって考え出した勝手な文句にすぎない。」「〈高きに心を向けることなく自己満足におちいり〉巨大な自然の力にへりくだることなく、ただ自然をもてあそんでいる。」と締めくくったのであった。

その間の各章は次の通り。

「負担は耐えねばならない」「死の霊薬」「地表の水、地底の海」「土壌の世界」「みどりの地表」「何のための大破壊?」「そして、鳥は鳴かず」「死の川」「空からの一斉爆撃」「ボルジア家の夢をこえて」「人間の代価」「狭き窓より」「四人にひとり」「自然は逆襲する」「迫り来る雪崩」「べつの道」

「負担は耐えねばならぬ」

「この地上に生命が誕生して以来、生命と環境という二つのものが、たがいに力を及ぼしあいながら、生命の歴史を織りなしてきた。といっても、たいてい環境のほうが、植物、動物の形態や習性をつくりあげてきた。地球が誕生してから過ぎ去った時の流れを見渡しても、生物が環境を変えるという逆の力は、ごく小さなものにすぎない。だが、二十世紀というわずかのあいだに、人間という一族が、おそるべき力を手に入れて、自然を変えようとしている」。「いまのままでいいのか、このまま先へ進んでいっていいのか」、「負担は耐えねばならぬとすれば、私たちには知る権利がある」。

「死の霊薬」

「いまや、人間という人間は、母の胎内に宿ったときから年老いて死ぬまで、恐ろしい化学薬品の呪縛のもとにある」。「いまでは化学薬品の汚染をこうむらないもの、ところなど、ほとんどない」。「DDTは一八七四年にドイツの化学者がはじめて合成したものだが、殺虫効果があるとわかったのは、一九三九年のことである」。DDTが人間に無害だという伝説が生まれたのは、はじめて使われたのが第二世界大戦中のシラミ退治で、兵隊、避難民、捕虜などに振りかけたことの影響もある（僕の小学生の頃、女生徒は頭に振りかけられ真っ白だったことを思い出す）、しかし、米国食品薬品管理局は、一九五〇年に、「ＤＤＴにひそむ恐ろしい毒性は、いままであまりにも過小評価されてきたきらいがある」と声明した。そして、レイチェル・カーソンは、その他の殺虫剤、除草剤の化学薬品についても順次検討する。

「地表の水、地底の海」

「自然資源のうち、いまでは水が一番貴重なものとなってきた」。「地表に落ちた雨は、地面や岩の穴や割れ目から地下深く奥へ奥へともぐりこんで、ついに暗黒の地下の海にたどりつく」。「自然界では、一つだけ離れて存在するものなどない。私たちの世界は、毒に染まっていく」。

「土壌の世界」

「地球の大陸をおおっている土壌のうすい膜―私たち人間、またそこに住む生物たちは、みなそのおかげをこうむっている」。「はるか、はるかむかし、生物と無生物との、不思議な秘密にみちた交わりから、土ができた」。「無数の生物がうごめいていればこそ、大地はいつも緑の衣でおおわれている。

「みどりの地表」

「水、土、それをおおう植物のみどりのマントーこうしたものがなければ、地上から動物の姿は消えてしまうだろう」。

「何のための大破壊?」

「私たち現代の世界観では、スプレー・ガンを手にした人間は絶対なのだ。邪魔することは許されない。昆虫駆除大運動のまきぞえをくうものは、コマツグミ、コウライキジ、アライグマ、猫、家畜でも差別なく、雨あられと殺虫剤の毒はふりそそぐ」。

「そして、鳥は鳴かず」

「鳥がまた帰ってくると、ああ春が来たのだな、と思う。でも、朝早く起きても、鳥の鳴き声がしない。それでいて、春だけがやってくる――合衆国では、こんなことが珍しくなくなってきた」。

「死の川」

「大西洋の沖合の緑の淵から、海岸へと向かう道がいくつもある。魚が通う道だ。人の目にははっきり見えないが、陸から海にそそぎこむ川とつながっている。どこまでもたち切れることなく続いている淡水の流れは、サケだけがわかっていて、何千年ものむかしから、この道をたどっては、生まれ故郷の川床へと帰ってくる」。しかし、害虫駆除のための森林への化学薬品の撒布によってサケが全滅した河川がある。「私たちみんなの水に、川に湖に海に化学薬品が入ってきて、禍を及ぼしつつあるのは、もはや疑うまでもない」。

「空からの一斉爆撃」（Indiscriminately from the Skies）

「第二次世界大戦後、新しい合成殺虫剤が出まわり、飛行機は生産過剰となり……空から、もっと恐ろしい毒薬をまきちらしている。目指す昆虫や植物だけでなく、人間であろうと人間でなかろうと、化学薬品がふってくる範囲にあるものはみな、この毒の魔手にかかる。森も、畑も、村も。都会も差別なくスプレーをあびる」。

「ボルジア家の夢をこえて」（Beyond the Dreams of the Borgias）

「私たちの世界が汚染していくのは、殺虫剤の大量スプレーのためだけではない」。私たちの身体は、「明けても暮れても数限りない化学薬品にさらされている」。「ＤＤＴが現れる前（一九四二年以前）の人たちのからだの組織には、ＤＤＴや、それに似た物質の痕跡は少しも認められない」。合衆国公衆衛生局によるレストランや、会社、官庁など食堂の食品検査によると、「どの食物からもＤＤＴが検出された」。「ＤＤＴなどの化学薬品の洗礼を受けていない食事をとろうと思うならば、文明生活とはほど遠い、人里離れた未開の国へ行くほかないだろう」。しかし、「もっと危険度の弱い農薬を使うように心がけるとともに、非化学的な方法の開拓に力を入れなければならない」。「べつの道」を探さねば、「いつまでたっても泥沼から這いあがれない」。「私たちはボルジア家の客の二の舞を演じようとしているのだ」。

（＊）ボルジア家は、とくに、ローマ教皇アレクサンダー六世の婚外子である息子で、マキアヴェリが『君主論』で言及するチェザーレ（会田雄次が解説を書く中公バックス世界の名著21巻所収）と、多くの美術作品や小説、映画で取り上げられる同じく婚外子の娘ルクレツィア（たとえば日本では、塩野七生『チェザーレ・ボルジア　あるいは優雅なる冷酷』、同『ルネッサンスの女たち』、なお、イタリアルネッサンス一般については、柴田治三郎が「歴史家ブルクハルトの人と思想」を紹介している、ブルクハルト『イタリア・ルネサンスの文化』（世界の名著56巻）で著名であるが、政敵を倒すため独特の猛毒を使用した、とも言われ、好色、強欲、冷酷さをもつとも評される。

「人間の代価」

「天然痘、コレラ、ペストに人類がおびえていたのは、ついこのまえのことだった」。工業が発達し、生活の近代化が進むにつれ、「事態はいまやきわめて複雑だ。さまざまな形態の放射線や、あとをたつことなくつくりだされてくる化学薬品の流れ――この先どうなるのか、見通すこともできない」。「わずか二、三の昆虫をただ一時的に駆除するためには、あまりにも高価な犠牲であると言わざるを得ない。神経系統をじかに冒す化学薬品の使用をやめないかぎり、犠牲はたえてなくならないであろう。」

「狭き窓より」

目の研究者が自分のやっていることは、「狭い窓」のようなものだ、と言ったが、「ほかならぬこの狭い窓から全世界が看取できる」。はじめに目に入るものは、からだのひとつひとつの細胞。それから細胞内の微小な組織。組織内部の分子の原子反応。化学薬品が与える影響が見える。生命を生命たらしめているエネルギーを生み出す細胞の機能。エネルギーを生み出す酸化作用を現代生物学、生化学はあきらかにした。こうして、ミトコンドリアには酵素がいっぱい詰まっている微小な包みで、ＤＤＴなどの殺虫剤には酵素を破壊して酸化作用を止めるものが多い。組織的に酸素を止めるだけで正常な細胞が癌細胞に代わる。酸素不十分で畸形となる。発生学の進歩も著しい。

「人類全体を考えたときに、個人の生命よりもはるかに大切な財産は遺伝子であり、それによって私たちは過去と未来につながっている」。いまでは人工的に遺伝がゆがめられてしまう。「私たちの文明をおびやかす最後にして最大の危険なのだ」。

新しい電子顕微鏡が発明され、人間の染色体数が四六であることが分かったのは一九五六年のことである。染色体異常については多くの国でさかんに研究されている。「私たちが身のまわりにまきちらしている化学薬品には、染色体をうちこわすだけの力がひそんでいる」。「二十億年あまりにわたって原形質生物から進化し淘汰されてきたこの遺産」は、「私たち一代かぎりで使っていいものではない。きたるべきつぎの世代へと大切につたえていかなければならない」。

「四人にひとり」

「癌――それと生物との戦いは、ふるい」。いまや、四人にひとりがいずれ癌になるという脅威にさらされている。「十九世紀の終わりから二十世紀のはじめにかけて伝染病が流行したころにくらべれば」「そのころ、いたるところ、病原菌が溢れていた。いま発癌物質でいっぱいなのと同じだったが、病原菌を人間が意図的に環境にばらまいたのではなかった。人間の意志に反して、病原菌はひろがっていったのだ。これに反して、大部分の発癌物質は、人間が環境に作為的に入れている。そして、その意志さえあれば、大部分の発癌物質をとりのぞくことができる」。「発癌物質を一掃できないにしても、その力を弱める努力をするときにこそ、この不治の病も減る」。

「自然は逆襲する」

「自分たちの満足のいくように勝手気儘に自然を変えようと、いろいろあぶない橋を渡りながら、しかも身の破滅をまねくとすれば、これほど皮肉なことはない」。「昆虫は昆虫で人間の化学薬品による攻撃を出し抜く方法をあみだしているのだ」。

農作物に害を与える昆虫、病気をまきちらす昆虫の例から、「昆虫寄生者や捕食者を少しでもいためない」化学薬品を選ぶことに利点があることは明らか。「人間がいちばん偉い、という態度を捨て去るべきだ。自然環境そのもののなかに、生物の個体数を制限する道があり手段がある場合が多いことを知らなければならない。そしてそれは人間が手を下すよりもはるかにむだなく行われている」。

「迫り来る雪崩」（The Rumblings of an Avalanche）

「われわれは、大きな雪崩になるかもしれない初期の地響きを聞いている（We are hearing the early rumblings of what may become an avalanche in strength）」と言ったのはイギリスの学者チャールズ・エルトン（Dr. Charles Elton）である。

昆虫が抵抗力を持ち始めた。「ＤＤＴが初めて使われ、キモノジラミにすばらしい成果をあげた例として、ナポリがよくひきあいに出される。それに匹敵するものとして、その二、三年後に行われた日本と韓国のシラミがりがある」。しかし、「一九五〇年から五一年の冬、韓国で起こった出来事には度肝を抜かれた。韓国人の兵隊にＤＤＴの粉末をかけたら、シラミは逆にふえてきたのだ」。こうした例は各地にみられる。「ダーウィンは自然淘汰というのを説いたが、この説を何よりも例証するのは、まさに抵抗というメカニズムだろう」。「強者と弱者がまじりあって個体群を形成していたかわりに、何世代かたつうちには、頑強な抵抗性のあるものばかりになってしまうだろう」。「私たちはほかの防除方法を目指して研究にはげまなければならない。科学的コントロールではなく、生物学的コントロールこそとるべき道であろう。暴力をふるうのではなく、細心の注意をもって自然のいとなみを望ましい方向に導くことこそ、私たちの目的でなければならない」。

最終十七章「べつの道」

レイチェルは言う。「私たちは、いまや分かれ道にいる。だが、ロバート・フロストの有名な詩(*)とは違って、どちらの道を選ぶか、いまさら迷うまでもない。長いあいだ旅をしてきた道は、すばらしい高速道路で、すごいスピードに酔うこともできるが、私たちはだまされているのだ。そのいきつく先は、禍（わざわ）いであり破滅だ。もう一つの道は、あまり『人も行かない』が、この分かれ道を行くときにこそ、私たちの住んでいるこの地球の安全を守れる、最後の、唯一のチャンスがあるといえよう」。

（＊）フロスト（Robert Lee Frost, 1874-1963）のこの詩は、一九一六年発刊の詩集に採録され、アメリカの多くの子どもが学ぶというが、日本では学ばないので以下にかかげる（出典：英文 Wikipedia）。

The Road Not Taken

Two roads diverged in a yellow wood,
And sorry I could not travel both
And be one traveler, long I stood
And looked down one as far as I could
To where it bent in the undergrowth;

Then took the other, as just as fair,
And having perhaps the better claim,
Because it has grassy and wanted wear;
Through as for that the passing there
Had worn them really about the same,

And the morning equally lay
In leaves no step had trodden black,
Oh, I kept the first for another day!
Yet knowing how way leads on to way,
I doubted if I should ever come back.

I shall be telling this with a sigh
Somewhere ages and ages hence:
Two roads diverged in a wood, and I–
I took the one less traveled by,
And that has made all the difference.

(3)　エコロジーと生態学

レイチェル・カーソンについては、伝記がリンダ・リア『レイチェル』（上遠恵子訳、東京書籍、二〇〇二、副題「沈黙の春」の生涯、大著の伝記）のほか、多田満の次の文献を参照した。

多田　満『レイチェル・カーソンに学ぶ環境問題』（東京大学出版会、二〇一一）

同　『レイチェル・カーソンはこう考えた』（筑摩書房〈ちくまプリマー新書〉、二〇一五）

ほかに、D. オースター『ネイチャーズ・エコノミー――エコロジー思想史――』（中山茂、成定薫、吉田忠訳、リブロポート、一九八七）も参照した。米国環境史学会会長を務めたオースターは、環境史、環境理論、アメリカ西部史に関心をもち、同書において、自然観や環境観にまつわる言葉や観念の歴史を跡付けることをした。

オースターは言う、「原爆を生み出した一九四五年から『エコロジーの時代』に入ったとし、さらに、レイチェル・カーソン『沈黙の春』によって原爆が人間の尊厳にとっての最もあからさまな脅威の一つにすぎないことも」明らかにされた、と。

また、オースターは、科学が近代における自然破壊を可能にしたことを指摘する。軍拡競争の犠牲者は、適切に言えば、〈母なる自然〉であり、生態系を害する武器に対して無防備である。しかし、自然に対する考えを深めていく場は科学以外にない、とも言う。

なお、訳語について、the economy of nature は、「自然界の秩序」というべきではないであろうか。英語ではないが、フランス語の économie には、辞典ロベール（Robert）によると、

Organisation des divers élements d'ensemble V. ordre, organisation, structure とある。

なおまた、エコロジーと生態学の相違について、生態学は元来エコロジーの訳語であるが、とくに米国においては、日欧と異なり、自然界の法則ないしは原則をつかみだす学問というよりは一つの思想としてエコロジーが使われているようである、と、夙に一九七〇年代に、前掲吉良竜夫『自然保護の思想』が指摘していることに触れておこう。

国連環境計画（ＵＮＥＰ）は、一九八二年五月、設立十周年記念の理事会特別会期決議「武器と環境」で、過去十年間の武力衝突が環境破壊と人口移動を余儀なくさせていることから、兵器競争の停止を各国に求めている。

レイチェル・カーソンは、人間にとって害となる昆虫を駆除するためにわれわれは殺虫剤を使用するが、人間にとっての有益、有害とは何か、害虫とは何か、益虫とは何であるのか?をわれわれに問うている。日本の平安期以降の短編集『堤中納言物語』に「蟲愛づる姫君」という面白い話があるのを脈絡なく思う。

3 石牟礼道子『苦海浄土』（一九七二）

(1) 序

現代日本の公害の原点ともいわれる水俣病は、一九五六(昭和三一)年五月一日、急性激症患者の多発、しかも、小児患者の多発によって発見された（原田正純『水俣病』（岩波新書、一九七二））。政府による公式な認定は一九六八(昭和四三)年のことである。

石牟礼道子『苦海浄土』（講談社文庫、新装版二〇〇四）には二つの解説が付されている。一つは、『逝きし世の面影』（平凡社ライブラリー、平凡社、二〇〇五）の著者・渡辺京二の「石牟礼道子の世界」であり、他の一つは、熊本大学医師で、一九六四年には徹底した診断と研究により胎児性水俣病を発見し、前掲『水俣病』を著した原田正純の「水俣病の五十年」である。石牟礼道子の人を知り、その文学の占める位置を知るには、長年彼女の原稿を清書してきた渡辺京二「石牟礼道子の自己形成」（岩岡中正編『石牟礼道子の世界』（弦書房、二〇〇六）所収）が最適である。

小学生のとき僕は島原湾に面した天草下島の御領村（現・天草市五和町御領）に住み、従兄が水俣市に隣接する佐敷町（現・芦北町佐敷）に住んでいた。夏には従兄を訪ねて川で泳いだりしていた。高校三年の修学旅行は、航路別府に入り、宮崎、鹿児島、熊本、阿蘇から天草・島原、長崎という、いわば九州一周の旅であり、編集した旅行案内冊子（六甲高校、昭和三三年三月発行）に、わが故郷という意味でも、産業近代化の先発という意味でも、誇らしげに、鹿児島から熊本への沿線案内として、水俣市を取り上げ、水俣は「肥薩国境に近く、八代海に臨み、水俣川に跨って市街をなす。附近に石灰岩を産し、水にめぐまれ、水力電気が得られる事などが立地条件となって、わが国最初の空中窒素固定工業が発祥した」と書いていた。後のチッソによる水俣病のことは、大阪湾に海水浴場が失くなりつつあることを肌で感じてはいたが、知る由もなかった。これまで、水俣病や公害、環境権について触れては来たが、石牟礼道子の『苦海浄土』は、永らく読むことができなかった。喜寿も過ぎ、やっと読むことができた。母方の伯父・伯母が話し、いとこ達や友だちと喋っていたアクセント、イントネーションが蘇り、櫓を漕ぎ、魚を獲ったことが海の風景の中に浮かび、切なく読んだ。その美しさについて、渡辺京二は書く。

「チッソ資本が不知火海に排出した有機水銀によって、徹底的に破壊されつくされ、まさにその時に」『苦海浄土』は書かれた。石牟礼道子の描く美しさは、「現実から拒まれた人間が必然的に幻想せざるをえぬ美しさにほかならない」。「『苦海浄土』一遍を支配しているのは、この世から追放されたものの、破滅と滅亡へ向かって落下して行く、めくるめくような墜落の感覚と言ってよい。」（渡辺京二「解説石牟礼道子の世界」）。

(2)　概　要

同書は七章からなり、次のようである。

第一章「椿の海」

「田中九平少年」「細川一博士報告書」「四十四号患者」「死旗《しにはた》」

第一章にのみ扉があり、次のように始まる。

「繋《つな》がぬ沖《おき》の捨小舟《すてこぶね》／生死《しょうじ》の苦海果《くがいはて》もなし」。

「田中九平少年」

「年に一度か二度、台風でも来ぬかぎり、波たつこともない小さな入江を囲んで湯堂《ゆどう》部落がある。湯堂湾は、こそばゆいまぶたのようなさざ波の上に、小さな舟や鰯籠《いわしかご》などを浮かべていた。子どもたちは真っ裸で、舟から舟へ飛び移ったり、海の中へどぼんと落ち込んでみたりして、遊ぶのだった。

夏は、そんな子どもたちのあげる声が、蜜柑畑や、夾竹桃や、ぐるぐるの瘤をもった大きな櫨《はぜ》の木や、石垣の間をのぼって、家々にきこえてくる」

「ここらあたりは、海の底にも、泉が湧く」

「入江の外は不知火海《しらぬひ》であり、漁師たちは、

「よんべは、御所ノ浦泊まりで、朝のベタ凪《なぎ》の間に、ひとはしりで戻って来つけた」

などという。

「若者たちが、村に、つまり漁師として、居つかなくなったのは、もうずいぶん前からのようである。ことに、水俣病がはじまってからは、元に戻らない。どんなに腕のいい漁師でも、それを親から子へと伝授することはもうできないのだった。」

「九平少年は、両手で棒切れを持っていた。

彼の足と腰はいつも安定さを欠き、立っているにしろ、かがもうとするにしろ、あの、へっぴり腰ないし、および腰、という外見上の姿をとっていた。そのような腰つきは、少年の年齢にははなはだ不相応で、その後姿、下半身をなにげなく見るとしたら、彼は老人にさえ見えかねないのである。少年の生まれつきや、意志に、その姿は相反していた。」

「昼餉《ひるげ》はとうにすみ、人びとは、畑か、漁か、町に下り、部落全体がひとつの真空をつくっていた。……九平少年だけがひとりで、「野球」のけいこをしている午後の村、彼のけんめいな動作が、この真空を動かしてゆく唯一の村の意志そのものであるかのように、ほかに動いているものはなにもなかった。」

「胎児性水俣病の発生地域は、……誕生日が来ても、二年目が来ても、子どもたちは歩くことはおろか、這うことも、しゃべることも、箸を握って食べることもできなかった。」

「ひとりで何年も寝ころがされている子どもたちのまなざしは、どのように思惟的な瞳《ひとみ》よりもさらに透視的であり、、十歳そこそこの生活感情の中で孤独、孤絶こそもっとも深く培《つちか》われたのであり、だからこの子たちがバスに乗り、その貌《かお》が一途に家の外の空にむけてかがやくとしても不思議ではなかった。」

「山中九平少年はしかし、専用バスに乗って検診にゆくことをガンとして拒んでいるのだった。」

「いや、行けば殺さるるもね。」

「水俣病を忘れ去らねばならないとし、ついに解明されることのない過去の中にしまいこんでしまわねばならないとする風潮の、半ばは今もずるずると埋没してゆきつつあるその暗がりの中に、少年はたったひとり、とりのこされているのであった。」


「細川一博士報告書」

本書がいかに綿密な取材の上にかかれているかを示す最初の記録である。

「四十四号患者」


「山中九平の姉、さつき。四十四号患者。」

「おとっつぁんが往かしても、さつきさえ生きとれば、おなご親方で、この家は、ぎんぎんしとりましたて」

母親はいつもそういうのだ。

「男のごたるかと思えばこまごまと気のくばる子で、あれは踊りの好きな娘で、……腰はすわっとったが身の軽うしてな。」

「おとろしか。おもいだそうごたなか。人間じゃなかごたる死に方したばい、さつきは。……寝台の上で、手と足で天ばつかんで、背中で舞いますと。これが自分が生んだ娘じゃろうかと思うようになりました。犬か猫の死にぎわのごたった。」

この節には熊本医学雑誌の疫学調査記事等が詳しく引用されている。

「死旗《しにはた》」

「対岸の天草の島々が沖の方に黝々《くろぐろ》と遠のいてみえるときは、水俣の冬もめずらしく寒い。その島々や不知火海に、まっくろい「西あげ」の風足が立っている。

吹きさらしの丘の上の小屋で、仙助老人（79才、水俣市月ノ浦）が死んだ。海に面した部落の家々は板戸を閉ざし、沖には一艘の舟もみえなかった。……並崎仙助老人の死は、生涯を貫いた独立自尊のいまわにふさわしく、一夜を看取りえた者は、その小屋の袖に庇《ひさし》をかけて住む次女（43才）ひとりであった。」で始まり、患者互助会長宅での検診風景や仙助老人の日常―さしみに酒などのことが語られ、

―水俣病のなんの、そげん見苦しか病気に、なんで俺がかかるか。

彼はいつもそういっていたのだった。彼にとって水俣病などというものはありうべからざることであり、実際それはありうべからざることであり、見苦しいという彼の言葉は、水俣病事件への、この事件を創り出し、隠蔽し、無視し、忘れつつある側が負わねばならぬ道義を、そちらの側が棄て去っ

てかえりみない道義を、そのことによって死につつある無名の人間が、背負って放ったひとことであった。」と結ぶ。

第二章「不知火海沿岸漁民」

「舟の墓場」「昭和三十四年十一月二日」「空へ泥を投げるとき」

「舟の墓場」

「昭和三十四年十一月二日朝、夜来の雨が、ぱらぱらと落ち残っている水俣警察署前から、水俣市立病院通りの舗道に、不知火海区漁民、約三千人が、ぞくぞくと参集しつつあった。」

「市民たちの目に、漁民たちのその姿は、澎湃《ほうはい》とこのような小さな田舎の街にも起こりかけていた安保反対の、あの何か品のいいデモ隊……の姿とは非常に異なる大集団に見え」た。

「思いつめた沈黙を発して座り込んでいる人びとが、押し立てているのぼり旗」

「俺たちの海を返せ！」

「工場排水を即時停止せよ！」

「不知火海区の漁民たちは、上陸しようとして、みるも無惨に打ち捨てられた水俣漁協所属の船たちをみて、胸をつかれた。

住む人を失った家が、加速度的に廃屋と化すように、船主を乗せずにいる舟というものは、……舟自体が具えている生気や、威厳を失い、風化してゆく。」

「背中から汗の引く舟の墓場のごたる景色」

「水俣の漁業のなかでも、ことに夏のはじめからしかかるボラ漁は、特徴的なものとされていた。」

「ボラ釣りには、麦の仕上げ糠を熱湯でこねて、蜜やさなぎや油を加えて調味し、針を含ませてだんごを作り、餌とする。」

「しかし、いくら工夫をして糠のだんごをやっても、さっぱりボラは寄りつかなかった。」

芦北の漁師たちは、「夜漁《よぶ》りに出て、目鏡《めがね》でのぞきながら、桙突きをやるです。すると、海底の魚どもが、おかしな泳ぎ方ばしよるとですたい。……あの、芝居で見る石見銀山、あれで殺すときなんかそら、……毒飲まされてひっくり返るとき、何とかいうでっしょ。……魚どんが、海の底の砂や、岩角に突き当たってですね、わが体ば、ひっくり返し、ひっくり返ししよったですよ。おかしか泳ぎ方ばするね、と思いよりました。」

「猫ヤツがごろごろ舞い出して、うったまがった（驚いた）なあ。」

この後に細川博士の水俣病の記述が続く。

「**昭和三十四年十一月二日**」

「十一月二日朝、どしゃぶりのあけた水俣の朝やけはほの熱かった。」

「ことがらの推移をみて、私はこの日、「国会議員団様方」に陳情するのは不知火海区漁協の人びとのみならず、水俣病患者互助会もその企てを持っていたことを首肯した。」

「ものものしく居並んだ国会調査団の質問は、ほとんど、詰問というに近かった。」

水俣市長は「このとき、被害民、もしくは水俣病患者たちが追い込まれていた状況と心情を、もっとも重層的に体現していたにちがいないのだ。ききとりがたいことを呟いて、ぽとりぽとりとまばたいている彼の顔には、もはや言語における表現力は消滅していた。会場は報道陣も入れてざわめいていたが、市長の座っている椅子のあたりはぽっかり沈んだ深海のようだった。彼のヒトリゴトは、沈黙だけがしんしんと降りつむ海底から浮上する、一掬《いっきく》の水泡のようなものだった。このとき底ごもるあの最大多数派無権力細民の側に彼も分化、遊離されつつあったのではあるまいか。」

「今考えて、ほんに残念と思うのは、原因もわからんじゃったせいもあるが、正式には三十一年四月に奇病の発表があったわけですが、こうなるまで、患者も漁民もほったらかしじゃったことですよ。実質的な発生は二十八年暮ですから。」

「猫の話のありよったでっしょが。」

「くりくり、くりくり舞うかとおもうと、アレたちが、こう、酒に酔うたごつして千鳥足で歩くとですよ。」

東京に陳情に行っても水俣のことは誰も知らない。石牟礼は、「中央文化のおさがりよりも、……

古より支那大陸南方および南蛮文化の影響を受けた土地柄である」ことを誇り、水俣にある「うららかな共同体意識はしかし、おのずから日窒の企業意識とは、別個のものである」という。

「空へ泥を投げるとき」

昭和三十四年十一月二日の午前の陳情が終わり、「積もる苦労が今日でむくわれたような気がする。代議士さん方が大勢来てくれて、誓ってくれたのだから。……子供にキャラメルくらいは買って帰り、コップでいっぱい前祝にきゅーっとやり景気をつけて、工場正門前までいっちょデモろうではないか。

デモ隊は先頭の方に若者……ネンネコに赤んぼを入れた主婦だの、老漁師だのが最後尾となった。漁民たちは正門から乱入。椅子や机を排水溝へ投げ入れ、

こんちきしょう！こんちきしょう！

こげん溝！

うっとめろ！

うっとめろっー

そう漁民たちはいっているのだ。怒髪《どはつ》天を衝《つ》く、といったような顔だ。」

「午後二時半、空はうっすらとくもり、雲は千切れ千切れにはやくとんだ。武装した県警機動隊の到着は機敏きわまった。」

水俣騒動について、十一月四日の「水俣騒動の背景（熊本日日新聞）」「県警、きょう態度をきめる（朝日新聞）」の記事を伝えている。

三十四年も押しつまり、会社側は排水浄化装置をつくり、盛大な完工式を祝う。「無機水銀が水溶性でみかけだけ澄んだ水に溶けた無機水銀がそのまま流入することを、工場技術陣が知らぬはずはなく、完工式は世論をあざむく応急措置であったことが後に判明する。」

十二月下旬、漁業補償金等が出され、水俣病患者互助会五十九世帯には、死者に対する弔慰金、患者成人、未成年者に対する支払いがなされ、「過去の水俣工場の排水が水俣病に関係があったことがわかってもいっさいの追加補償要求はしない」という契約をとりかわした。

「おとなのいのち十万円

こどものいのち三万円

死者のいのち三十万円

と、わたくしはそれから念仏にかえてとなえつづける。」

第三章「ゆき女きき書」

「五月」「もう一ぺん人間に」

「五月」

「水俣市立病院水俣病特別病棟X号室
　坂上ゆき　　大正三年十二月一日生
　入院時所見……」と、この節は始まる。

「わたくしは彼女のベッドのある病室にたどりつくまでに、幾人もの患者たちに一方的な出遭《あ》いをしていた。」「たとえば、……釜鶴松《かまつるまつ》……もそのようにして死につつある人びとの中にまじり、彼はベッドからころがり落ちて、床の上に仰向けになっていた。」

「わたくしが昭和二十八年末に発生した水俣病事件に悶々たる関心とちいさな使命感を持ち、これを直視し、記録しなければならないという盲目的な衝動にかられて水俣市立病院水俣病特別病棟を訪れた昭和三十四年五月まで、新日窒水俣肥料株式会社は、このような人びとの病棟をまだ一度も（このあと四十年四月に至るまで）見舞ってなどいなかった。」

「この日はことにわたくしは自分が人間であることの嫌悪感に、耐えがたかった。釜鶴松のかなしげな山羊のような、魚のような瞳と流木じみた姿態と、決して往生できない魂魄は、この日から全部わたしの中に移り住んだ。」

「つくねんとうつむいたきり放心しているエプロンがけの付添人たち……を扉ごしにみて、わたくしは坂上ゆきの病室にたどりついた」。

「ここではすべてが揺れていた。……坂上ゆきが意識をとり戻してから彼女自身の全身痙攣のために揺れつづけていた。あの昼も夜もわからない痙攣が起きてから、彼女を起点に親しくつながっていた神羅万象《しんらばんしょう》、魚たちも人間も空も窓も彼女の視点と身体からはなれ去り、それでいて切なく小刻みに近寄ったりする。」

「――うちは、こげん体になってしもうてから、いっそうじいちゃん（夫のこと）がもぞか（いとしい）とばい。」

「海の上はほんによかった。じいちゃんが艫櫓《ともろ》ば漕いで、うちが脇櫓ば漕いで。

いまごろはいつもイカ籠やタコ壺やら揚げに行きよった。ボラもなあ、あやつたちもあの魚どもも、タコどももぞか（可愛い）とばい。四月から十月にかけて、シシ島の沖は凪でなあー

二丁櫓の舟は夫婦舟である。浅瀬をはなれるまで、ゆきが脇櫓を軽くとって……ぎいぎいと漕ぎ続ける。渚の岩が砂になり、砂が溶けてたっぷりと海水と入り交い、茂吉が力づよく艫櫓をぎいっと入れる……追うてまたゆきが脇を入れる。両方の力が狂いなく追い合って舟は前へぐいとでる。」

「海の上はほんによかった。

イカ奴《め》は素っ気のうて、揚げるとすぐにぷうぷう墨《すみ》ふきかけよるばってん、あのタコ奴《め》はほんにもぞかばい。……。こら、おまやもううち家《げ》のあがってからはうち家の者じゃけん、ちゃあんと入っとれちゅうと、よそむくような目つきして、すねてあまえるとじゃけん。

わが食う魚《いお》にも海のものには煩悩のわく。」

ゆきの話は続く。そして、熊本医学会雑誌における「猫における観察」からとられている。「猫ハ横倒シニナリ、四肢ヲバタツカセル。……全身痙攣。。無差別ニ歩ルキマワル……」

「うちは、ほら、いつも踊りをおどりよるように、こまかな痙攣をしっぱなしでっしょ。それで、こうして袖をはたはた振って、大学病院の廊下ば千鳥足で歩いてゆく。」

「うち、踊りおどるけん、

「夜さになれば、ぽかーっとしてさみしかりよったばい。

「晩にいちばん想うことは、やっぱり海の上ことじゃった。

「海の中にも名所のあっとばい。

「海の水も流れよる。

「わけても魚どんがうつくしか。いそぎんちゃくは菊の花の満開のごたる。……ひじきは雪やなぎの花の枝のごしとる。藻は竹の林ごたる。」

「もういっぺん――行こうごたる、海に。」

「**もう一ぺん人間に**」

「天草女《おなご》は情の深かとけん。そういって茂平の網の親方が、ゆきを世話してくれてから発病するまで三年と暮らしていなかった。」

「うちも、ヨイヨイ病じゃ、なかろ、か」

「村の病院では、別にどこも悪いところはなかごたるが、ま栄養のちいった足りんごたるけん、身につく物ば食べてみなっせ、ということだった。」

「茂平は一丁櫓にして沖へ出た」

「猫のいなくなった部落の家々に鼠がふえた。」

「沖の糠餌《ぬかえ》に寄らないボラやチヌの大魚が、ふらふらと朝の渚にたどりつく。」

「見てみろ、海が海の色しとらんぞ」

「昭和四十年五月三十日

熊本大学医学部病理学武内忠男研究室

……小さな小脳は、オルゴールのようなガラス槽の中に、海の中の植物のように無心にひらいていた。」

「この日私は武内教授にねがい、ひとりの女体の解剖にたちあった。

——大学病院の医学部はおとろしか。

ふとかマナ板のあるとじゃもん、人間ば料《こさ》えるマナ板のあっとばい。

そういう漁婦坂上ゆきの声。」

「死とはなんと、かつて生きていた彼女の、全生活の量に対して、つつまし営為であることか。

——死ねばうちも解剖さすとよ。

漁婦坂上ゆきの声。」

「うちゃもういっぺん、じいちゃんと舟で海にゆこうごたる。うちがワキ櫓ば漕いで、じいちゃんがトモ櫓ば漕いで、漁師の嫁御になって天草からきたんじゃもん。

うちゃぼんのうの深かけんもう一ぺんきっと人間に生まれ替わってくる。」

第四章「天の魚」

「九竜権現さま」「海石《うみいし》」

「**九竜権現さま**」の節は、

「こえて三十九年初秋——

江津野杢太郎少年（９歳—昭和30年11月生）の家の〈床の間〉ともいうべき壁が改装されているの

を、わたくしはしげしげと見上げていた」で始まり、
「杢太郎少年は排泄すら自由にならぬ胎児性水俣病」で一家は六人。一家の話が爺より語られ、「あねさん、こいつば抱いてみてくだっせ。軽うござすばい。木で造った仏さんのごたるばい。よだれ垂れ流した仏さまじゃばって。あっはっは、おかしかかい杢よい。爺やんな酔いくろうたごたるねぇ。ゆくか、あねさんに、ほおら、抱いてもらえ。」で終わる。

「海石《うみいし》」の節は、
「少年とわたくしの心は充分通いあっていた。」で始まり、天草から渡ってきた爺の人生、出稼ぎ、会社や開発へのかつての期待が爺の口から語られ、杢は傍で聴き、「少年はす抜けることのできない切ない蚕のように、ぼこぼこした古畳の上を這いまわり細い腹腔や手足を反らせ、青く透き通ったうなじをぴんともたげて、いつも見つめているのだった。彼の瞳は泉のかげからのぞいている野ぶどうの粒のように、どこからでもぽっちりと光っていた」で結ばれる。

第五章「地の魚」

「潮を吸う岬」「さまよいの旗」「草の親」

「潮を吸う岬」

「岬に生い茂っている松や椿や、その下陰に流れついている南方産の丈低い喬木類や羊歯《しだ》の類は、まるで潮を吸って育っているように、しなやかな枝をさし交わしているのだった。」

「ひとびとははじめ、日々の暮らしの中にふとまぎれこんできた珍事を迎えるように、〝奇病〟を受け入れようとしていた。」

「猫たちがきてれつな踊りをおどりまわったり、飛び上ったりして、海に「身投げ」して死ぬ、という話を、ひとびとはしばらく楽しんでさえいたのである。」

「奇病が徐々に、人間たちの中に顕《あらわ》れはじめても、人びとはしごく陽気に受けいれようとしているようにみえた。

――月の瀬ふきんにゃ、えらい変わったハイカラ病の流行《はや》りよるげなぞ。」

昭和三十一年九月第四回定例水俣市議会議事録が紹介されるが、「事実は何一つ了解されたわけではなく、奇病はより確実に、月ノ浦、出月、明神、湯堂、茂動と渚ぞいの部落にあらわれつつあった。奇病の本体が公式に表明されぬままに、連鎖的派生的な事件が、人びとの暮らしと心をゆっくりとひきさく。」

「記者たちや自称社会学の教授たちはびっくりする。『なんとここは後進的な漁村集落であるか』」

「水俣病患者互助会は、いちばん始まりから、自分たちだけのチエと力でつくらにゃなりまっせんでした」。「互助会長はもともと漁師ではなかった」。

「「おじいさんとこのおばあさんも、水俣病では」ときくことはたやすい。が、水俣病は文明と、人間の原存在の意味への問いである。たぶん彼のそのような沈黙は、存在の根源から発せられているのである。彼こそは、存在を動かす錘《おもり》そのものにちがいない。だからわたくしは、彼の沈黙をまるまる尊重していた。」

「さまよいの旗」

「昭和三十四年九月、安保条約改定阻止国民会議水俣市共闘会議。主軸はまだ割れない前の新日窒工場労組三千。」

「そのときデモ隊の右前方、すなわち新日窒工場横の方から赤、青ののぼり旗をゆらめかせて、三百ばかりの漁民デモがあらわれたのである。……漁民たちの集団は、うつろで切なそうな目つきをし、手に握りしめているのは栄進丸、幸福丸、才蔵丸、などという舟の名を染め抜いた大漁旗である。」

「――皆さん、漁民のデモ隊が安保のデモに合流されます。……拍手をもっておむかえしましょう。」

「「皆さん、漁民デモに安保デモも合流しましょう！」とはいわなかった。水俣市の労働者、市民が、孤立の極みから歩み寄ってきた漁民たちの心情にまじわりうる唯一の切ない瞬間がやってきていたのであったのに。」

「この国の前衛党を頂点にした上意下達式民主集中制の組織論がまだ全貌をあらわさぬ悲劇図の上を、ゆるゆるとゆく大集団となって、横切ったのである。赤や青の色で彩りながら。紙食い虫の列のように――。」

この後に、衆議院農村水産委員会調査室の昭和三十四年十一月十六日の「熊本県水俣市周辺における「水俣病」に関する資料」が九頁にわたって付されている。

「草の親」

「年月は、岩をうがってゆく潮の満ち干になんとよく似ていることだろう。それは風化や侵蝕やをもたらす。ことにこのような岸辺に住みついている人びとにとっては――。」

杉原彦次の次女ゆり。41号患者。

「むざんにうつくしく生まれついた少女」

「黒くてながいまつ毛。切れの長いまなじりは昼の光線のただなかで茫漠たる不審にむけてみひらき、その頭蓋の底の大脳皮質や小脳顆粒細胞の〝荒廃〟やあるいは〝脱落〟や〝消失〟に耐えている。メチル水銀化合物アルキール水銀基の侵蝕に。」

「――ゆりちゃんかい。

母親はいつもたしかめるようにそうよびかける。」

「一年生にあがるちゅうて喜んで、まあだ帳面いっちょ、本いっちょ、入っとらん空のランドセルば背負うて石垣道ばぴょんぴょん飛んでおりて、そこら近辺見せびらかしてまわりよったが――。ガッコにも上がらんうちに、おっとろしか病気にとかまってしもうた。」

「あんたとうちゃん、ゆりが魂はもう、ゆりが体から放れとると思うかな」

「ゆりはもうぬけがらじゃと、魂はもう残っとらん人間じゃと、新聞記者さんの書いとらすげな。」

「木や草と同じになって生きとるならば、その木や草にあるほどの魂ならば、ゆりにも宿っておりそうなもんじゃ、なあとうちゃん」

「ゆりが草木ならば、うちは草木の親じゃ。」「うちはゆりの親でさえあれば、なんの親でもなってよか。」

熊本大学水俣病医学研究班が昭和三十一年八月からはじめて四十一年三月、十年をかけてまとめた大冊、「水俣病―有機水銀中毒に関する研究―」の中に、変わり果ててゆく少女の姿が散見的に観察されており、その記事が以下に六頁にわたって記される。

第六章「とんとん村」

「春」「わが故郷と「会社」の歴史」

「春」

「潮の満ち干とともに秋がすぎる、冬がすぎる、春がくる。

そのような春の夜の夢に、菜の花の首にもやえる小舟かな、などという句をものして目がさめるとうつつの海の朝凪が、霧の中から展《ひら》けてくるのだ」で始まるこの節は、わたくしの住む「とんとん村」の何気ない日常が語られる。

「わが故郷と「会社」の歴史」

「わたくしの年月はあきらかにすっぽりと〝脱落〟していた。山中九平は相変わらず野球をやっていた。

彼は上達して」いた。

「わたくしのなかの景色、わたくしの中の故郷」「小豆《あずき》色のうつくしい自動車が並んで近づく景色の中から」はじまる。

「昭和六年、熊本陸軍大演習」

「会社に……かしこくも天皇陛下さまがおいでなさる」。四歳の「わたくしの中にはじめてはいって来た「会社」とは土下座している人びととの間をお伽ばなしのような小豆色の自動車がはいってゆくそのようなものであ」った。創立当時の賃金等が記録される。そうして、「朝鮮咸鏡《かんきょう》南道咸興《かんこう》郡雲田面湖南里の村をおもうだ」。そこに朝鮮窒素肥料株式会社が設立された。「無窮の国運と異数の発展」のもととなった湖南里《こなんり》の村の、住人たちはどこへ行ったのか。朴慶植著『朝鮮人強制連行の記録』と重なって湖南里の海浜がはてしもなくひろがってゆく。昭和十年十一月、長津江の水利権を与えた朝鮮総督が長津江水電会社の営業開始にあたり京城の総督室から祝辞を述べた。湖南里の海辺の村が消失したことはたしかである。

わたくしは自分の海辺にいた。昭和三十八年春、桑原史成の水俣病写真展を開く。足尾鉱毒事件を調べる。谷中村農民のひとり、ひとりの最後について思いをめぐらせる。突如としてわたくしははじめて抜け出す。簇生《ぞくせい》しつつある産業公害の発生の機序、とは何か。国内外の人たちとつながる。

第二水俣病が新潟阿賀野川のほとりに出る。

そして昭和四十三年がくる。

第七章「昭和四十三年」

「水俣病対策市民会議」「いのちの契約書」「てんのうへいかばんざい」「満ち潮」

「水俣病対策市民会議」

「一月十二日夜、水俣病対策市民会議発足。出席者三十名。

前途の困難だけが決定した。

社会的な自他の存在の〝脱落〟、自分の倫理の〝消失〟、加速度的年月の〝荒廃〟の中に晒《さら》される。

それらを、つないでみねばならない──。」

「市民会議発足の夜はなんとも重苦しかった。なにしろはじめて患者互助会と対面したものが大半だったから。水俣病公式発生以来十四年、ながく明けない初発の時期がここにまで持ちこまれていた。それはこの地域社会で水俣病が完璧なタブーに育てあげられた年月である。」

ゆき女の言った言葉が、ここで、哀切な詩となって、語られる。

そのあとに、熊大徳臣教授の水俣病の分類が記され、

「自分のゆき女、自分のゆり、自分の杢太郎、自分のじいさまをかたわらにおき、ひとりの〈黒子〉になって、市民会議の発足にわたくしはたずさわる。

「患者互助会員たちの、語り出されない想いをほんのかすかでも心に宿しえたとき市民会議は何ができるのであろうか。市民会議だなんて、対策、だなんて、原理的、恒久的、入魂の集団のイメージを、まるで欠落しているのではないか……しかし、出発した。もっとも重い冬。

「いのちの契約書」

「大寒の夜、わたくしは西日本新聞に書く。

「まぼろしの村民権―恥ずべき水俣病の契約書」と題して。

三十四年末にとりかわした〝見舞金〟契約書は、「物価上がり三十九年四月いのちのねだん少し上がり、

子供のいのち年間　　五万円
その子はたちになれば　八万円
二十五になれば　　　十万円
重症の大人になれば　十一万五千円

『乙（患者互助会）は将来、水俣病が甲（工場）排水に起因することがわかっても、新たな補償要求は一切行わないものとする』

これは日本国昭和三十年代の人権思想が背中に貼って歩いているねだんでもある」。

「水俣病事件もイタイイタイ病も、谷中村滅亡後の七十年間を深い潜在期間として現れるのである」。

「一月二十一日、新潟水俣病関係者たちをむかえる」。

「日曜日の市中は静まり返り、約百人そこそこの人数で、先頭のぎくしゃくした患者たちの足並みに合わせて、歩いてゆく異形の集団に息をのんでいた。十四年間のタブーの、それはゆっくりとした

顕在化の一瞬であった。無言でひきつっている水俣市をわたくしは感じていた。」

昭和四十三年三月十五日、熊本県議会、水俣市議会に請願書提出。

九月十三日、はじめての水俣市主催〝水俣病死亡者合同慰霊祭〟に、「一般市民が、わたくしをのぞいてただひとりも参加しなかった。

水俣市が、しかし、チッソによって発展してきたことも事実であろう。「チッソ守れ！会社を守れ！というシュプレヒコールは、だがさらにつづく。」

「てんのうへいかばんざい」

「九月二十二日園田厚相水俣入り。

水俣市役所階段下に患者互助会集結。天草出身の「大臣殿」をまのあたりにみて、互助会の人びとは言葉より先に涙があふれた。……ただ、「おねがいします。よろしく。患者と家族のためによろしくよろしく」という言葉が絞り出されたのみである。」

天草牛深の生まれである坂上ゆきは、リハビリセンターで厚相を迎え、痙攣発作を起こし、鎮静剤注入を受けつつ、「突如彼女の口から、

「て、ん、のう、へい、か、ばんざい」という絶叫がでた。」調子はずれの「君が代」が歌い出さ

れ、「そくそくとひろがる鬼気感に押し出され、一行は気をのまれて病室をはなれ去った。」

九月二十七日、政府見解発表の翌日、チッソ社長が「東京からやってきて、患者家庭をお詫びにまわるという」。まず互助会長宅。「朝漁に出ていたら社長が来て」とわたくしにいいかけたところに、在宅重症患者婦人があらわれ、「小父さん（互助会長のこと：芹田）、もう、もう、銭は、銭は一銭も要らん！　今まで、市民のために、会社のため、水俣病はいわん、と、こらえてきたばってん、もう、もう、市民の世論に殺される！　小父さん、今度こそ、市民の世論に殺されるばい」

九月二十九日に水俣市発展市民大会が開かれた。市民千五百人を集めたこの大会は「患者からボイコットされ、〝合同慰霊祭〟は市民からボイコットされることで、病む水俣の姿を象徴的に表現していた。

患者たちの補償交渉は、そうした水俣の空気の中で始まろうとしていた。」

「満ち潮」

「鹿児島県境に近い茂動部落。黒塗りの大型の「会社」の車が止まる」。「このような小径にいつも這いでてきて、かげろうのような脚をそよがせ渡る舟あまめの影はきょうはない。時ならぬ人出と車の列におどろき、石垣の穴にかくれてしまったのである。

満ち潮である。胎児性水俣病患児森本久枝の家の縁先。」

「茫漠たるむなしさにわたくしはとらわれる。アスワンハイダムに沈んでいる古代中近東の神殿をそのとき、わたくしは想っていたのだ。」

＊僕はこのくだりを読んだとき、『ナイルに死す』のアガサ・クリスティが泊まった宿を出て向かったアスワンハイダム湖の上流で川底から姿をあらわし、静かにたたずんでいる古代の石像を思い出し、また、神戸大学国際協力研究科設立準備のため東南アジアのＯＤＡの現場視察に出かけた折、ラオスの輸出用水力発電所のために作られたダム湖に沈んでいる大木等が目に浮かび、東京の水源地、小河内ダム湖底に沈んだ村のことを思った。

出月部落、茨木妙子、次徳姉弟の家。両親は急性激症型、慢性刺激型で初期に死亡した。

「よう来てくれなはったな。待っとりばしたばい。十五年間！」

まず彼女はそう挨拶した。

秋の日照雨《そばえ》が降り出した。

「今日はあやまりにきてくれなったげな。

あやまるちゅうその口であんたたち、会社ばよそに持ってゆくちゅうたげな。今すぐたったいま、持っていってもらいまっしゅ。」

「さあ！　何しに来なはりましたか。上んならんですか。両親が、仏様が、待っとりましたて。突っ立っとらんで、拝んでいきなはらんですか。拝んでもバチはあたるみゃ。線香は用意してありますばい。」

「ちっとも気が晴れんよ……。きょうこそはいおうと、十五年間考えたあれこればいおうと、考えとったのに。いえんじゃった。」

「そうそ、お下がりば貰いまっしょ。仏さまから」

草いきれのたつ古代の巫女《みこ》のように、彼女はゆらりと立ちあがる。

彼女は縁側にお供物を披露し、……じつにあどけない笑顔になってさしいだす。

「はい、どうぞ」

（第一部　終）

(3)　文学と政治

二〇〇六年五月一日、水俣病発見から五〇年を記念し、「水俣病慰霊の碑」が建立された。碑文には「不知火の海に在るすべての御霊よ／二度とこの悲劇は繰り返しません／安らかにお眠りください」とある。これは、水俣病の犠牲者だけではなく、魚、貝、海藻、鳥やネコなど不知火海をとりまくあらゆる生物に対する鎮魂の願いが込められています、と多田満は言う（『レイチェル・カーソンはこう考えた』）。

しかし、石牟礼道子は「安らかにねむってくださいい、などという言葉は、しばしば、生者たちの欺《ぎ》瞞《まん》のために使われる。このとき釜鶴松の死につつあったまなざしは、まさに魂魄この世にとどまり、決して安らかになど往生しきれぬまなざしであったのである」（「五月」）という激しさを持っている。

作品中の対話では「あねさん」と呼ばれ、独白では「わたくし」（「私」も）と語る石牟礼には、悲惨さを見つめる、得も言われぬ優しさ、やさしい目がある。患者支援では「黒子」であり、「わたくし」は、デモには最後尾にくっついて歩く。しかし、「水俣病事件もイタイイタイ病も、谷中村滅亡後の七十年を深い潜在期間として現れるのである。新潟水俣病も含めて、これら産業公害が辺境の村落を頂点として発生したことは、わが資本主義近代産業が、体質的に下層階級侮蔑と共同体破壊を深化させてきたことを指し示す。……人びとのいのちが成仏《じょうぶつ》すべくもない値段をつけられていることを考えねばならない」（「いのちの契約書」）。石牟礼は東奔西走した。

本書は、世に一時喧伝されたような公害企業告発とか環境汚染反対とかのための作品ではない。ルポルタージュを貶めるわけではないが、単なるルポルタージュでもない。作中で患者が語る言葉は、聞き書きした彼らの言葉というより、石牟礼に乗り移った彼らが石牟礼の言葉としてあふれ出ている、というべきであろう。

熊本の政治思想史研究者岩岡中正は、「近代文学と政治のいずれにおいても、その主体・対象は市民であった」が、その「市民」を中心とする市民主義を超えて、「人間の生」に石牟礼は注目し、一般ではなく、個別にこだわっている（岩岡中正「石牟礼道子における文学と政治」『熊本法学』一一三巻（2008/2/29））。岩岡は、石牟礼を「近代を根底から批判しこれを克服しようとする現代のロマン主義思想家」と位置付け、「近代の人間と社会の虚構性」からの人間の回復、つまり、生命、生活、人権、女性等を扱う二〇世紀末からの政治課題に立ち向かっている作家と考えており、他方、若くから自身俳句に親しんできた岩岡は石牟礼を詩人と言い、石牟礼の能「不知火」にも触れ、石牟礼作品の文学と政治にもつ意味を鋭く、平易に説いてもいる（「石牟礼道子と現代」同編『石牟礼道子の世界』（弦書房、二〇〇六）所収）。

市民革命期にいわれた「市民」は財産と教養をもった、ロダンの「カレーの市民たち」像に象徴される、自由主義的市民たちを抽象化しこれを指すことが多かったが、今日では、すべての人間を指す。とはいえ、これも、抽象化されており、石牟礼は、あくまで具体的人間にこだわる。しかも、石牟礼には、かつての不知火海のような魚の湧く「いのちの賑わい」の生命の根源世界ないし有機的世界への信頼がある。生命論的ダイナミズムとでも言えようか。そこに美しさがある。

4 立松和平『毒：風聞・田中正造』（一九九七）

(1) 序

一九七四年五月一一日、百年公害と言われた足尾銅山鉱毒事件に対し、総理府中央公害審査委員会（現・総務省公害等調整委員会）(*)が古河工業を加害者と認定し、その加害責任を認めたことによって、ピリオドが打たれた。当初、一八七八年には渡良瀬川の鮎の大量死、さらに一八八五年には足尾の木が枯れ始めていることが報じられていた。

(*) 一九五一年に総理府外局の土地調整委員会として設けられ、その後、中央公害審査委員会、公害等調整委員会を経て、二〇〇一年中央省庁再編により現在。

「私の曽祖父は兵庫県の生野銀山から足尾銅山に渡り坑夫として移住し、足尾の銅山開発の先頭に立っていた。一労働者とはいいながら、毒を流し続けた側の人物であった」と書く立松和平は、お茶の間では、『ニュースステーション』などのテレビ番組の中で方言を交えた、とぼけた味のある話し方で知られていた。しかし、作家としては、渡良瀬川の源流域で足尾銅山の操業で生じた鉱毒が、利根川に合流するまでの流域一帯に流れ込み、農作物に甚大な被害を出したのに対し、政府は、鉱毒対策ではなく、洪水被害を食い止めるため遊水池を下流に作るためとして谷中村《やなかむら》一村を一九〇六年強制廃村し地上から消滅させせた、その「谷中村強制破壊を考える会」をつくるなどをしていた。なお、田中正造は、当時のこうした動きの中、村の将来に危機を感じ、先立つ一九〇四年には実質的に谷中村に移住していた。足尾や谷中村について書くことは立松のライフワークだったのである。現在の渡良瀬遊水地は本州最大の湿地で、二〇一二年にはラムサール条約の登録湿地になっているが、遊水池の土壌には現在でも銅などの鉱毒物質が多く含まれているといわれる。

⑵　概　要

同書は、第一章「なまずのつぶやき」から始まる。「月が照っていた。月の光は川底の泥や石まで照らす。水が水でなくなったような気がして、なまずはどこに身を隠したらよいかわからなくなってくる。」と語り始め、

「水面を見上げていたなまずは、小さな異変に気づいていた。めだかの群れが黒い背中を見せていたのだ。」

「浮きもせず沈みもせず、身体を横にして苦しそうにもがきはじめたのは、あゆである。普段自分のことを美しいと思い、泥水を好むなまずを見くびっているあゆが苦しむのに、なまずは快哉《かいさい》を叫びたかった。しかし、自分もなんだか苦しくなってきた。」と独り言つ。

第二章「老農のつぶやき」。「百姓と申せば、水と大地と太陽さえあればよろしいのでございますが、あるのは太陽ばかり、水といえば鉱毒水で、土もたっぷり毒を吸い取りました。種をまいても芽

がでない。芽がでても、実はならない。いくら働いても、これでは百姓は立ちゆかない。この原野を、枯れ草ばかりの見渡すかぎりの不毛の原野も、少し前までは緑の沃野でございました。」

「私は『鉱毒地鳥獣虫魚被害実記』という書物を書きあらわしましたが、なにしろ無学無才の老骨ゆえ書いても書いても書き足りるということがなく、こうして会う人ごとに語らねば気がすまないのでございます。

さて、どこからお話しいたしましょうか。」

「足尾の山から鉱毒が流れて以来、すべての暮らしが夢とかき消えました。」老農は季節ごとの野良の仕事、収穫の思い出を美しく語り、東京への請願のことから、田中正造が登場する。老農はまた歌う。

「人の体も毒に染み
妊《はら》めるものは流産し
はぐくむ乳に不足なし
　二つ三つまで育つるも
毒のさわりに皆たおれ
　また悪疫も流行し」

田中正造は国会で政府に意を尽くした質問をしたが、答弁は木で鼻をくったようなものであった。答弁書は言う（平仮名に直し、濁点を付した。芹田）。

「質問の旨趣その要領を得ず、よって答弁せず。

右答弁におよび候なり。

内閣総理大臣　　侯爵　　山縣有朋」

このあと老農による四季の美しい田園の思い出が語られる。亡くしたものを愛しむ想い出の中の田園は哀しく美しい。

第三章「われらが主人」は、のみとしらみの対話。たぬきやむじなも登場。人間になりたかったムジナが人間の悪知恵で殺されてしまう話を聴いたしらみは言う。「どうして人間なんぞになりたかったのだろう。人間ほど悪くて、ほかの動物を滅ぼすものはないのに」と、のみは言う。「川の上流から毒を流して、魚も虫も全滅の惨状だ。おいらは人間にたかっているからこうして無事なんだよ。人間だって百姓は困っているのに、ほかの連中は平気の平左衛門だ。」のみがたかる主人は国会の演壇で演説している。

一九〇一年一二月一〇日の田中正造の天皇への直訴の件について、幸徳秋水が起草し正造が加筆したこと(*)、麹町署における取り調べ当日、元老伊藤の進める日露協定ではなく、桂首相の日英同盟修正案の裁可の話が署長から語られ、この困難に際し「鉱毒問題という内憂を抱えている時期ではない」との首相官邸の認識が示されたことを、のみは聞いている。

（＊）田中は明治天皇への直訴に失敗したが、『朝日新聞』（二〇一九年五月八日夕刊）は、二〇一四年五月二二日当時の天皇・皇后が私的旅行で栃木県佐野市郷土博物館を訪れ、直訴状に歴代天皇として初対面したこと、なお、それに先立つ七か月前の一三年一〇月に、両陛下が熊本県水俣市を訪れ、水俣病患者に会っていたことにも触れている。

第四章「若衆宿《わけえしやど》」。昔からあった共同体の若者宿――僕が住んでいた天草の地区にもあった――での様子が太陽と水と土と生き物とともにあった人々の生活、そして今、次の若衆に伝えるものの少なさが哀愁を帯びて語られ、唐突に、他の村の若い衆から、谷中村の水没のことが知らされる。

第五章で、いつとは分からない洪水で流されてきてお寺に祀られていた「石亀」の語りを聞く。ぽつりと来た雨が大洪水となり流れを泳ぎながら語る。江戸時代につくられ一度も崩れなかった石垣を壊したり、堤防にぶつかる波の力を弱めるための柳を伐採し売り飛ばしたり、上流の銅山を守るためにした役人の、こうした仕業の数々や都から来た中納言が生きながら埋もれていき行人様となったことなど。

廃村になった「水村《すいそん》」の経緯を「のみ」は第六章で語る。「足尾銅山は栃木県にあるから、鉱毒事件が表沙汰になるのを恐れているんだよ」（しらみ）、「その通りだよ、兄弟。栃木県知事は鉱毒事件を消すのにことのほか熱心なのだよ……谷中村を抹殺し、そこに鉱毒を消す遊水池をつくる」（のみ)。水浸しの村の人たちの追い込まれていく姿を「のみ」は正造の口吻で語る。正造は走り回り、寝るところは「屋根があれば、それでよろしい」。

第七章「誘惑」。水に浸かった村を水塚の家に船で回る。県の買収工作　博打打と花街——古河の女郎屋——役人の狙った罠。日露戦争は激烈を極め、「消耗品の兵士はすぐに足りなくなり」、若衆宿の最年長の三人も徴兵検査。リーダーの一人、善一は甲種合格　他の二人は第二乙種（昔なら補充兵編入、しかし、今は戦争中につき全員兵役)。村は買収に応じる派と応じない派に分断。

第八章「侮辱」。買収に応じた者は去っていく。洪水を防ぎ農作物をつくるための村民による仮堤防の復旧完成後、県の役人が河川法違反としてこれを破壊。しかし、「我々は自分の生命と財産とを守る権利があるんだ。鬼畜となった県が百度破壊しても、我々は生きていくために、百一度堤防を築こう」。正造は、村長を泥棒呼ばわりしたとして官吏侮辱罪で告訴、収監された。正造は移住先の那須の開拓地を捨て戻って藁にくるまって寝る農夫を励まし、水びたしの村の中を歩く。「昔から村内より水を排出するための大きな水路が貫流し、堤防に樋門をこしらえてある」。洪水のときにはこれを閉めると本流からの逆流を防ぐ。しかし、置かれた管理人は買収され、県の役人は樋門を閉じ、釘付けにし錠をかけたので水は引かない。それでも天地返しをする村人がいる。

第九章「帰郷」。凱旋兵士として立った駅前には善一の父母の姿はなく、村へ向かう。目印はないが、見当をつけて歩く。「水塚さえ、表面の泥は湿っていてすべりやすかった。まわりが削られ、ずいぶん急勾配になっていた。四つん這いで登った」。まわりの竹やぶは根すら残っていない。両親は惨めな舟の中で生活していた。帰還兵士は直立不動のまま敬礼した。父は言う。「毎日土地を売れと、役人が脅しにくるだがなあ、お前が戦地に行っている間に、お前に渡さくちゃいけね土地を勝手に売るわけにもいかねべ。」お前が帰ってきたので「まずは安心だ」。

最終章「遥かな行人様」。とうとう最後まで踏みとどまっていた十六戸百十六人の谷中村に対して強制執行命令が出た。一九〇七年六月二十九日から村は強制的に破壊された。一軒一軒について綴られる。「水は昔からそれほど恐ろしいものではなかった」。「三年に一度は洪水がやってくるものであって、それによって山の肥沃な土が田畑に運ばれ、向こう三年間は肥料いらずだったのだ。洪水を懐中に呼び入れる暮らしをしていたのだ」。「手に負えない激しい洪水が出るようになったのは、上流の山が（鉱毒によって）荒廃したからである」。「谷中村が滅亡させられる理由はない。山を荒らさず、川を荒らさず、村を破らず、人を殺さないのが本当の文明ではないか」。破壊されつくした後も谷中村に残った村民たちは手近にある材料で仮小屋を建てる。強制破壊後ひと月半暴風雨が来た。ずぶ濡れになりながら田中と善一は、米とガラス瓶の水を配る。「無事でしたかと手を握っては、田中さんはその一人一人に頭を下げる。田中さんのいるところがほんのり明るくなっていることに、善一は気づいていた」。

(3)　田中正造と谷中村

田中正造については、全五巻からなる『公共する人間』の第四巻が、小松裕・金泰昌編『田中正造

――生涯を公共に献げた行動する思想人』（東京大学出版会、二〇一〇）として世に出されている。本書は「発題」と「討論」形式であり、先ず、小松裕は「いま、なぜ田中正造か」を問い、菅井益男が「足尾鉱毒問題と民衆環境運動」で、足尾鉱毒の反対運動の論理を語り、大熊孝の「田中の利根川治水論」を置き、これらを踏まえ、第一の総合討論―民の上に立つ／正造の自己形成―がなされ、次いで、田中と関わる三人―石川三四郎、木下尚江、新井奥邃とのつながり、そして、田中の伝統思想が取り上げられ、第二の総合討論―「客文」と「国民」／民衆の本当の元気／NPO、日本と韓国―となり、最後の発題として、田中の思想的可能性、民衆史のなかの田中、石牟礼道子における文学と政治、水俣学と谷中学があり、その後に、発展協議―「百姓は米を作らず田を作る」／加害・被害／「最弱をもって最強にあたる」／田中正造が開く公共世界、おわりに―むすびとひらき―田中正造と民間学／民衆思想の掘り起こし／東アジアをひらく　とつながれている。

谷中村については、荒畑寒村に『谷中村滅亡史』（岩波文庫、一九九九）がある。この書には、堀切利高による「解題」が付され、自身も三里塚闘争や脱原発運動に関わるルポライター鎌田慧の「解説」がある。鎌田によると、「この熱血の書は、一九〇七（明治四〇）年、荒畑寒村二〇歳の作品である」。荒畑寒村は一気呵成に書き上げた、と述べており、これを鎌田は、「強制代執行に至るまでの、鉱山王・古河市兵衛一家と政府、栃木県との結託に対する青年の痛憤が、きわめて短い時間に脱稿させた。」と述べる。正義感溢れる若者による舌鋒鋭い告発の書である。堀切利高によると、激越な抗議に満ちた文章ではあるが、しかし、伏字は一か所あるのみである。

石牟礼道子は、谷中村滅亡に触れて産業公害が辺境の村落に発生していることを指摘していた。『苦海浄土』公刊時にはまだ知られていなかったが、一九七一（昭和四十六）年十一月宮崎県教職員組合教育研究集会「公害と教育」分科会で「土呂久鉱毒事件」が知らされた。発表したのは、昭和四十一年春に大学を卒業して山奥に赴任してきた、子どもの健康を気遣う地元の小学校教師であった。新聞記者田中は、「公害に第三者的な立場はない。第三者を名乗ることは加害者の側に加担することでしかない」という（田中哲也『鉱毒・土呂久事件』三省堂選書）。土呂久の公害は、告発から一年余たった昭和四十八年二月、「慢性砒素中毒症」として公害病に指定された。有機水銀汚染による「水俣病」、カドミウム中毒による「イタイイタイ病」、大気汚染による「喘息性疾患」に次ぐ、第四の公害病と認定された。土呂久でも、最初に蜜蜂、蚕が死に、次いで、ナス・キュウリ・トマトなど花をつける野菜、そして、稲に被害が見られ、さらに小鳥、家畜の牛馬に害が及び、そして人に及んだ、という。人体被害は、奥深い山であったこともあり、結核とか栄養失調として処理されたりしており、一般的な衛生状態が改善されなければ公害病は見えにくいことを示している。これらの問題については、前掲『公共する人間』第四巻が最後に東アジアについて触れている。国際社会では、二〇一五年に、国際連合総会が、「われわれの世界を変革する―持続可能な開発のための二〇三〇アジェンダ」いわゆるＳＤＧｓを採択したことに触れて置こう（拙著『国際人権法』）。

おわりに

『苦海浄土』の一部分は一九六〇年初に発表されており、『沈黙の春』が一九六二年であるので、石牟礼道子とレイチェル・カーソンは同時代を生きた。そこで、先ず、文学作品という観点からスタインベックの同時代に焦点を当てて日本社会を見れば、『怒りのぶどう』が書かれた一九三〇年代には、幕末から明治維新の激動期の中山道《なかせんどう》の宿場町・信州木曽谷の馬込宿を舞台に人間像を描いた「木曽路はすべて山の中である」に始まる島崎藤村『夜明け前』、東北からブラジルに渡ろうという移民たちを描いた石川達三『蒼茫』（本書については、「伏字」問題から言論統制にアプローチする河原理子『戦争と検閲』（岩波新書））があり、石川達三には、東京市の発展のために犠牲となり水源地となる小河内ダム湖に沈む『日陰の村』（一九三七年）がある。

遡って、荒畑寒村の『谷中村滅亡史』が発表と同時に発禁とされた一九〇七（明治四〇）年には、前年の島崎藤村『破戒』に続き、全くの私小説、田山花袋『蒲団』が発表されていたし、短歌では与謝野晶子『みだれ髪』が一九〇一年にあった。日本は一九〇二年に日英同盟を結び、一九〇四年には日露戦争が始まった。日露戦争の折、「旅順口包囲軍の中にある弟を嘆きて」、「君死にたまふことなかれ」と堺の老舗商家に生まれた晶子は歌った。

他方、一九〇七年には、与謝野鉄幹の主宰する新詩社の若い五人づれ、鉄幹、白秋たちが九州を旅し、北原白秋は処女詩集『邪宗門』を出した。白秋の生家のある柳川は南で有明海に面し、僕は大学生のとき、水郷柳川の川下りを楽しみ、柳川鍋をとった。昔、雨季には稲田からドジョウが湧き、道にまで飛び出していたものですが、農薬を使うようになり、そうした光景は見られなくなりました、との声を聞いた。

石牟礼道子『苦海浄土』の最終章は「昭和四十三年」である。その年、『サンダカン八番娼館』を著した山崎朋子は、石牟礼道子と同年の、『からゆきさん』の著者・森崎和江家で一夜を明かし、既に天草五橋は開通していたにもかかわらず、「水俣から中型の乗合連絡船に乗」った。「離島の苦しみをなめつづけてきた天草への旅なら、せめて、海から入って行くべきね」との森崎の言葉に従ったのである。一九六六（昭和四一）年の天草五橋開通前、僕は熊本県宇土半島の先端、三角港から連絡船に乗っていた。ただ、天草行きの多くは従兄姉の住む長崎から島原半島・口之津へ出て船に乗るのが常であった。若い父と母が泊まったと聞く下田温泉から東シナ海に連なる海を眺めた。五人づれが訪れた、丘の上に建つ大江天主堂にも足を運んだ。

近代日本の社会は、製糸、紡績などの軽工業に支えられ、重工業へと移っていくが、いわゆる口減らしのため機業地で働く女性たちの過酷な労働生活は、『女工哀史』など、いくつかの作品となっている。山崎朋子は、底辺の女性たち、なかでも、海外に売られていった女たち、いわゆる、からゆきさんに焦点を合わせ、底辺女性史を書いた。プロローグは天草下島にひっそりとたたずむ小さな港・崎津の天主堂で石像のように祈る老農婦から始め、エピローグで「からゆきさんと近代日本」の姿を剔出する。

ところで、日本近代文学作品の嚆矢は一八八七（明治二〇）年の二葉亭四迷『浮雲』であると言われ、その後に、森鴎外『舞姫』（一八九〇）、幸田露伴『五重塔』（一八九一）が続く。

森鴎外や幸田露伴に激賞されたという、二十四歳で早世した樋口一葉『たけくらべ』は、「廻れば大門の見返り柳いと長けれど」で始まり、「或る霜の朝水仙の作り花を格子門の外よりさし入れ置きし者の有りけり、誰の仕業と知るよし無けれど、美登利は何ゆゑとなく懐かしき思ひにて違い棚の一輪ざしに入れて寂しく清き姿をめでけるが、聞くともなしに傳え聞く其明けの日は信如が何がしかの學林に袖の色かへぬべき當日なりしとぞ。」で終わる。この作品には東京の吉原周辺での一葉の生活経験が生かされていると評され、時代や生活がよく見える。

これらの日本の近代社会を映し出す、日本の作品から見えてくるのは、明るい光を放ちながらも、他方で、とくに底辺の人たちの生と環境が見捨てられ踏みにじられてきたことである。日本および日本人が、一方で、今に伝えられる伝統や文化を抱えながらも、他方で、近代化に目覚め欧米化へ向けてひた走る激動期の富国強兵・殖産興業のスローガンの下で日清・日露戦争から十五年戦争まで走り続けていた姿であり、「自然」に対する目は、いわば半眼になっていたというべきなのであろうか。

幕末開港の頃に描かれた神戸港の裏山にあたる六甲山は、樹木もまばらな荒れた姿である。日本では、前述の通り、明治二九（一八九六）年河川法、翌年森林法、砂防法等が制定され、神戸では、明治三五（一九〇二）年、植林作業に着手され、砂防ダムもつくられた。これが荒廃した六甲山を回復する計画的な大規模植林の始まりであり、水源の確保、防水のためであったが、今では、それにとどまらず、牧場や植物園もある観光地であり、ゴルフやスキーなど市民の健康や憩いの場ともなっている。

文学作品は、かつての「炭鉱のカナリア」のように人間に警鐘を鳴らすのみならず、カナリアが一日中さえずり人を心豊かにするように、居ながらにして人を過去から現在、未来にわたる空間を自由に羽ばたかせることができる。人そのものを語り、環境問題のみならず、世界の平和についても語る。大人たちが争い事ばかりで一向にまとまらないので、世界中の動物・昆虫たちが子どもたちのために集まって会議を開く、ケストナー『動物会議』（若き井上ひさしが劇団四季に舞台化した「どうぶつ会議」）は、未来の子どものための絵本である。

はじめに触れた一九七二年のストックホルム人間環境宣言は、原則第一において「人（man）は……現在および将来の世代のため環境を保護し改善する厳粛な責任を負う」と宣言し、その後、国連の「開発と環境に関する世界委員会（WCED）いわゆるブルントラント委員会が一九八七年の報告書（大来佐武郎監修『地球の未来を守るために』）で「持続可能な開発（sustainable development）を打ち出し、これは一九九二年の環境と開発に関するリオ会議宣言の第一原則となり、「人（human beings）は、持続可能な開発への関心の中心にある」と宣言された。ここに、いわゆる世代間衡平や正義（intergenerational equity or justice）が、持続可能性と結びつけられて、語られるようになった。現在の大人たちは、将来の子どもたちに対してメッセージのほか、何を残せるのであろうか。

（二〇一九年七月　神戸にて）

第1巻　あとがき

第一巻は『人類史と国際社会』と題した。しかし、当然ながら、歴史家として世界史を扱うものではない。なぜ世界は、現在のような地球全体を覆う形になったのか、国際法の父たちは共通語ラテン語で書き、続く世代はフランス語を使い、今なぜ英語が、文化を運ぶ日常語は別として、世界の共通語になっているのか、という国際法を専門とする者としての素朴な疑問から、本書は始まった。

そして、一体的ともいえる現在の国際社会がヨーロッパによる世界支配の結果生まれたものである、という常識的な考えから出発して、歴史を眺めた。また、岩波講座『基本法学』第一巻「人」は、各法領域で近代法と現代法を対比するものであり、国際法の領域で、これを英語で、personality in international law と捉えれば、法主体論であるが、human beings in international law と捉えて人間を語ろうとした。しかも、現在の人権観がいわばヨーロッパ産であることは否めないので、ヨーロッパ諸国が行った人為的な人の移動であるアフリカ奴隷貿易を取り上げ、禁止に至るまでの経緯を追い、人間が商品であったことを取り上げて、条約を含む法の展開と人間の問題を考えた。従って、奴隷の問題も、各国・各時代で異なるものの、それへの一般的言及は一切しなかった。

本書は、こうしたことを踏まえ、普遍的な人類共同体を考えてみようとしたものである。次の諸論稿を配した。

一、世界の一体化と欧州「文明」優位の清算（『普遍的国際社会の成立と国際法』（有斐閣一九九六）

第一章、初出：深津栄一先生還暦記念『現代国際社会の法と政治』（北樹出版、一九八五）所収）

二、国際法における人間（岩波講座『基本法学』第一巻「人」一九八五（第一次発行一九八四第五巻「責任」）所収）

三、普遍的国際社会の法への展望（前掲『普遍的国際社会の成立と国際法』終編第八章）

四、グローバリゼーションの国際法秩序形成に及ぼす影響（世界法学会『世界法年報』第24号、二〇〇五年三月）

五、二一世紀における国際法の役割（中国社会科学院講演一九九六年一〇月）

六、地球環境保全・生物多様性への道―文学作品に読む―（書き下ろし、二〇一九年七月）

国際法・国際人権法
芹田健太郎著作集　第1巻

人類史と国際社会

2019(令和元)年12月25日　第1版第1刷発行
8181：P292 ¥6500E 012-050-010

著　者　芹　田　健　太　郎

発行者　今井　貴・稲葉文子
発行所　株式会社　信　山　社
〒113-0033　東京都文京区本郷 6-2-9-102
Tel 03-3818-1019　Fax 03-3818-0344
info@shinzansha.co.jp
笠間才木支店　〒309-1611　茨城県笠間市笠間 515-3
Tel 0269-71-9081　Fax 0296-71-9082
笠間来栖支店　〒309-1625　茨城県笠間市来栖 2345-1
Tel 0296-71-0215　Fax 0296-72-5410
出版契約 2019-8181-1-01011　Printed in japan

 印刷・製本／亜細亜印刷・牧製本
ISBN978-4-7972-8181-1 C3332 分類329.100